——献给我的女儿：爱韵 *LovelyA.WANG*（*LAW*）

国际法视域下我国突发公共卫生事件应急法律框架构建研究（上海哲社规划一般项目 2020BFX010）

国际新型生物安全溯源制度研究

以转基因食品为例

李 韵——著

法律出版社 LAW PRESS · CHINA
北京

图书在版编目(CIP)数据

国际新型生物安全溯源制度研究：以转基因食品为例／李韵著. -- 北京：法律出版社，2022
ISBN 978 - 7 - 5197 - 6463 - 0

Ⅰ.①国… Ⅱ.①李… Ⅲ.①转基因食品－食品卫生法－研究－世界 Ⅳ.①D912.104

中国版本图书馆 CIP 数据核字（2022）第 032242 号

国际新型生物安全溯源制度研究：
以转基因食品为例
GUOJI XINXING SHENGWU ANQUAN SUYUAN
ZHIDU YANJIU: YI ZHUANJIYIN SHIPIN WEI LI

李　韵　著

策划编辑 张　珺
责任编辑 张　珺
装帧设计 汪奇峰

出版发行 法律出版社
编辑统筹 法商出版分社
责任校对 晁明慧
责任印制 胡晓雅
经　　销 新华书店

开本 710 毫米×1000 毫米　1/16
印张 13.75　　**字数** 207 千
版本 2022 年 6 月第 1 版
印次 2022 年 6 月第 1 次印刷
印刷 北京建宏印刷有限公司

地址：北京市丰台区莲花池西里 7 号（100073）
网址：www.lawpress.com.cn
投稿邮箱：info@lawpress.com.cn
举报盗版邮箱：jbwq@lawpress.com.cn
销售电话：010 - 83938349
客服电话：010 - 83938350
咨询电话：010 - 63939796

书号：ISBN 978 - 7 - 5197 - 6463 - 0
定价：65.00 元

凡购买本社图书，如有印装错误，我社负责退换。电话：010 - 83938349

序

2020年新春，突如其来的新冠肺炎疫情给国家安全和人民生命健康造成严重威胁。要从保护人民健康、保障国家安全、维护国家长治久安的高度，把生物安全纳入国家安全体系，系统规划国家生物安全风险防控和治理体系建设，全面提高国家生物安全治理能力。重大传染病和生物安全风险是事关国家安全和发展、事关社会大局稳定的重大风险挑战。

生物安全离人们并不遥远。无论是疯牛病、埃博拉病毒，还是非典、禽流感、非洲猪瘟，相信许多人都记忆犹新。在人类历史上，多次发生并造成严重损失的瘟疫，以及20世纪战争中出现的细菌战，都与生物安全有关。生物安全与20世纪人类改造世界的巨大技术能力，尤其是生物技术开发造成的对生态环境和人体健康产生的潜在威胁紧密关联。目前，国际上关于生物安全并无统一定义。但我们从其名称上不难推断，生物安全涉及具有生命活力的物体——包含动物、植物、微生物所属各种类，它们都有一定生存和繁殖能力、具备遗传与变异特征。生物安全，简单地说，就是生物体对人体及生态系统是否安全、生物体经过基因工程改造后对人体及生态系统是否安全。

生物安全无处不在，与每个人的生存与发展都密切相关。例如，此次肆虐全球的新冠肺炎疫情，对许多人的影响都是巨大的。狭义的生物安全是指防范现代生物技术的开发和应用所产生的负面影响，即对生物多样性、生态环境及人体健康可能造成的风险。广义的生物安全则包括重大突发传染病、动植物疫情、外来生物入侵、生物遗传资源和人类遗传资源的流失、实验室生物安全、微生物耐药性、生物恐怖袭击、生物武器威胁等等。

生物安全跨越地区和国别的界限,已成为关涉全人类福祉的紧迫问题。2021 年5 月,习近平主席在全球健康峰会上提出,携手共建人类卫生健康共同体。这表达了携手国际社会,齐心协力,团结应对,联合抗击新冠肺炎疫情的中国主张。这次新冠肺炎疫情发生以来,我国定期与世界卫生组织、有关国家和地区组织以及中国港澳台地区及时、主动沟通疫情信息和防控举措,所采取的合作、透明、负责任的态度有目共睹。对其他国家和地区遭受的疫情和困难,我国政府和人民感同身受,在全力抗击本国疫情的同时,克服自身困难,向有需要的国家和地区提供了多种形式、力所能及地支持和帮助。这种有担当、负责任的态度,是携手打造人类卫生健康共同体的生动实践,赢得国际社会的广泛赞誉。

公共卫生安全是人类面临的共同挑战,需要各国携手应对。疫情让人们认识到,这是一个传统安全与非传统安全相互交织的时代,也是一个局部问题和全球问题彼此转化的时代,任何国家都不可能独善其身。一直以来,中国积极致力于加强全球生物安全治理,正稳步推进新型生物安全立法进程,在新型生物安全领域以良法保障善治。当前,应加强疫情防控科研攻关的国际合作。新冠肺炎疫情在多个国家出现,作为负责任大国,加强同世界卫生组织沟通交流,加强同有关国家的科研合作,为推动打造人类卫生健康共同体贡献智慧和力量,中国学者责无旁贷。

本书为我中心博士后李韵博士所著,是专门关于新型生物安全溯源制度国际法研究的先锋之作。生物安全与公共卫生政策研究涉及国际航运口岸管理、生命科学、国际卫生法、国际组织法等多学科交叉融合。作为国际法青年学者,李韵获得上海交通大学凯原法学院法学博士学位,师从国家新型生物安全重大立法项目首席专家胡加祥教授。博士期间前往哈佛大学法学院、牛津大学等学术机构进行访问研究。后进入上海市人大立法研究所工作,主要从事国际立法与国际卫生法的交叉领域研究,同期进入中国疾控中心从事全球卫生政策的博士后研究。李韵博士以其坚实的国际法学术功底,完整解构了生物安全领域国际规制并深入细致地剖析了新型生物安全相关国际立法例与争端案例,展现了她作为交叉领域国际法青年学者的科研能力与学术水平,同时也体现了她新锐独特且纯净有力的学术风格和学术理解,这也是我为本书作序的缘由。翻阅本书,我真切感受到新型生物安全溯源制度的复杂性及其研究的战略重要性。相信读者在阅读本书后会对国际新型生物安全溯源制度有所理解和启迪。我衷心期望李韵博士在全球卫生领域能够取得更新的研究进展和更高的学术成就。

高　福

中国科学院院士、中国疾病控制预防中心

主任、中国生物工程学会理事长

2021 年 12 月 25 日

术语缩略表

AIA	Advance Informed Agreement	事先通知协定
AoA	Agreement on Agriculture	农业协定
BCH	Biosafety Clearing-House	生物安全信息交换机制
CPB	Cartagena protocol on Biosafety	卡塔赫纳生物安全议定书
BRC	British Retail Consortium	英国零售商协会
CCFL	Codex Committee on Food Labelling	食品标识分委员会
CCPR	Codex Committee on Pesticide Resicues	国际食品法典农药残留委员会
CFI	Court of First Instance	初审法院
CAC	Codex Alimentarius Commission	国际食品法典委员会
DSB	the Dispute Settlement Body	争端解决机构
DSU	Understanding on Rules and Procedures Governing the Settlement of Disputes	关于争端解决规则与程序的谅解
EAN	European Article Number	欧洲物品编码协会
EASAC	European Academies Science Advisory Council	欧洲科学院咨询委员会
EC	European Community	欧洲共同体
ECJ	European Court of Justice	欧洲法院
EFSA	European Food Safety Authority	欧洲食品安全局

续表

EFTA	European Free Trade Association	欧洲自由贸易联盟
EMEA	European Medicines Evaluation Agency	欧洲药品评估局
ESA	European Seeds Association	欧洲种子协会
EU	European Union	欧洲联盟
FSANZ	Food Standards Australia New Zealand	澳新食品标准局
FSIS	Food Safety and Inspection Service	食品安全检察署(美国)
FSMA	Food Safety Modernization Act	食品安全现代化法案(美国)
GATT	General Agreement on Tariffs and Trade	关税与贸易总协定
GDSN	Global Data Synchronization Network	全球数据同步网络
GMF	Genetically Modified Food	转基因食品
GMP	Good Manufacturing Practice	药品生产质量管理规范
GMO	Genetically Modified Organism	转基因生物
GS1	Globe Standard 1	国际物品编码协会
HACCP	Hazard Analysis Critical Control Point	食品危害分析和关键控制点
IAN	International Article Number	国际商品编码
IFS	International Food Standard	国际食品标准
IFT	Institute of Food Technologists	食品科技协会(美国)
IICA	Inter-American Institute for Cooperation on Agriculture	美洲农业合作机构
ILC	International Law Commission	国际法委员会
IP	Identity Preservation	身份储存
IPPC	International Plant Protection Convention	国际植物保护公约
ISO	International Organization for Standardization	国际标准化组织
LMOs	Living Modified Organisms	改性活生物体
MHLW	Ministry of Health, Labour and Wealth	厚生劳动省(日本)
NCBI	National Center for Biotechnology Information	美国国立生物技术信息中心
NGO	Non-Governmental Organizations	非政府间组织

续表

NT	National Treatment	国民待遇
OECD	Organization for Economic Cooperation and Development	经济合作与发展组织
OGTR	Office of the Gene Technology Regulator	澳新基因技术管理办公室
OIE	World Organization for Animal Health	世界动物卫生组织
PPM	Processes and Production Methods	生产工艺和生产方法
QR Code	Quick Response Code	二维码
RFID	Radio Frequency Identification	射频识别
SPGS	Safety Provisions Guidance System	全球安全食品责任信用体系指导文件(中国)
SPS	Agreement on the Application of Sanitary and Phytosanitary Measures	实施动植物卫生检疫措施的协议
TBT	Agreement on Technical Barriers to Trade	技术性贸易壁垒协议
TRIPs	Agreement on Trade-Related Aspects of Intellectual Property Rights	与贸易有关的知识产权协定
UCC	Uniform Code Council	美国统一代码委员会
UNEP	United Nations Environment Programme	联合国环境规划署
WTO	World Trade Organization	世界贸易组织

目 录

绪　论

一、问题的提出

世界卫生组织、经济合作与发展组织和联合国粮食及农业组织等国际组织机构研究报告都认为：目前在全球范围内上市的转基因食品均是安全的。① 然而，各国关于转基因食品可追溯能力的国别差异是巨大的，激烈争论也持续存在。② 一般而言，在发达国家，具备可追溯能力的转基因食品具有更好的销售市场，并且安全与问责也更有保障。而发展中国家与发展相对落后的国家就转基因食品可追溯能力在技术与法律层面都略显滞后。③ 因此，世界各国在转基因食品可追溯技术与法律相关领域的差异会导致国际转基因食品贸易领域的差异与摩擦。④ 虽然目前 WTO 并没有直接以转基因食品可追溯能力技术与规

---

① See the European Parliament and the Council of the European Union. Regulation (EC) No. 1829/2003 of the European Parliament and of the Council of 22 September 2013 on Genetically Modified Food and Feed, Official Journal of the European Communities, 2013(L268): 11, 22.

② See Sax & Joanna K., *The GMO/GE Debate*, *Symposium*: *Agriculture*, *Intellectual Property*, *and Feeding the World in the* 21st *Century*, Texas A&M Law Review, Vol. 4, Issue 3, p. 345 - 372(2017).

③ See Food and Agricultural Organization and World Health Organization, Rules of Procedure of the Codex Alimentarius Commission: Procedural Manual Rule VI. 2, 11th ed., 2010.

④ See Sax & Joanna K., *The GMO/GE Debate*, *Symposium*: *Agriculture*, *Intellectual Property*, *and Feeding the World in the* 21st *Century*, Texas A&M Law Review, Vol. 4, Issue 3, p. 345 - 372(2017).

则差异为争端要点的案件,但转基因食品的争端却是屡见不鲜。[①]

目前,成员国或争端解决机构一般援引《SPS 协定》相关争议点来探讨与转基因食品争端相关的案件。为何不采用转基因可追溯能力作为贸易技术壁垒或安全卫生壁垒进行贸易行为的限制呢? 一般认为,转基因可追溯能力的技术标准在发达国家和发展中国家的差异已是天壤之别,更遑论与发展相对落后国家间之阶段性差距。[②] 随着全球化与全球科技迅猛发展,各国转基因食品可追溯能力之差异所导致的贸易限制等案件必将显现。[③] 诚然,这不仅是国际转基因食品贸易争端之法律需求,更是粮食食品全球化、事关全球人民食品安全的重要环节。因此,有对国际贸易下转基因食品可追溯能力技术与相关法律进行研究之必要。

(一)转基因食品可追溯制度的国别差异所导致的冲突与纠纷

2018 年 7 月 25 日被认为是欧洲生物技术历史上黑暗的一天:位于卢森堡的欧洲法院(ECJ)决定,基因编辑作物及其食品将纳入欧洲 GMO 监管框架。[④] 这对包括科学家在内的基因编辑支持者是一巨大打击,他们本希望如 CRISPR-Cas9 这样的基因编辑技术能够绕过严苛的欧洲 GMO 监管框架。在 17 年间,欧洲 GMO 监管框架为农业生物技术领域制造了巨大障碍。如今,它仍然要对革命性的新技术指手画脚。[⑤] 该裁决意味着爱丁堡大学罗斯林研究所基因编辑抗病猪、英国研发的基因编辑亚麻荠等研究均面临收缩。[⑥] 反转基因组织

---

① See Dano & Elenita C. ,*Potential Socio-Economic, Cultural and Ethical Impacts of GMOs: Prospects for Socio-Economics Impact Assessment*(2007),p. 4.

② See Brookres, Graham & Peter Barfoot, GM Crops: The First Ten Year-Global Socio-Economic and Environmental Impacts(2016),p. 4.

③ See Varcoe & Andrew R. , *From GMO Litigation to GMO Disclosure Regulation: What's Ahead for Disputes over Genetically Engineered Crops*, Natural Resources & Environment, Vol. 33, Issue 1, p. 26 – 30 (2018).

④ 参见 https://curia. europa. eu/jcms/upload/docs/application/pdf/2018 – 07/cp180111en. pdf。

⑤ See Europeans and Biotechnology in 2002, *Eurobarometer* 58. 0, A Report to the EC Directorate General for Research from the Proiect"Life Science in European Society"1999 – 00286.

⑥ 参见 https://www. theguardian. com/environment/2018/jul/25/gene-editing-is-gm-europes-highest-court-rules。

Genetically Modified Freeze[①] 已经在向英国环境大臣呼吁,冻结洛桑研究所的基因编辑研究。荷兰瓦赫宁根大学的法律学者凯·白哈根(Kai Purnhagen)教授专门研究欧洲和国际法,《自然》杂志引述他的看法称,这是一个僵硬死板的裁决,这个裁决意味着像 CRISPR-Cas9 产生的食品需要经过漫长的审批程序才能上市。[②] 同时,该裁决会让欧洲的基因编辑研发"远走他乡"。英国洛桑研究所的作物遗传学家尼格尔·哈弗德(Nigel Halford)称,尽管科学家会继续研究基因编辑作物,但因为没有应用前景,欧洲的商业公司大概将不再投资这个领域。[③]

然而,这又被认为是地球环保人士的胜利。环保组织"地球之友"对此拍手称快,它还呼吁对所有的基因编辑产品进行监管,评估其健康和环境影响,同时加以标记。[④] 基因编辑是指在不引入外源基因的前提下,对物种基因组作替换、删除等操作,以获得目标性状的产品。原来的欧洲 2001 监管框架针对的是插入了整个基因或长链脱氧核糖核酸(DNA)的物种,然而该框架并不包括辐射诱变育种,理由是诱变育种不涉及外来基因。2016 年,法国要求欧洲法院针对基因编辑技术对 2001 监管框架作出解释。有法国农业组织提起诉讼,称这种新的非常规体外诱变技术可能带来健康风险。而基因编辑科学家认为,CRISPR-Cas9 这样的基因编辑技术跟诱变技术本质上是一样的,都没有外源基因插入,只是涉及自身 DNA 的变化,而且基因编辑技术更加精确可控。但反对人士认为,基因编辑属于刻意的人为改变基因,因此需要监管。虽然《自然—生物技术》在线发表的一篇论文指出,CRISPR-Cas9 在靶点附近引起的 DNA 删除和重排比此前

---

① 参见 https://www.gmfreeze.org/GM Freeze。GM Freeze 是世界著名反对转基因技术的组织机构。

② 参见 https://www.nature.com/news/europe-s-genetically-edited-plants-stuck-in-legal-limbo - 1.19028。

③ See Varcoe & Andrew R., *From GMO Litigation to GMO Disclosure Regulation: What's Ahead for Disputes over Genetically Engineered Crops*, Natural Resources & Environment, Vol. 33, Issue 1, p. 26 - 30 (2018).

④ 地球之友是著名的环境非政府组织之一。与其他环境组织一样,地球之友近年来也改变了就环境问题谈环境的做法,转而将环境问题与社会问题及发展问题联系起来,既扩大了活动领域,也扩大了影响。值得关注的是,地球之友还是反全球化运动的一支重要力量。参见 https://www.foei.org/。

预期的要严重,[①]但有观点认为,这种变化并不令人惊讶,基因编辑的结果本来就跟自然突变很接近,这是植物培育和进化的一部分,是细胞突变的本来面目。[②]

欧洲法院的裁决与辩护律师麦克尔·伯贝克(Michal Bobek)的意见相悖,麦克尔·伯贝克(Michal Bobek)律师发表了一份15,000字的意见,称基因编辑作物仍然属于GMO范畴,但该技术并未包含外来DNA,因此可以豁免监管。但欧洲法院的裁决认为,对于诱变育种作物,只有长期使用并保持安全记录的作物才能豁免监管,而基因编辑作物不属于此范畴。尼格尔·哈弗德(Nigel Halford)教授认为,裁决忽略了科学建议和多个生物技术组织的请求,而只是迎合了环保组织的诉求。

代表拜耳、巴斯夫和默克等公司的德国化学工业协会(VCI)[③]表示,这个裁决意味着欧洲开倒车以及对先进力量的敌意。欧洲生物技术协会(EuropaBio)表示,在监管中,以公众信任和科学为基础的决策才是其中最为重要的。欧洲的纳税人和工业界已经投入了数十亿欧元到基因编辑中去,现在看来,这些钱都要打水漂了。瑞典的默奥大学植物生物学家Stefan Jansson认为,看到十几年以来欧洲转基因的结局就会知道,寒蝉效应深深刻在了基因编辑领域。如果该技术不能为社会造福,谁会来投资呢?然而"昨天它还是非转基因作物,今天成了转基因作物,我该怎么办呢?要全部铲除了吗?"尽管裁决给基因编辑留了一个门缝,即如果能证明基因编辑作物跟诱变育种产品一样安全,就可以得到豁免,然而,这门缝透过来的光亮过于微弱,并认为难以寄希望在此,那些研发力

---

① CRISPR-Cas9:一种基因治疗法,这种方法能够通过DNA剪切技术治疗多种疾病。2014年4月15日,获得了美国专利与商标局关于CRISPR的第一个专利授权。专利权限包括在真核细胞或者任何有细胞核的物种中使用CRISPR。这意味着拥有在除细菌之外的所有生物,包括老鼠、猪和人身上使用CRISPR的权力。2017年3月,英国《自然·通讯》杂志发表一项遗传学重要研究成果,利用CRISPR-Cas9系统可拯救失明小鼠。

② 参见《CRISPR工厂现在受到欧盟严格的转基因法律的约束》,载https://www.nature.com/articles/d41586-018-05814-6。

③ 参见https://www.vci.de/startseite.jsp。德国化学工业协会(VCI)下的企业长期领跑创新趋势,不断巩固其在全球市场的重要地位。全球化工企业40强中德国至少占6家,其中包括巴斯夫(BASF)、拜耳(Bayer)、汉高(Henkel)、赢创(Evonik)、林德(Linde)和默克(Merck)等享誉全球的顶尖企业。

量仍然会从欧洲“出走”。①

巴斯夫公司已经在多年前就把作物研发搬出欧洲,其他公司是不是马上要效仿了?《德国之声》发表评论认为,欧洲社会的反现代化、反工业化思潮过于泛滥,然而欧洲正在通过这种自杀式裁决毁掉本该更美好、更健康的食品来源,农民失去了本来可以种植更抗旱的作物的机会。② 对比美国,2018 年 3 月 28 日,美国农业部(USDA)部长索尼·柏杜(Sonny Perdue)宣称,USDA 不会、也无计划监管本来可以通过传统育种得到的基因编辑产品,除非它们是植物有害生物或是开发过程中利用了植物有害生物。此外,加拿大、阿根廷和巴西等国已经暗示,只要不含有外源 DNA,基因编辑作物就可以不受 GMO 框架监管。③ 英国广播公司(BBC)引述尼格尔·哈弗德(Nigel Halford)教授观点认为,此后欧洲将失去农业生物技术的下一个 20 年,而欧洲本来已经落后一代了。更为糟糕的是,本来对农业生物技术感兴趣的年轻人也不再“进来”,而转去他行。④

由上可知,各国对转基因生物和转基因食品的态度差距较大,且贸易与规则冲突十分明显。⑤ 各国反对的缘由与其本身的科技发展水平、生化工业领先地位、经济发展模式、社会保险水平与法治模式、人文历史众多背景交织,从而导致了各国媒体对转基因问题截然不同之看法。⑥ 转基因作为新兴发展的科技产物,其安全性虽然得到国际社会众多科学家的公认,但各国政府及民众、学者之看法仍然存在不同,更为甚者,呼吁彻底暂停转基因生物技术研究浪

---

① 参见 https://www. reuters. com/article/us-eu-court-gmo/top-eu-court-gmo-rules-cover-plant-gene-editingtechnique-idUSKBN1KF15L,最后访问日期:2019 年 1 月 7 日。

② 参见 www. dw-world. de。德国之声电视台是德国之声的三大业务之一,总部设在柏林,工作人员队伍庞大,同时受众人数众多。参见 https://www. dw. com/en/opinion-eu-risks-being-left-behind-after-gmo-ruling/a-44825520,德国作为工业化程度较高的国家,其化学工业产业世界领先,并且对欧洲转基因抵制的态势并不赞同。

③ See Eduardo J. Trigo, *Fifteen Years of Genetically Modified Crops in Argentine Agriculture*, ArgenBio(2011).

④ 参见 https://www. bbc. com/news/science-environment-44953100。

⑤ Fern Wickson, *Do We Care About Synbiodiversity? Questions Arising from an Investigation into Whether There are GM Crops in the Svalbard Global Seed Vault*, Journal of Agricultural and Environmental Ethics, 29(5)(2016).

⑥ See Rebecca & Godden et al., *GMO Trade Wars: The Submissions in the EC-GMO Dispute in the WTO*, Melbourne Journal of International Law, Vol. 6, Issue 1, p. 141-166(2005).

潮声不断。[①] 此外,国际贸易中有关转基因生物产品的进出口贸易争端也屡见不鲜。[②] 因此,转基因食品可追溯能力作为可解决或缓和这一差异所导致的矛盾的技术手段,有必要对转基因食品可追溯制度进行详细之探讨。

(二)关于我国加快建设转基因食品可追溯制度之紧迫性

除了识别标签,保障转基因食品安全的另一项重要措施即转基因食品可追溯能力,该标签体系已被诸多发达国家所采纳并以多种形式进行使用和立法管理。所谓转基因食品可追溯能力,是指追溯与转基因食品的原材料、加工、运输、交割后的转基因食品相关信息的能力。[③]

国务院发布的《关于进一步加强食品安全工作的决定》(2004 年)(已失效)[④]中就曾提出建立农产品质量安全可追溯制度。之后,有关传统食品可追溯管理的文件几乎每年都进行更新发布。我国正式提出"建立食品全程可追溯制度"是在 2015 年 10 月的《食品安全法》(已被修改)中。同年 12 月,国务院办公厅又发布了《关于加快推进重要产品追溯体系建设的意见》,进一步明确了有关食品可追溯管理的重要性与法定性。

我国目前的传统食品追溯系统在提升企业质量管理能力、促进监管方式创新、保障消费安全等方面都已进入了可追溯链条产业的快速发展期。其中就包括转基因食品的可追溯建设。[⑤] 然而在实际操作中,追溯链条运筹不力、各种标识制度不健全、法律监管机制不完善等问题依然普遍存在,具体如未实现完整的转基因食品可追溯链条、没有采用统一的可追溯代码规则、可追溯系统之间互不兼容等问题。

"标准化"是国家治理体系和经济社会发展的重要技术基础,对转基因食品

---

① See Furman & Joshua S., *The Constitutionality of GMO Disclosure Requirements*, Drake Journal of Agricultural Law, Vol. 21, Issue 1, p. 59 – 74 (2016).

② 2003 年,阿根廷、加拿大和美国向 WTO 起诉,认为欧共体及其部分成员国有关生物技术产品(biotech products)批准和销售的监管措施违反了 WTO 一系列协定规则。

③ 参见 Natasha Gilbert:《转基因作物的事实与谣传》,载《科学大众(中学生)》特刊,2013 年第 10 期。

④ 参见《国务院关于进一步加强食品安全工作的决定》(已失效),国发〔2004〕23 号。

⑤ 参见 https://www.xzbu.com/6/view-10946485.htm,"互联网+食品安全追溯"沙龙在京举办新闻稿,最后访问日期:2018 年 12 月 1 日。截至 2018 年年初,关于肉类、果蔬、酒类、水产品、中药材等重要产品可追溯标准已经有 90 多项。

可追溯的体系性发展具有重要意义。①

党的十九大报告中也提到了“健康中国”战略，其中就包含转基因食品安全。② 转基因食品安全治理体系和治理能力现代化也是十八届三中全会提出的“深化改革的总目标是完善和发展中国特色社会主义制度，推进国家治理体系和治理能力现代化”的重要组成部分。我国目前转基因食品各方利益的冲突将对中国人民造成巨大的风险与损失，建立转基因食品可追溯能力共治刻不容缓。③ 因此，有必要对转基因食品可追溯能力的相关法律问题进行深入研究，以保证我国的转基因食品可追溯立法能够应对国内消费者的食品安全法律需求与国际转基因食品贸易就可追溯能力之冲突。

二、国内外研究现状

迄今为止，各国学者对转基因食品可追溯制度的具体研究十分匮乏。已有文献主要集中在欧盟、日本等国的转基因食品可追溯制度上，但内容相对陈旧，无法满足当今科技高速发展的时代需求。其余研究则散见于各国转基因食品安全立法中，但也仅仅是略微提及。

（一）国外研究现状

首先，在转基因可追溯制度定义方面，其定义尚未形成统一。乔治·M. 克里斯乔迪斯（George M. Chryssochoidis）等学者就转基因可追溯的定义、期望值、难点和相关标签计划等问题进行详细分析。尤其在定义上，选择了 ISO 定义与欧盟定义相结合的方式，并认为转基因可追溯必须确保可追溯内容与质量保证挂钩，并希望可追溯方式可以让消费者通俗易懂，并明确了其中信息不对称的可能性，最后介绍了荷兰、西班牙、法国、意大利、希腊等国在若干转基因食

---

① See George M. Chryssochoidis, Olga C. Kehagia & Polymeros E. Chrysochou, *Traceabiliy: European Consumers' Perceptions Regarding its Definition, Expectation and Differences by Product Types and Importance of Label Schemes* (2018), Vol. 29 June – 2July, p. 400 – 416, http://www.researchgate.net/publication/23510171.

② 参见 http://cpc.people.com.cn/19th/n1/2017/1023/c414305-29602172.html，健康中国战略十九大专题报道。

③ 参见胡瑞法：《中国转基因作物的社会经济影响》（*Socio-Economic Impacts of GM Crops in China*）中国科学院中国农业政策研究中心报告。

品上的可追溯方式。[①] 皮迪迪、R. G（Pettitt，R. G）学者在他们的论文中阐述了诸多其他学者[②]关于食品可追溯的定义[③]。由上可知，虽然国际上并没有通行的转基因食品可追溯定义，但综观国际文件及各国学者定义，一般都强调转基因食品从种子研发、授权、供应链等环节形成不间断、可信任的信息链条，并结合使用身份储存体系（IP 编码体系），从而具备可追溯能力。必要时通过追溯来鉴别根源、进行召回。[④] 基于此，可追溯优势在于：（1）减少事故损失，缩小问题食品范围、追踪问题食品流向、及时回收问题食品，并明确管理责任；（2）提升品牌竞争优势，增加国内销售及国际出口。

其次，在转基因食品可追溯能力标准化立法上，贾珐·勒森（Javier Lezaun）教授就欧洲转基因可追溯制度的规制进行系统化整理，并对转基因生物体的界定与划分、规制机构、法律装置、测试技术与追踪技术立法等进行分析和整理。[⑤] 玛格莱特·罗苏·克罗斯曼（Margaret）教授则在欧洲关于转基因种植物、食品、饲料等可追溯能力等方面进行了具体介绍。[⑥] 康德尼·白格瑞（Courtney Begley）教授认为，转基因可追溯识别与可追溯制度构成了欧盟转基因食品立法的基石，尤其可追溯制度应服务于风险管理，并配合预防原则合并使用，给予

---

① See George M. Chryssochoidis, Olga C. Kehagia & Polymeros E. Chrysochou, *Traceability: Eauopean Consumers' Perceptions Regarding Its Definition, Expectations and Differences by Product Types and Importance of Label Schemes*, 98th EAAE Seminar "Marketing Dynamics within the Global Trading System: New Perspectives" China, Crete, Greece as in 2006.

② 例如，Moe（1998）认为产品、数据、标准和技术是建立食品可追溯体系的 4 个重要内容，从实施转基因食品可追溯能力的范围上将其划分为企业内部可追溯体系与企业外部之间的可追溯体系；Hobbs（2004）依据不同的追溯目标将食品可追溯体系分为事前可追溯体系与事后可追溯体系；Opara（2003）将食品供应链的可追溯体系分为产品、过程、遗传、输入信息、疾病和有害物、检验 6 个主要方面的可追溯体系；Golan 等学者（2004）依据建设主体的角度将食品可追溯体系分为企业自愿建立可追溯型与政府强制建立可追溯型。设定宽度、深度和精确度作为衡量可追溯水平的 3 大标准。并认为涵盖产品品种分类、位置记录、流通环节等信息的食品可追溯体系才是有效的。

③ See Pettitt & R. G., *Traceability in the Food Animal Industry and Supermarket Chains*, Scientific and Technical Review（2001）.

④ *Illegal Genetically Engineered Starlink corn Contaminate Food aid*, Press Release from Genetically Engineered Food Alert, 10 June 2012.

⑤ See Javier Lezaun, *Creating a New Object of Government: Making GMO Traceable*, Social Studies of Science 36/4, p. 299 – 531（2006）.

⑥ See Margaret Rosso Grossman, *Traceability and Labeling of Genetically Modified Crops, Food, and Feed in the European Union*, Journal of Food Law & Policy, Vol.（1）. 13（2005），p. 291 – 315.

消费者和生产者双方知情权与选择自由,针对消费者尤其需要享有绝对而完整的被告知权利,并对转基因食品分类进行定义。① J. 戴维森(J. Davison)等学者阐释了遵从欧盟转基因食品可追溯制度的艰难之处不仅在于技术层面,更对可追溯系统的模糊性、高成本、负面作用等方面提出质疑,并认为可追溯体系无法应对美国、加拿大、阿根廷、巴西等转基因种植国的进口压力。②

最后,在转基因可追溯能力与国际立法方面,MauroVigani 等学者以转基因规制方面所凸显的国际贸易与内因性标准为内容进行法经济学分析,其中不仅对转基因制度的各国权重进行评估指数,并将转基因食品可追溯的具体要求作为其中的指数影响因子之一(包括 IP 及可追溯强制立法等方面)进行分析。在国际贸易与转基因制度方面,也涉猎了关于转基因相异性指数因子,包括转基因可追溯这一参考系,阐明了影响国际贸易的不是转基因产品的立法差异而是转基因标准,并明确了尤其针对发展中国家与新兴国家的转基因标识和可追溯的立法会严重影响国际贸易,③最后得出结论:转基因标准化将对国际贸易产生积极影响。④ 学者梅洛德(Mcleod)认为,在转基因大豆国际贸易领域因为成本问题,存在可追溯制度的难点,这也是对第二次世界大战后各国应对国际贸易制定国内法的重要挑战。⑤

(二)国内研究现状

对于转基因产品中国学者研究的内容布局,目前国内对转基因相关研究主要涉及转基因食品安全问题,其中又以识别、法律、风险预防原则、知识产权等领域为主要研究领域,对转基因食品可追溯问题的法律研究相对较少,因此本

---

① See Courtney Begley, "*So close, yet so far*": *The United States Follows the Lead of the European Union in Mandatin GMO Labeling. But Did it go far enough*?, Fordham International Law Journal, Vol. 40:2 (2017), p. 625 – 746.

② See J. Davison & Y. Bertheau, *Difficulties of Compliance with European Traceability Regulations for Genetically Modified Food and Feed*, Aspects of Applied Biology 87(2008).

③ See Dano & Elenita C. , *Potential Socio-Economic, Cultural and Ethical Impacts of GMOs*: *Prospects for Socio-Economics Impact Assessment*(2007).

④ See Mauro VIgani, Valentina Raimondi & Alessandro Olper, *International Trade and Endogenous Standards*: *The Case of GMO Regulations. World Trade Review*, Vol. 11:3, p. 415 – 437(2012).

⑤ See Elizabeth McLeod, *The Difficulty with Traceability and GMO Labeling in the Soybean Industry*, feedandgrain. com, Fort Atkinson(2013).

选题具有明显的学术价值。

在转基因食品可追溯制度法律渊源及立法模式方面，王明远教授认为，欧盟通过《转基因生物可追溯性和标识以及转基因食品和饲料的可追溯性条例》(EC)1830/2003 第 4 条可追溯项建立转基因食品可追溯能力之管理框架。[①] (EC)65/2004 建立了转基因产品的唯一标识系统（UCC/EAN - 128）、(EC)641/2004 建立了 GMOs 风险评估框架以及指令 2008/18/EC 建立了转基因产品环境释放的风险评估框架。欧盟一系列的法规和指令以伞状形式出现，形成了其转基因食品可追溯性的法律体系框架并不断补充完善，欧盟已然成为世界上转基因食品可追溯问题的先驱。[②]

2001 年，日本引入了转基因产品标识体系。在日本农林水产省[③]和厚生劳动省的管理下，主要通过对 IP 身份保存系统和标签标识系统的运用转基因食品标识法逐步形成，建立了独特的日本转基因食品可追溯能力监管模式。[④] 刘银良教授认为，美国的生物技术治理看似宽松（转基因食品可追溯与传统食品可追溯一致），却疏而不漏，其安全性、有效性和效率皆能够得到良好保障。其开放而严格的治理体系，要比一味禁止或完全放任高明得多。[⑤] 秦天宝教授将转基因生物安全立法分为垂直立法模式、积极型水平立法模式、审慎型水平立法模式，并认为欧盟采用纵横交错的转基因食品可追溯立法。[⑥] 熊本海教授认为，转基因立法对转基因技术要么产生促进作用，要么产生减缓的作用。各发达国家制定转基因着眼于保护消费者与环境、创造和支持转基因技术及市场，对可追溯能力进行立法。[⑦]

在转基因食品可追溯标准化流程法定方面，王明远教授认为，欧洲转基因

① 欧盟法(EC)1829/2003 的规定，含有基因改良物 GMOs 和由 GMOs 生产的食品在投放市场之前应先经过严格的授权审批程序和上市后的监督管理。

② 参见王明远：《转基因生物安全法研究》，北京大学出版社 2010 年版。

③ 日本农林水产省执行日本农业标准，负责审批重组生物向环境中的释放。

④ 日本农林水产省执行日本农业标准，负责审批重组生物向环境中的释放。

⑤ 参见刘银良：《美国转基因生物技术治理路径探析及其启示》，载《法学》2015 年第 9 期。

⑥ 参见秦天宝：《生物安全立法模式之实证考察：比较法的视角》，载《吉林大学社会科学学报》2013 年第 5 期。

⑦ 参见熊本海、李奎等：《转基因产品可追溯管理及溯源技术研究进展》，载《农业生物技术学报》2012 年第 8 期。

食品的授权主要包括5个步骤，[①]含有转基因成分的转基因食品在投放市场之前应先经过严格的授权审批程序，这也是目前绝大多数生产转基因食品国家的普遍做法。申请者不仅须向管理局提交转基因食品研发数据、生产加工信息、与传统食品比对结果，同时还需提交关于转基因食品安全性的基础性研究报告书，并说明符合《卡塔赫纳生物安全议定书》的相关标准，以表明该转基因食品不会引起伦理性的争议；[②]日本采用安全证书与安全代码双重认证的食品安全可追溯方式，对转基因食品溯源作出了非常明确而又详细的法律规定，并在此基础上形成了严格的转基因食品溯源管理体系。[③] 李佳洁教授认为，美国转基因可追溯制度分布于国家安全、食品安全和食品市场管理等方面的法律法规中，这只是为实施食品安全风险管理的溯源而制定，而非提供给消费者的信息，但美国食品科技学会与食品安全检察署（FSIS）会定期开展联席会议，并请求食品科技协会（IFT）进行转基因食品可追溯系统评价指标体系的项目研究，（就宽度、深度、准确度、可实施度这些关键问题进行评估），并进行试点可追溯模拟（主要分为容易的可追溯调查与较复杂的可追溯调查）。[④] 潘良文教授认为，应建立与欧盟一致的可追溯编码系统，并认为建立信息系统与结合强制识别模式构建中国转基因食品可追溯综合管理。[⑤] 高桥滋教授认为，日本对转基因食品可追溯制度的建设虽然较为全面，但对数量极为庞大的食品来说，并不可能杜绝伪装等违法行为。[⑥]

---

① 这五个步骤分别为：授权的申请、环境评价、欧洲食品管理局评估、公众评议委员会决议。

② 参见王明远：《转基因生物安全法研究》，北京大学出版社2010年版。

③ 日本转基因可追溯具体做法是：日本的IP身份认证和管理体系使非转基因产品在整个食物链中拥有独特代码，IP处理包括从农场、生产、运输、加工及分销的每一阶段都进行记录，并经第三方确认其进行过IP处理，每一步都要发布相关证书。在转基因和非转基因农产品流通的各个环节，进行区别性生产流通。管理的当事人需向下一负责人提供标记产品名称、产地、收获年份等信息及管理内容的证明书，该证明书接受人向下一人出售非转基因农产品时，需提供同样的证明书，并附上从前一人处收到的证明书的复印件。证明书根据流通各个阶段中管理主体的管理内容而编制，并由确认主体递交给下一主体。

④ 参见李佳洁、王宁等：《食品追溯系统实施效力评价的国际经验借鉴》，载《食品科学》2014年第8期。

⑤ 参见潘良文、杨捷琳等：《利用EAN · UCC编码和转基因标识对转基因产品进行溯源》，载《粮食与油脂》2012年第12期。

⑥ 参见高桥滋等：《日本转基因食品法制度的现状及课题》，载《法学家》2015年第2期。

在转基因食品可追溯国际法方面，王明远教授认为，欧盟在建立转基因食品识别标志时，必须保持国际框架下转基因食品安全标准立法的一致性，如采取 OECD 建立的唯一标识方式，再如，转基因生物可追溯产品数据库的使用。在转基因食品获得授权的同时，也获取了指定的唯一标识。[①] 乔雄兵教授在其文中提及欧盟曾经力促形成国际统一的转基因可追溯国际标准，但当时由于成本问题，各国未达成一致协议。[②] 其余学者均就转基因 WTO 法进行研究，但未涉足专门的转基因食品可追溯方面的国际法研究。

综上所述，目前就转基因法律方面的研究近年来成为中国国内学术热点，具有现实应用的价值，尤其转基因可追溯制度文献直接相关的只有 7 篇，并且作者认为其内容没有实际深入对转基因可追溯制度的切实分析，大多为欧盟与日本可追溯制度的法条翻译和初步解释。在国外文献研究中，作者发现其发文量远远少于中国学者，在转基因可追溯领域虽然文献较少，但具有专门关于可追溯制度研究的文献，然而其分析停留在政府（国内法领域），并且没有关于转基因可追溯制度的国内法比较研究，而国际法领域的可追溯制度研究几乎未见。但与此相关的转基因识别和立法的文献相对较多，这为笔者选定此题目就转基因产品可追溯制度的研究提供了相当大的研究空间和取得成果的可能性。

就转基因可追溯制度的国内法和国外法比较而言，国内外学者涉及较多的是识别制度、知识产权制度、环境保护等与转基因产品相关的研究方向，但作为识别制度的重要延伸环节——转基因产品可追溯制度，在此方向的研究者及其成果仍然较少，并在核心期刊中未见专门以转基因产品可追溯制度为主题的文章。

在国内外研究转基因产品法律学者中，归纳所有的学术成果类别可以看出，其研究主要集中在各国转基因食品安全的比较法研究、转基因食品国际贸易对经济发展的影响、转基因产品对于国际环境法的研究、转基因食品技术转让、转基因食品知识产权研究、转基因产品识别制度研究、转基因产品跨境转移研究等大类别上，其中尤其对于转基因产品的识别制度提供较多的研究材料。

---

① 参见王明远：《转基因生物安全法研究》，北京大学出版社 2010 年版。

② 参见乔雄兵、连俊雅：《论转基因食品标识的国际法规制——以〈卡塔赫纳生物安全议定书〉为视角》，载《河北法学》2014 年第 1 期。

但对于转基因可追溯制度研究作为集中研究方向的学者仍然较少。

在国际转基因产品可追溯制度问题上,无论是国内还是国外,目前都还未见有专著,而公开发表的文章中只可见相对较少的文章,但其讨论的着眼点多位于政府对于转基因可追溯问题的认知(与上文中的国内法规制相关)。目前,国际转基因产品的问题点主要集中在消费者认知、环境保护、知识产权、转基因产品贸易相关等领域。转基因产品的相关国际法研究成果主要位于《国际食品法典》《卡塔赫纳生物安全议定书》《WTO 法》等中。

三、研究意义

(一)选题的背景与意义

世界粮食计划署、世界卫生组织、联合国粮食及农业组织在 2002 年夏季发表关于生物技术的联合声明指出,①目前市场上的转基因食品对人体没有任何已知的伤害。② 2000 年,189 个国家签署联合国千禧年宣言,承诺联合国千禧年发展的 8 项目标中,转基因技术可使得上力的至少有 5 项③:

(1)消灭极端贫穷和饥饿:转基因有助于增产;④

(2)降低儿童死亡率:若是遗传疾病,可用基因治疗结束来救助,挽救儿童的生命;

(3)与疟疾(艾滋病等)对抗:至今,转基因疟蚊是足有希望的方式;

(4)保持环境的可持续力:转基因作物可减少翻土与喷洒农药;

(5)全球合作促发展:贫穷国家往往土地生产力薄弱,转基因作物帮得上忙。

除此之外,欧洲食品安全署、世界粮食计划署、荷兰食物安全研究所、英国皇家医学会、美国医学会等纷纷证明转基因产品的安全性。因此,在认可转基因食品普遍安全的基础上,研究转基因食品可追溯制度是有必要的。⑤

---

① 又如欧洲委员会也在 2002 年 8 月发表公开声明,同样认为没有证据证明转基因玉米有害。

② 参见农业部农业转基因生物安全管理办公室编:《国外转基因知多少》,中国农业出版社 2015 年版。

③ 参见 https://ciat.cgiar.org/。

④ 参见 Rulli, Javiera. 2017. Agroexport 样板的移民(The Refugees of the Agroexport Model)。

⑤ See *Illegal Genetically Engineered Starlink corn Contaminate Food Aid*, Press Release from Genetically Engineered Food Alcrt, 10 June 2002.

转基因农产品关系到百姓民生与国家安全命脉。[①] 目前,中国的《食品安全法》《农业转基因生物标识管理办法》《种子法》中相继规定,转基因植物品种各研发、生产、流通阶段应当进行安全性评价并同时严格控制。各项修改都提出了对转基因品种的跟踪监管和信息公开的要求。对已经审核通过的转基因作物种子,通过在生产经营许可、审批、登记、标签等方面提出相关的制度标准,建立转基因种子从生产到销售的全程可追溯及依法管理。由此可见,转基因食品强制标示制度真正实施,我们需要进一步对其完善,转基因可追溯制度的建立可以很好地解决这一问题。因此,本选题的意义可归纳如下:

1. 明确转基因产品国际立法中可追溯制度的发展趋势

世界各国已经构建了本国的转基因产品法律制度,足见目前人类对于国际转基因产品安全问题的高度关注。[②] 其中,不可置疑的是这一明确的法律发展趋势——国际化的管理标准。[③] 诚然,只有国际化的标准规制转基因产品可追溯制度,才能保障全球人民的安全利益,从根本上打消人们的疑虑,促进国际贸易自由化。本选题将对构建国际转基因产品可追溯制度进行详细分析。

目前,相当一部分国家基于人类与环境的衡量对于转基因产品采取了严格立法,并且国际贸易管理体制也主要是以人类与环境为理由来对转基因产品进行规制。[④] 因此,对于转基因产品的国际立法只是部分涵盖了人们反对转基因产品的众多担忧中的一小部分,这种不对称使现行的国际法律体系很难成功地处理转基因产品的国际贸易冲突。[⑤] 并且,各国以及国际管理制度中的强烈的社会、文化、伦理、经济、认知、人身与环境风险的价值差异加剧了转基因产品在

---

① 参见胡瑞法:《中国转基因作物的社会经济影响》(Socio-Economic Impacts of GM Crops in China)中国科学院中国农业政策研究中心报告。

② See Dano & Elenita C. ,Potential Socio-Economic,Cultural and Ethical Impacts of GMOs: Prospects for Socio-Economics Impact Assessment(2007),p. 23.

③ See Brookres,Graham & Peter Barfoot. ,GM Crops:The First Ten Year-Global Socio-Economic and Environmental Impacts(2016),p. 2.

④ See *Illegal Genetically Engineered Starlink corn Contaminate Food Aid*, Press Release from Genetically Engineered Food Alert, 10 June 2002.

⑤ See Joel P. Trachtman,*The Domain of WTO Dispute Resolution*,40 Harvard International Law Journal 333(1999);Joost Pauwelyn,*The Role of Public International Law in the WTO:How Far Can We Go?*,95 American Journal of International Law 595(2001).

国际贸易层面的冲突。转基因产品对于传统农业产生不利影响的担忧促使许多国家对转基因技术持反对态度,他们担心少数跨国转基因种子公司将会垄断种子的供应,使农民不得不每年都要支付高昂费用购买转基因种子,除此之外,更威胁到一国人民的饮食文化传统等,更有甚者认为操纵基因修改是非道德的亵渎神灵(haram)的违法行为。

因此,建构国际转基因产品可追溯制度的法律意义重大,它可以弥补本国转基因产品识别制度的内部缺陷、弥合各国转基因产品法律规制的外部差异、减少各国对转基因产品所持风险原则的差别、填补或弥补各种国际协议间关于转基因产品规制的空白点与矛盾点。本选题对进一步规范转基因产品可追溯制度国际立法作出详细研究,并明确其基本的发展方向。

2. 为完善我国的转基因产品可追溯制度建设作出贡献

转基因可追溯制度的建立可以消除民众的疑虑,但需要相应的法律储备与政府良好的监管职能。虽然转基因农产品可追溯体系起源于欧洲,但全世界目前都在积极的建设可追溯制度。世界上绝大多数国家就进口而言都已明确建立了转基因产品的强制识别,甚至绝大多数国家已经有了生产、出口转基因产品的愿望和计划,这无疑为转基因的可追溯制度统一化提供了良好的基础,也是可追溯制度统一化的风向标。

事实上,多数国家早已具备了可追溯制度的技术能力和管理能力,因为在关系国家命脉与民生的传统农业产品领域,各国都具备了相当周延而又成熟的可追溯管理体系。因此,面对转基因问题这种人类科学发展的必然趋势所产生的争议,中国在不久的将来必然会实行相当完备的符合国情与国际标准的可追溯管理制度。因此,本选题可以为此作出进一步研究。

世界上每个国家对于转基因产品的规制有诸多相似之处,但也都呈现不同的关注重点和兴趣,本选题将整理出各国转基因产品在可追溯制度方面的多方差异及其根源,对各方的优缺点进行比较分析,并对所得出的结论进行论证,从而为完善我国的转基因产品可追溯制度建设作出贡献。

(二)研究目标——建立中国转基因制度中的可追溯制度

本书的研究目标主要包括以下几个方面:

(1)对转基因产品可追溯制度进行定义;

(2)对各国转基因产品立法中的可追溯制度相关要点进行整理、比较研究；

(3)对转基因产品国际统一立法进行制度研究，找到其立法落脚点，并进行论证；

(4)明确构建国际转基因产品可追溯制度的法律意义；

(5)构思国际转基因产品赔偿制度；

(6)确立中国转基因可追溯管理体系的几项基本原则和要点。

(三)拟解决的关键问题

本书将解决以下几个关键性问题，并进行小心求证：

(1)目前，国际学术文献中未见有关转基因食品可追溯相关问题的统一的官方定义。因此，本书将结合目前已有文献中有关转基因食品可追溯问题的相关表述进行整理，并以国际刑法、国际转口贸易、物流法、供应链管理技术、登记管理制度、二维码等作为研究路径，对转基因产品可追溯制度进行法律概念上的定义。

(2)结合国际协议，如国际食品法典委员会、世界贸易组织、卡塔赫纳生物安全议定书之中的转基因可追溯性管理体系的相关规定，找到构建国际转基因产品可追溯制度的立法落脚点。用案例与法理分析相结合进行求证。以理论结合案例为路径，证明《TBT 协定》下构建转基因食品可追溯管理体系建立的必要性。

(3)借鉴目前现存的国际责任公约中的优势，结合讨论国际转基因食品可追溯制度的赔偿责任研究。

(4)明确中国转基因食品可追溯问题的相关立法，并就关键性问题进行阐释。

四、研究思路和方法

(一)研究方法

本书选题涉及生物科技、食品、电子技术、法律等诸多相关领域的相关概念，是在一定技术、食品、电子、生物等基础之上的法律研究，因此所使用的研究方法较多。包括：

(1)观察法：如本书中将借鉴国际刑法、物流法、供应链管理 RFID、二维码等对转基因可追溯制度中所需要的概念进行观察之后的归纳等。

(2)比较法:用于研究各国转基因溯源管理体系,并归纳出最严格的可追溯制度的相关点。

(3)理论研究法与历史分析法:研究关于转基因的国际法律条文、分析转基因食品追溯制度的历史发展脉络在进行定义时运用此法。

(4)演绎法:结合国际贸易法相关案例,对转基因可追溯制度《TBT 协定》与《SPS 协定》立法进行研究时运用此法。

(5)规范分析法:在研究国际转基因可追溯制度国际立法时会运用此法以论证其正当性。

(6)政策分析法:用于对各国转基因产品及中国政府、国际政府网站及年鉴报告进行政策分析。

(二)本书结构

第一章主要针对转基因食品可追溯制度进行基础研究,内容主要有阐释转基因食品可追溯相关法律概念基本要素,包括转基因食品可追溯能力与可追溯制度、转基因食品可追溯二维码与数据库等。然后,对各国转基因食品可追溯制度进行比较研究,并发现其中最严格的转基因食品可追溯制度的基本内涵。而后,研究转基因食品可追溯制度相关国际协议,包括对各国际协议下转基因食品可追溯制度简介,并对国际协议下转基因食品可追溯能力制度评析。

第二章主要鉴定《TBT 协定》《SPS 协定》与转基因可追溯制度的相关性。首先,通过研究转基因食品可追溯能力与国际法律工具选择,阐明转基因可追溯能力与适用范围冲突,并进行方案演绎。从而发现转基因可追溯技术标准与《TBT 协定》的相关性,并明确就《TBT 协定》下转基因可追溯问题研究,尤其针对 IP 技术标准与《TBT 协定》具有更高的相关性。

第三章主要进一步研究在《TBT 协定》下构建转基因食品可追溯能力技术标准。主要包括研究构建转基因食品可追溯能力国际标准之法律意义:弥补识别制度漏洞、平衡各国国内立法与国际协议之间的冲突、弥补各国协议不足。从而得出构建转基因食品可追溯能力国际标准基本内涵主要包括两个标准:标准一,引入发达国家转基因食品可追溯 IP 制度;标准二,转基因数据库。最后从可追溯技术能力与成本研究和转基因可追溯能力技术标准(IP)之制度基础两个方面,对《WTO 法》下构建转基因食品可追溯能力国际标准进行可行性研究。

第四章主要讨论在《TBT 协定》下构建转基因食品可追溯能力技术标准之难点与对策、困境与突破。其中困境与难点主要包括:解决转基因食品可追溯技术标准与各国国内法之差异;其适用范围界定困局;相关举证责任;对于例外条款的讨论。其对策主要包括:设置技术标准过程中的权利导向转变;技术援助;第三方之举证权限;国际组织的多形式合作。

第五章主要针对《TBT 协定》下对转基因食品可追溯能力技术标准之进一步的突破进行研究,主要表现在:(1)转基因食品可追溯能力所产生的损害赔偿机制、赔偿主体、赔偿原则等方面。(2)转基因食品越境转移赔偿责任与赔偿机制研究与相关问题分析。(3)转基因食品可追溯制度基金与相关公约之构建,主要包括研究国际转基因食品可追溯能力基金与《国际转基因食品可追溯能力基金公约》等方面。

第六章主要讨论中国建立转基因食品可追溯制度的基本要点。首先,将阐释中国转基因食品可追溯制度的法律沿革。其次,确立中国转基因食品可追溯制度建立的基本要点,主要包括:(1)基本原则(最严格级别);(2)管理体系法定;(3)技术标准法定。最后,中国转基因食品可追溯能力制度创新,主要表现在区块链技术法定与大数据管理法定等方面。

第一章 转基因食品可追溯制度基础研究

各国转基因食品可追溯能力的差距(标准问题)可能导致转基因食品国际贸易受限与国际食品安全双重问题。[①] 为解决双重性的问题,有必要对转基因食品可追溯能力进行各国及国际范围内之考察。

本章将介绍转基因食品可追溯相关法律概念及其构成要素,如可追溯能力、可追溯制度、可追溯二维码、可追溯数据库等基本概念。并通过研究各国转基因可追溯能力与制度的差异,呈现各国不同的转基因可追溯能力基本态势,并对全球最为严格的转基因食品可追溯制度进行梳理与比较。最后研究各国际协议中有关转基因食品可追溯制度的具体规定,发现其中的模糊性和软法性。

第一节 转基因食品可追溯制度相关法律概念

一、转基因食品可追溯能力与制度

(一)转基因食品(GMF)

在国际领域,对转基因问题的研究重点主要在于识别问题,

---

① 参见李响:《中国转基因食品立法的困境与出路》,载《华南师范大学学报(社会科学版)》2015 年第 1 期。

即转基因食品的强制标签问题。[①] 为此,首先需要明确标签的产品范围即需要对转基因食品进行定义。目前,我国批准产业化种植的转基因作物只有抗病毒番木瓜、棉花。[②] 批准进口的转基因农产品有玉米、大豆,其中玉米只能用于饲料,大豆用于榨油。[③] 所以,我们在中国能吃到的转基因食品只有棉籽油、大豆油和木瓜。而区分转基因的方法很简单,[④]在中国转基因食品是要求贴标签的,木瓜除外,传统木瓜不能抵抗环斑病毒,市场上健康的木瓜几乎都是转基因的。[⑤] 凡是原料采用进口的,或者是我国批准种植的转基因农产品及其直接加工的食品,就是转基因食品。利用转基因食品,进行深加工得出的食品,就不是转基因食品。[⑥] 因为再加工过程中,转基因成分,无论是基因还是蛋白质,都已经变性了,不以物质形态存在。[⑦] 比如大豆是转基因的,豆粕是转基因的,但吃了转基因豆粕的猪和猪肉制成的香肠,人吃的用转基因大豆油炸的油条,并不是转基因食品。[⑧]

这里需要补充说明的是,对于食品安全定义的明确。首先,食品不含药品但包括半成品。美国对食品的界定采取了较为宽泛的举例模式。[⑨] 美国1938年《食品、药品和化妆品法》(Federal Food, Drug, and Cosmetic Act, FDCA, 2004年修订)第201节第f款对食品进行了定义,并认为无论是原料、半成品或成品都被涵盖在食品范畴中,对有争议的食品则将其例举,如口香糖。而欧盟对食品的定义则综合采用了概念定义法、举例法与排除法。2002年《欧共体第178/2002号条例》——规定食品法的一般原则和要求、建立欧洲食品安全局与制定

---

① See Coit & Marne, *GMO Labeling: An Emerging Food Labeling Issue*, Drake Journal of Agricultural Law, Vol. 23, Issue 1, p. 21 - 28(2018).

② 参见吕毅品:《我国有哪些转基因作物》,载《人民日报》2017年9月16日,第4版。

③ 参见吕毅品:《我国有哪些转基因作物》,载《人民日报》2017年9月16日,第4版。

④ See Sax & Joanna K., *Contours of GMO Regulation and Labeling*, SMU Science and Technology Law Review, Vol. 19, Issue 4, p. 413 - 418 (2016).

⑤ 参见中国生物技术官网,http://www.zgswjsw.com/。

⑥ 参见盛翔:《请给公众"误解"转基因食品的权利》,载《湖北日报》2014年10月20日,第7版。

⑦ 参见https://www.nature.com/news/europe-s-genetically-edited-plants-stuck-in-legal-limbo-1.19028。

⑧ 参见《转基因技术可大胆研究但须慎重推广》,载人民网,http://env.people.com.cn/n1/2016/0414/c1010-28276720.html。

⑨ See Degnan F. H., *Biotechnology and the Food Label: A Legal Perspective*, Food & Drug L J, Vol. 55, p. 308 - 309(2000).

食品安全程序(Laying down the general principles and requirements of food law, establishing the European Food Safety Authority and laying down procedures in matters of food safety)中,对食品的界定措辞相当严谨。[①] 此外,日本采用排除法界定食品。[②] 而国际上通行的定义是,食品的范畴不仅包括成品和原料,也应包含半成品。[③]

(二)可追溯制度(Traceability Legal System)

转基因食品可追溯的意义:追根溯源、促进消费;欧盟的标识阈值为0.9%(转基因成分来源获得欧盟批准)和0.5%(转基因成分来源未获欧盟批准)[④],强制识别具有污名化效应(stigma effect),而带有可追溯QR编码的转基因产品却能具有一定的公信力效应。在American Meat Institute v. USDA案件中,法院认为如果强制标识rBST,可能使消费者认为含有rBST标识的奶制品质量不佳;弥补信息不对称实现消费者知情权,以消费者知情权为依据的强制识别即强制商业言论某种程度上是一种政府管制行为,而可追溯QR编码更是一种市场机制驱动下的政府信息公开披露。可实现消费者知情权与生产者商业言论自由、社会公共利益之间的平衡。

可追溯能力的概念目前并无定论,通行的概念有两种:ISO体系与欧盟体系。其中ISO体系认为,"是追溯考虑之中的历史、应用、地点的能力""当考虑一件商品是否可追溯到材料与部件的起源、生产历史、分销、送货后的地点";而欧盟体系相对范围并不那么宽泛,认为"追溯、跟踪一件食品及其喂养、产生食

---

① 2002年《欧共体第178/2002号条例——规定食品法的一般原则和要求、建立欧洲食品安全局与制定食品安全程序》第2条将食品界定为任何加工、部分加工或未加工,旨在或者可以合理期待供人摄取的物质或产品;包括饮料、口香糖,以及在加工、准备或者处理过程中掺入食物中的水;不包括饲料、活体动物、收割前的植物、医药产品等。

② 日本《食品安全基本法》(2009年版)第2条规定食品是除《药事法》(1960年法律第145号)规定的药品、准药品以外的所有食物和饮品。

③ 参见蒋慧:《论我国食品安全监管的症结和出路》,载《法律科学(西北政法大学学报)》2011年第6期。

④ FAO/WHO, Safety Aspects of Genetically Modified Food of Plant Origin (Report of a Joint FAO/WHO Expert Consultation on Foods Derived from Biotechnology), p. 20 – 22(2001); OECD, Report of the Task Force for the Safety of Novel Foods and Feeds, p. 4 – 6(2000).

物的动物或实体应该并入所有的生产加工分销追溯过程”。[①] 而世界上对转基因产品可追溯能力也不存在具体的定论,但通过归纳一般认为:

转基因可追溯能力是指一个国家可以对转基因产品的研发、试验、申请、批准、注册、授权、生产、供应链等一系列研发生产加工的全程可追溯的能力,包含溯源管理体系和可追溯技术能力。其中,我们又可以将转基因产品的可追溯制度分为有可追溯编码(IP 可追溯)的可追溯制度与无可追溯编码(非 IP 可追溯)的可追溯制度两种。IP 可追溯是指一个国家可以通过对转基因产品包装上的二维码(QR 码[②])、16 位条形码等(可追溯编码 IP/Code)编码对该产品的可追溯链条等一系列研发生产加工的全程进行追溯。

转基因食品可追溯制度,又称溯源管理体系,是指一国对于本国转基因产品可追溯能力的相关法律、监管机构、治理体系等一系列的溯源管理体系,包含监管机构体系和可追溯制度体系。[③]

可追溯制度体系则是由可追溯相关法律构成,其本质是保证每一环节登记备案录入系统的一系列行为的法定化。[④]

- 转基因可追溯技术能力
  - 转基因可追溯能力
  - 转基因溯源管理体系能力
    - 转基因可追溯监管机构
    - 转基因可追溯制度体系

(三)转基因食品可追溯制度(GMF Traceability Legal System)

转基因食品可追溯制度,是指获得批准投放市场的转基因生物以及由转基因生物生产的食品和饲料都要被纳入可追溯性制度的框架之内,即从生产、流通到消费的每个环节都必须进行登记,以利于追踪其来源和去向,为此每个环

---

① See George M. Chryssochoidis, Olga C. Kehagia & Polymeros E. Chrysochou, *Traceabiliy: European Consumers' Perceptions Regarding its Definition, Expectation and Differences by Product Types and Importance of Label Schemes*(2018), http://www.researchgate.net/publication/23510171.

② QR 码是二维条码的一种,QR 是英文“Quick Response”的缩写,即快速反应的意思,发明者希望 QR 码可让其内容快速被解码。QR 码比普通条码可储存更多资料,亦不像普通条码般在扫描时需直线对准扫描器。

③ 参见李韵:《最严格转基因产品可追溯制度——日本经验与中国路径》,载《人民论坛·学术前沿》2018 年第 15 期。

④ 参见李韵:《最严格转基因产品可追溯制度——日本经验与中国路径》,载《人民论坛·学术前沿》2018 年第 15 期。

节的负责人都必须如实记录其转基因生物、转基因食品和转基因饲料的来源及其后来的流向,依法保存该记录并将信息传达给后续的接受者。[①] 以便追踪处在市场各个不同阶段的转基因生物以及转基因食品和饲料,从而有助于改进质量,控制并保证在必要时可以撤回相关生物和产品。

建立针对转基因食品的追踪机制,能够促进标识制度得到有效落实,保持消费者对标识可靠性的信心。转基因食品是否可能造成生态、健康危害,目前还属于科学上的不确定问题。将来一旦出现实际的生态或健康危害,就需要查出究竟哪一种转基因生物、转基因食品或转基因饲料,在何种情况下造成的危害。[②]

如果没有可追溯制度,危害的根源就无法被厘清,相关的转基因生物、转基因食品或转基因饲料就无法得到及时而有效的处理。[③] 由此可见,可追溯制度是补充、强化标识制度的重要措施,也是应对转基因生物、转基因食品和转基因饲料的生态与健康风险的有效手段。

二、转基因食品可追溯能力技术标准

(一)可追溯二维码(QR Code)

可追溯编码(IP/Code)一般具有如下优点:(1)唯一性,可针对消费者购买的商品进行针对性的追溯,通常做法是确定其 IP 身份;(2)易于验证,消费者可以通过扫描二维码或者登录相关网站输入该产品的特定代码获得信息;(3)保存周期长,即使经过一段时间仍然可以找到该产品的流程信息;(4)高安全性,并且全程监控;(5)与电子数据库相关联,数据更新及时;(6)易于全程监控;等等。[④]

此外,在 IP(Identity Preserved)可追溯情况下还必须引入的一个概念是"转基因可追溯链条",它是指转基因产品研发、试验、申请、授权、产生、加工、运输、

---

① See Article2,4(A)and 5,Regulation(EC)1830/2003 of the European Parliament and of the Council of 22 September 2003 Concerning the Traceability and Labeling of GMO and Traceability of Food and Feed products produced from the GMO and Amending Directive 2001/18/EC, http://ec/europa. eu.

② See European Communities-Measures Affecting Approval and Marketing of Biotech Products,(EC-Biotech Products)WT/DS291,WT/DS292,WT/DS293.

③ See *Illegal Genetically Engineered Starlink corn Contaminate Food Aid*, Press Release from Genetically Engineered Food Alert, 10 June 2002.

④ 参见李韵:《最严格转基因产品可追溯制度——日本经验与中国路径》,载《人民论坛·学术前沿》2018 年第 15 期。

销售所产生链条是消费者购买后可以通过查询 IP 展现的可追溯链条。[①] 因此,可追溯链条具有唯一性、连续性、法定性。[②] (见图 1)

追溯精度	商品条码	批号	序列号	追溯编码标识示例	特点
品类追溯	√			6 901234 567892	确认主体责任,供应链透明化
批次追溯	√	√		(01)06901234567892(10)20110711010203AB	大规模工业化生产追溯与召回
单品追溯	√		√	(01)06901234567892(21)000002	防伪,防窜货,消费者分析与互动

图 1　转基因 IP 可追溯方式[③]

产品并不是没有可追溯标志编码(IP/Code)就是完全不可追溯,因为任何一种产品通过销售厂家、生产厂家等一系列上游环节某种程度上都能追溯到。因此,只能说标有可追溯编码的产品的可追溯能力明显强于非 IP 可追溯产品。因为 IP 可追溯能力代表着可以让消费者直接获取该产品每个环节的安全信息。对转基因产品进行可追溯管理优点在于追根溯源、打消消费者疑虑从而促进消费、减轻强制识别所产生的污名化效应[④]。事实上,一国转基因产品的可追溯能力(或者说有无 IP 可追溯能力)已然代表了该国溯源管理体系的健全程度。[⑤] 因此,我们先就各国转基因产品可追溯能力(无论是否含有 IP 可追溯)的

① 参见李韵:《最严格转基因产品可追溯制度——日本经验与中国路径》,载《人民论坛·学术前沿》2018 年第 15 期。

② 参见日本厚生劳动省官网,https://www. mhlw. go. jp/english/topics/foodsafety/dna/index. html。

③ 参见 2017 年 12 月清华大学食品安全会议资料。

④ 在 American Meat Institute v. USDA 案件中,法院认为如果强制标识 rBST,可能使消费者认为含有 rBST 奶制品质量不佳。弥补信息不对称实现消费者知情权以消费者知情权为理据的强制识别即强制商业言论某种程度上是一种政府管制行为,而可追溯 QR 编码更是一种市场机制驱动下的政府信息公开披露。可使消费者知情权与生产者商业言论自由、社会公共利益实现平衡。

⑤ 参见李韵:《最严格转基因产品可追溯制度——日本经验与中国路径》,载《人民论坛·学术前沿》2018 年第 15 期。

态势分布进行整体的整理研究。

（二）转基因食品可追溯数据库

与构建非转基因食品原料及其产品的全程溯源网络平台的思路基本一致，转基因食品可追溯数据库会包含更多有关试验和申请阶段的信息。[①] 研究组按照技术路线，开发了转基因食品的溯源数据库及面向消费者查询的网络平台并发布。平台在 windows 环境下运行，网络数据库采用并开发相关程序等，最后形成了含是否为转基因食品的使用记录，从转基因食品生产来源到消费者的非转基因及转基因的溯源网络平台。[②] 按照第一部分叙述的转基因动物的广义概念，如果转基因食品的制作原料来自转基因产品，如转基因玉米、转基因大豆或大豆粕，转基因菜籽粕或棉籽粕，那么由此制作的食品也称为转基因食品。因此系统从所采用的原料是否为转基因原料，到使用的产品是否为转基因食品记录，并按照标识方案，实现了从原料加工厂开始的原料标识，直到中间、终端分割产品的批次及产品 ID 的最终标识的对接与严格对应转换，实现通过终端产品的标识号，回溯到所使用的饲料是否含有转基因饲料原料，所采用的产品是否为转基因食品。[③] 当发现查询的转基因原料为转基因食品时，首先显示转基因的相关信息，包括转基因食品在制作环节的唯一标识编码即两位数字编码、插入或修饰的基因、表型特征、转化方法及对应的研发机构等有关转基因的信息。[④] 在此基础上，既可以如查询非转基因食品一样，点击查询试验信息、生产信息及销售信息等，也可以查询转基因食品生产信息、个体产品信息及官方销售信息等。在信息记录与标识技术上，基本实现了包括转基因及非转基因食品个体及其产品的全程溯源，从技术上可满足政府的管理，也可满足消费者的知情权及选择权。

---

① 参见潘良文等：《利用 EAN · UCC 编码和转基因标识对转基因产品进行溯源》，载《粮食与油脂》2012 年第 12 期。

② 参见熊本海等：《转基因产品可追溯管理及溯源技术研究进展》，载《农业生物技术学报》2012 年第 8 期。

③ 参见熊本海等：《转基因产品可追溯管理及溯源技术研究进展》，载《农业生物技术学报》2012 年第 8 期。

④ 参见熊本海等：《转基因产品可追溯管理及溯源技术研究进展》，载《农业生物技术学报》2012 年第 8 期。

第二节　转基因食品可追溯制度国别研究

一、各国转基因食品可追溯制度

(一)各国转基因溯源管理法律立法概况

整体而言,世界上每个国家对于转基因产品的治理有诸多相似之处,但也都呈现出不同的关注重点和兴趣。简言之:(1)允许进口,但允许种植种类、数量差别巨大;(2)大多实行强制识别,但阈值和标识的分类不同①;(3)管理机构分类类似(农业、医疗、环境保护三大类),但部门职能范围差别巨大;(4)法律多为多级监管,但对生物安全、人身保护和消费者知情权的侧重点不同;(5)顺向是严格申请安全认证,但逆向可追溯的法律不尽相同。②

各国转基因立法本身差距较大,虽然目前也呈现一体化的明显趋势,即"强制标识与自愿标识共存"的基本模式,③其中包括达到一定阈值的强制标识,但多种因素导致了各国对转基因产品的态度差距,进而又直接导致了可追溯制度的巨大差距。④

转基因产品可追溯制度在欧美发达国家形成了鲜明的对立态势。虽然美国拥有多级、多法律的可追溯机制优势,其本身的转基因产品规制在世界上已独树一帜——采取了科技发展经济效益与产品安全保障相结合的相对强制的法律管理模式,⑤但 FDA 下的实质等同原则作为协调性框架背后的核心原则使

---

① See Degnan F. H. ,*Biotechnology and the Fodd Label*: *A Legal Perspective*, Food & Drug L J, Vol. 55, p. 308 – 309(2000).

② See Kirby S. L. , *Genetically Modified Foods*:*More Reasons to Label than Not*, Drake Hournal of Agricultural Law, Vol. 6, p. 358 – 359(2001).

③ See Kirby S. L. , *Genetically Modified Foods*:*More Reasons to Label than Not*, Drake Hournal of Agricultural Law, Vol. 6, p. 358 – 359(2001).

④ See Danielle Knight, *Trade*: *Biotech Firms Gird for China Fight*, Global Information Network (2002).

⑤ See L. Bodiguel, *Conventional and Organic Crops*: *from Coexistence to Local Governance*, Vol. 8, p. 263 – 269(2016).

得以往美国的转基因可追溯管理机制内部是矛盾的,[①]这在某种程度上是一种自我监管,而这种做法和欧盟的方法完全相反,并且在国际贸易中导致了一些欺诈行为。[②] 而现在由于美国转基因识别的部分法定化,可以预测这一问题将得到部分扭转。与美国相对应的欧洲,其农产品质量可追溯至20世纪70年代欧洲暴发的疯牛病,因此,欧盟是转基因产品质量追溯系统的先行者和重要推动者。[③] 在转基因领域有明确详细的转基因可追溯法律条款(EC)1830/2003。[④] 除此之外,在WTO转基因案中已经暴露了欧洲与美国在转基因领域的多元差异,包括:(1)实质等同原则差别;(2)科学原则与预防原则的风险不确定性差别;(3)以往的识别法定差异;(4)大陆法系与英美法系的差异[⑤];(5)游牧民族与定居民族的思想根源差异;(6)农业出口国与进口国的地位差异。

因此一方面,以美国为代表的转基因出口国往往转基因技术能力发达、种植范围广阔,并希望能够增加出口获得收益;[⑥]而另一方面,欧盟等农业生物技术收益国家(进口国家),更注重产品的安全问题,因此往往提出更高的进口标准。[⑦] 各国转基因可追溯能力相似但立法不同,是因为各国文化历史背景、政治经济目的需求不同。[⑧]

与目前学界对于转基因欧美市场完全对立的想法不同,笔者认为美国对转

---

① See Xavier Bosch, *USA Fights Europe's ban on Genetically Modified Food*, The Lancet, Vol. 361 (2003), p. 135.

② See Chris D'Angelo, *How One Small State Is Forcing GMO Labeling Nationwide*, The Huffington Post(2016).

③ See Roland W. Scholz, *Sustainable Digital Environments: What Major Challenges Is Humankind Facing?*, Sustainability, 8(7268), (2016).

④ See Myles Carroll, *The New Agrarian Double Movement: Hegemony and Resistance in the GMO Food Economy*, Review of International Political Economy, Vol. 23(1), p. 1 – 28(2016).

⑤ See Donald Regan, *Judicial Review of Member-States Regulation of Trade Within a Federal or Quasi-Federal System: Protectionism and Balancing*, Da Capo, 99 Michigan Law Review 1853, p. 1882 – 1889 (2001).

⑥ See Michael McAuliff, *Congress Passes Bill Industry-Backed GMO Bill*, The Huffington Post (2016).

⑦ See Michael McAuliff, *Activists Shower Senators With Dollars In GMO Vote*, The Huffington Post (2016).

⑧ See Carey Gillam, *For GMO Labeling Advocates, It Doesn't Get Much Darker Than This*, The Huffington Post(2016).

基因的态度并非完全开放,例如,美国已将转基因强制识别立法,并且已在技术层面完全具备可追溯能力,可以预见美国必然会构建完备的转基因可追溯制度,构建相类似的可追溯管理制度则可以弥合不同国家之间贸易的诸多问题。① 同样,欧盟对转基因的态度也并非完全保守,例如,不断批准进口美国孟山都公司研发的转基因大豆,允许在食物或动物饲料中使用,但不得用于种植。但无疑,欧盟的 IP 可追溯制度具有先驱示范效应。②

目前而言,转基因可追溯制度基本可以分为三类:最为严格的可追溯制度,即拥有 IP 可追溯制度的国家:欧盟、日本;其次为次级严格但有本国特色的可追溯制度,即专门就转基因可追溯制度进行详细立法的国家:澳大利亚;再次为一般级别的其他国家,如美国、加拿大③、墨西哥等转基因产品生产大国。④ 另外也可以说,一般国家都处在观望和学习先进国家转基因可追溯能力的阶段⑤。中国对于转基因产品的态度是既开放又严格,开放是指技术方面大力发展、技术创新、坚持自主创新;严格是指监管层面在世界最为严格、并且进行制度创新(如安全评级)。⑥ 中国目前转基因产品法律治理的基本目标就是完善转基因可追溯制度,并且形成最为严格的转基因产品监管模式。因此,有必要对世界上最为严格且明确健全的国家进行深入研究,详细分析找出其各自的优势和立法特色,试图勾勒出最为完美、完备的转基因可追溯制度的几项基本要件,为中国所借鉴。

(二)各国转基因可追溯能力多维观照及态势分布

各国转基因可追溯法律条文、监管机构、GM 数据库、检测技术可靠性等是评价一个国家转基因可追溯能力最主要且不可或缺的四项基本要素,因此,通过观测各国可追溯法律群、部门体量、GM 数据库、检测技术成熟度,可以对目

---

① See Geelhoed & Miranda, *Divided in Diversity: Reforming the EU's GMO Regime*, Cambridge Yearbook of European Legal Studies, Vol. 18(2016), p. 20 – 44.

② 参见李韵:《各国转基因食品可追溯制度比较研究》,载《河南社会科学》2018 年第 12 期。

③ See M. E. Arbour & S. Hoeung, *Country Report: Canada*, Vol. 14, p. 333 – 354(2016).

④ See C. C. Ortiz & S. O. Garcia, *Report on Section II. D "Policies and Regulations in Mexico with Regard to Genetic Technology and Food Security": Country Report: Mexico*, Vol. 14, p. 355 – 376 (2016).

⑤ See K. Ismail, *Problems on Commercialization of Genetically Modified Crops in Malaysia*, Procedia-Social and Behavioral Sciences (2012).

⑥ See Xiao Zhu, Michael T. Roberts & Kaijie Wu, *Genetically Modified Food Labeling in China: In Pursuit of a Rational Path*, p. 30 – 58(2016).

前各国可追溯能力基本态势进行概览,具体情况如表 1 所示。

表 1 国际转基因可追溯能力态势分布①

国家/组织	GM 可追溯法律	部门数	GM 数据库	检测技术 PCR②
美国	较少	6	有	有
加拿大	1	4	有	有
欧盟	3	12 +	有	有
中国	2	5 +	有	有
日本	3	6	有	有
韩国	0	14	有	有
澳大利亚	10		有	有
俄罗斯	—	6	有	—
印度	2	6	有	有
巴西	1	5 +	有	有
南非	0	3	有	有

注:图中/表示数据未取得。

由表 1 可知,世界各国虽然都具备了相应的转基因可追溯能力,但可追溯能力的差距无疑是巨大的。事实上,多数国家早已具备了可追溯的技术能力和管理能力,③因为在关系到国家命脉与民生的传统农业产品领域,各国都具备了相当的转基因可追溯管理基本体系。比如,很多国家都具备 PCR 检测技术④或是 GM 数据库,并且都具备了关于可追溯链条中绝大部分工序的追溯技

① 参见农业部农业转基因生物安全管理办公室编:《国外转基因知多少》,中国农业出版社 2015 年版。

② PCR 技术是模拟体内 DNA 的天然复制过程,在体外扩增 DNA 分子的一种分子生物学技术,主要用于扩增位于两段已知序列之间的 DNA 区段。在待扩增的 DNA 片段两侧和与其两侧互补的两个寡核苷酸引物,经变性、退火和延伸若干个循环后,DNA 扩增 2^n 倍。

③ E. J. Hollo, *Genetic Technology and Food Safety*, *Ius Comparatum-Global Studies in Comparative Law Book Series*, Vol. 14, p. 153 - 169 (2016).

④ 聚合酶链式反应(polymerase chain reaction, PCR)又称无细胞分子克隆系统或特异性 DNA 序列体外引物定向酶促扩增法,是发展和普及最迅速的分子生物学新技术之一。PCR 技术在发展和实际应用中衍生出许多改良技术,是依据 DNA 模板的特性,模仿体内的复制过程,在体外合适的条件下以单链 DNA 为模板,以人工设计和合成的寡核苷酸为引物……是一种食品质量与安全检测技术。

术能力,①但可追溯能力强弱主要还是由是否含有转基因可追溯编码 IP、转基因可追溯法律和转基因可追溯管辖部门体量及其能效拉开了差距。② 那么,各国将转基因可追溯制度体现在立法(包括 IP 立法)和管理中究竟具有怎样的差距,这种差距的起始原因和所带来的后果又是如何呢?为此,我们有必要深入研究各国关于转基因可追溯制度的具体立法,以找出各自的立法缘由及其现状,并结合我国的立法目标进行进一步的比较研究。

二、最严格转基因产品可追溯国家或地区立法实践评析

目前世界上对转基因产品进行可追溯管理的最严格、最完备、最具代表的国家或地区是欧盟和日本。因此有必要对欧盟和日本两国的转基因可追溯制度进行进一步细致研究。③

(一)欧盟

尽管欧盟有关转基因生物及其产品特别是转基因食品的标识制度日益完善,但消费者对食品安全的信心并未完全恢复。④ 尤其在 2000 年,原本批准用作饲料的星联(Star Link)玉米流转到了饼干中,使消费者产生了更加严重的不安全和不信任感。⑤ 此事后,欧盟开始重新检讨转基因生物及食品监管的有效性问题,提出了可追溯性的立法思路,并颁布了《转基因生物可追溯性和标识以及转基因食品和饲料的可追溯性条例》(EC)1830/2003,⑥以便追踪处在市场各

---

① See George M. Chryssochoidis, Olga C Kehagia & Polymeros E. Chrysochou, *Traceabiliy: European Consumers' Perceptions Regarding Its Definition, Expectation and Differences by Product Types and Importance of Label Schemes* (2018), Vol. 47, p. 400 – 416. http://www. researchgate. net/publication/23510171.

② See Europeans and Biotechnology in 2002, *Eurobarometer* 58.0, A report to the EC Diretorate General for Research from the Project "Life Sciences in european society" QLG7 – CT – 1999 – 00286.

③ 参见于燕波、叶凌凤、康定明:《发达国家与发展中国家的转基因认知比较研究》,载《中国农业大学学报》2014 年第 3 期。

④ See Vesco Paskalev, *Can Science Tame Politics The Collapse of the New GMO Regime in the EU*, EJRR 12(2012), p. 190 – 201.

⑤ See Douma & Wybe Th, *Towards new EC rules on the Release of Genetically Modified Organisms*, Review of European Community & International Environmental Law(1999), p. 152 – 159.

⑥ See Regulation(EC)1830/2003 of the European Parliament and of the Council of 22 September 2003 concerning the Traceability and labeling of GMO and Traceability of Food and Feed products produced from the GMO and Amending Directive 2001/18/EC, http://ec/europa. eu.

个不同阶段的转基因生物以及转基因食品和饲料,从而有助于改进质量控制并保证在必要时可以撤回相关生物和产品。[①]

欧盟是农产品质量追溯系统的先行者和重要推动者。[②] 欧盟对转基因食品投放共同体市场之前的授权和上市后的监督是实现可追溯管理的基础。[③] 尊重各成员国的主权权利,特别是尊重那些反对授权给欧盟来管理这一棘手的政治化的转基因问题的成员国的权利。根据该指令第31条的规定,各成员国和欧盟委员会之间应当定期召开会议交换转基因生物风险管理方面的经验和信息。[④] 欧盟通过(EC)1830/2003 第4条可追溯项[⑤]建立转基因产品可追溯能力的管理框架。根据欧盟法(EC)1829/2003 的规定,含有基因改良物 GMOs 和由 GMOs 生产的食品在投放市场之前应先经过严格的授权审批程序和上市后的监督管理[⑥]:(EC)65/2004 建立了转基因产品的唯一标识系统(UCC/EAN—128)、(EC)641/2004 建立了 GMOs 风险评估框架,以及指令 2008/18/EC 建立了转基因产品环境释放的风险评估框架。结合这一系列的法规和指令,欧盟已经初步建立转基因食品可追溯制度的法律体系框架,并不断补充完善。[⑦]

---

① See Jale Tosun & Susumu Shikano, *GMO-Free Regions in Europe*: *An Analysis of Diffusion Patterns*, Journal of Risk Research, Vol. 19(6), p. 743 – 759(2016).

② See Joerges, C., J. Falke, H. W. Micklitz and G. Brüggemeier, *Internal Market Policy and the New Approach to Technical Approximation and Standards*, EUI Working Papers, Department of Law, Nos. 91/10 – 14, Florence, 1991.

③ See C. Joerges, J. Falke, H. W. Micklitz & G. Brüggemeier, *Internal Market Policy and the New Approach to Technical Approximation and Standards*, EUI Working Papers, Department of Law, Nos. 91/10 – 14, Florence, 1991.

④ 欧盟各成员国的主管部门和欧盟委员会构成了一个网状型的决策程序制度,其实质是各成员国共同分享管理权的混合程序。该指令创设这种管理网络的目的在于统一各成员国对于转基因产品上市的管理活动,以及对于相关的环境风险评估提供一个共同的方法,同时,尊重各成员国的主权权利,特别是尊重那些反对授权给欧盟来管理这一棘手的政治化的转基因问题的成员国的权利。根据该指令第31条的规定,各成员国和欧盟委员会之间应当定期召开会议交换转基因生物风险管理方面的经验和信息。由此确定了欧盟中关于可追溯制度的监管机构总括性规定。

⑤ See Document32003R1830. EUR-Lex(3 March 2018), http://eur-lex.europa.eu/legal-content/EN/TXT/?qid=1488448740638&uri=CELEX:32003R1830.

⑥ See Hervey & Tamara K, *Regulation of Genetically Modified Products in a Multi-Level System of Governance*: *Science or Citizens*?, Review of European Community & International Environmental Law, VL10. Blackwell Publishers Ltd., p. 1467 – 9388(2001).

⑦ See Maria Weimer, *Risk Regulation and Deliberation in EU Administrative GovernanceGMO Regulation and Its Reform*, European Law Journal, Vol. 21(5), p. 622 – 640(2015).

转基因食品的授权主要包括授权的申请、环境评价、欧洲食品管理局(EFSA)的评估、来自公众的评议和委员会的决议5个步骤。① 含有转基因生物的产品在投放市场前,应先经过严格的授权审批程序。申请者不仅应向管理局提交关于转基因产品的基本情况、生产和加工方法的信息、与传统食品对照的信息、同时还应提交关于转基因产品安全性的基础性研究,并且符合《卡塔赫纳生物安全议定书》的相关标准,提供食品不会引起伦理或者区域性关注的足够证明。② 欧盟在建立转基因食品唯一标识时,考虑到维持国际框架下的立法一致性,采取了国际经济合作和发展组织 OECD 建立的唯一标识的格式,以及生物可追溯产品数据库的使用。在转基因产品获得授权的同时,也获取了指定的唯一标识。2000 年发布《食品安全白皮书》、2002 年欧洲食品安全局成立(规定所有食品必须可追溯)2004 年全面推行 HACCP 体系,并对水产品的可追溯性提出要求,并在之后几年不断提升对动物源产品的追溯。除了欧盟政府,一些零售商协会对原有标准进行修订,增加了关于追溯的要求,如 BRC 认证和 IFS 认证。③ 因此,欧盟的转基因可追溯制度特点在于:(1)全覆盖,即对所有包含有转基因成分含量0.9%的产品都必须附随可追溯标志;(2)独特设计的9位编码;(3)最早将转基因可追溯制度详细立法;(4)错综复杂的申请批准监管网络(在欧盟和每个成员国都具有卫生、食、药品三种转基因安全局、并签署了多项合作协议)。④

(二)日本

日本是世界知名科技强国,而农业占国民经济的比重较小且自给率低,在很大程度上依靠进口,所以日本是典型的转基因产品进口国。而日本又在厚生

① See Douma & Wybe Th. et al., *Towards New EC Rules on the Release of Genetically Modified Organisms*, Review of European Community & International Environmental Law, Vol. 8, Blackwell Publishers Ltd., p. 152 – 159(1999).

② *Illegal Genetically Engineered Starlink Corn Contaminate Food Aid*, Press Release from Genetically Engineered Food Alert, 10 June 2002.

③ See Francescon & Silvia, *The New Directive* 2001/18/*EC on the Deliberate Release of Genetically Modified Organisms into the Environment: Changes and Perspectives*, Review of European Community & International Environmental Law. VL – 10. Blackwell Publishers Ltd., p. 309 – 320(2001).

④ See Hammes, Walter P. et al., *Detection Methods for Genetically Modified Microorganisms used in Food Fermentation Processes*, Wiley-VCH Verlag GmbH&Co. KGaA, p. 251 – 262(2005).

劳动省的协助下,形成了自己独树一帜却又环环相扣的可追溯管理体系。因此,日本已经对转基因食品溯源作出了非常明确且又详细的法律规定,并在此基础上形成了严格的转基因食品溯源管理体系。① 2001 年,日本引入了转基因产品标识体系。(见图 2)

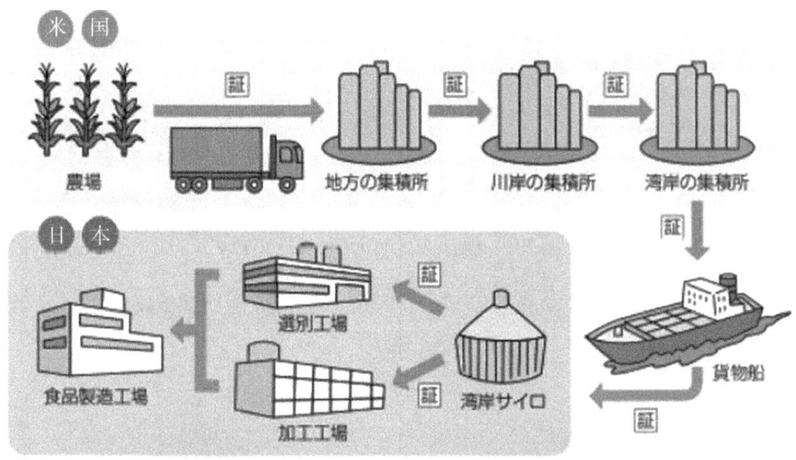

图 2 日本转基因食品可追溯能力(管理)基本流程

资料来源:日本厚生劳动省官网,http://www.mhlw.go.jp/stf/seisakunitsuite/bunya/kenkou_iryou/shokuhin/idenshi/。

日本有两个法律框架与法定政府管理机构负责对转基因食品进行管理:

(1)厚生劳动省(Ministry of Health,Labour and wealth)负责执行《食品卫生法》,其中包括转基因食品的申请与审核批准,并向消费者告知该食品经过了安全评估与审查,并对转基因食品的身份进行编辑归档(IP:Identity Preserved);

(2)农林水产省对农业标准进行进一步执行,包括审批转基因生物向环境释放污染源。

在这些机构的管理下,日本的转基因食品标识管理主要通过 IP 系统和标签系统两个同时进行管理,从而建立了日本转基因食品溯源管理的基本模式。

---

① 参见刘旭霞、欧阳邓亚:《日本转基因食品安全法律制度对我国的启示》,载《法治研究》2009 年第 7 期。

其中,IP 可追溯以证书及文件形式进行可追溯能力管理。① 日本转基因食品可追溯能力主要指:IP 可追溯管理体系使转基因食品在整体食品流通中获取唯一代码,IP 对包括从试验、生产、运输、加工及分销的每一阶段都进行识别保存,并经第三方认证并每一步都要发布安全认定证书。并且当事人需向下一流程的负责人提供识别的转基因食品的相关信息及管理信息,基于这些信息的证书根据流通各个阶段中进行不同的编制。

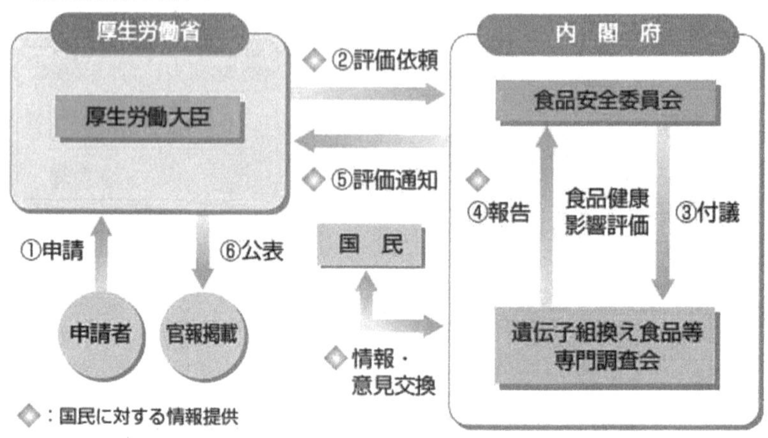

图 3 日本转基因生物安全审查程序

资料来源:日本厚生劳动省官网,http://www.mhlw.go.jp/stf/seisakunitsuite/bunya/kenkou_iryou/shokuhin/idenshi/。

三、最严格转基因产品可追溯制度共性描述

通过以上分析不难发现,在拥有极强的可追溯能力的国家中,其完备的转基因可追溯制度的共性是:

1. 转基因研发生产流程法定化

这是转基因食品可追溯制度的先决条件。② 转基因产品试验的申请程序一

① 参见日本厚生劳动省官方网,http://www.mhlw.go.jp/stf/seisakunitsuite/bunya/kenkou_iryou/shokuhin/idenshi/。

② Article2,4(A)and 5,Regulation(EC)1830/2003 of the European Parliament and of the Council of 22 September 2003 concerning the Traceability and labeling of GMO and Traceability of Food and Feed products produced from the GMO and Amending Directive 2001/18/EC.,http://ec/europa.eu.

般为申请者向一国的转基因产品管理局(一般为委员会)提出申请及递交全面的报告书及样品,之后委员会向多个第三方专家请求检测审查,确认无误并进行公示之后进行试验。[①] 因此,严格的转基因可追溯一般可以追溯到产品的试验研发阶段。[②] 如果一国本身的转基因产品研发、生产、运输等基本流程存在着松散且没有统一的行业标准化流程、复审制度,那么转基因食品可追溯管理体系将形同虚设。[③] 其中原始阶段的评估审批阶段是最为重要的,一般而言各国或地区都会采用多个机构共同审批评估其风险、安全、环境等安全方面的方式,并且在多个机构之间来回审核,以确保其安全性,比如欧盟、韩国。[④] 例如,韩国饲料谷物的环境安全评估必须经过农村发展管理局、国家环境研究所、国家渔业研发所、韩国疾控中心等四家机构咨询认可,并且一般都以个案为原则。此外,明确授权有效期并进行复审,如欧盟是十年。统一运作标准化流程还可以减轻可追溯成本。[⑤]

例如,在欧盟,建立欧洲食品安全局的条例仅要求不安全食品不应投入市场,不安全食品指对健康有害或者不适宜人类消费的食品。[⑥] 除此之外,并没有进一步的立法规定。这是因为在欧盟范围内虽然存在大量的食品安全法规,但并没有建立统一的食品法律制度,没有可与药品领域媲美的协调规则。[⑦] 例外是食品添加剂和转基因食品,在投入市场前必须经过市场许可,必须满足一系列条件。除此之外的许多食品安全法规仅仅是为了临时应对英国疯牛病危机

---

① 参见孙静:《美欧日转基因食品安全管理对我国的重要启示》,载《沈阳农业大学学报(社会科学版)》2013 年第 6 期。

② See Hammes & Walter P, *Detection Methods for Genetically Modified Microorganisms used in Food*, Fermentation Processes Wiley-VCH Verlag GmbH & Co. KGaA 2005.

③ See Susana Borra's, *Legitimate Governance of Risk at the EU Level? The Case of Genetically Modified Organisms*, *Technological Forecasting & Social Change*, 2006.

④ See M. Miraglia, *Detection and Traceability of Genetically Modified Organisms in the Food Production chain*, Food and Chemical Toxicology, 2004.

⑤ See Mariana SANDU, *Traceability Requirements to Ensure People's Food Security*, Public Security Studies, Vol. 4, April- June(2015).

⑥ See Abraham J. &G. Lewis, *Regulating Medicines in Europe: Competition, Expertise and Public Health*, *Routledge*, 2000.

⑦ See Kirby S L, *Genetically Modified Foods: More Reasons to Label than not*, Drake Hournal of Agricultural Law, 6: p. 358 – 359(2001).

而设立的,也没有建立一般原则供欧洲司法机构遵守。[①] 由于缺乏统一的立法,食品安全法规更多体现了成员国的利益,例如对于不安全食品的定义,各成员国就作出了不同的解释。总之,各成员国在食品领域并没有建立严格的规则,食品法规具有很强的法定性和规制性。

2. 明确的管辖机构

设置转基因可追溯问题的管辖机构是实质性的一步,是统一化的集中强制管理模式,通过成立工作小组等(其中的委员会隶属于属部办公室)方式互相监督(避免自我监督)。[②] 该委员会一般隶属于农业部、食药监管等国家主干机构,主要进行审核工作,如执行 CPB 相关规定、建立转基因生物安全管理体系;对申报未通过的再次申述,进行复审;进行转基因生物安全管理、进出口等的立法、公告事宜等。[③] 而委员会中还可设立技术委员会、小组委员会、私营代表等。其最主要的功能在于协调各下属部委产生的不同意见。如果国家机构由中央和州政府组成,一般而言还会在中央机构设立以上三种总管理机构,并且在州或者成员国之内再成立以上三种分管理机构,并且在上下级机构、平行机构或姐妹机构(如农业部转基因委员会、食药监局转基因委员会、卫生部转基因委员会等)间定期地交流管理方面的信息与经验,如澳新基因技术管理办公室(OGTR)[④]与澳新食品标准局(FSANZ)[⑤]。与其他学科的管理机构共同研究,

---

① Regulation(EC) 1830/2003 of the European Parliament and of the Council of 22 September 2003 concerning the Traceability and labeling of GMO and Traceability of Food and Feed products produced from the GMO and Amending Directive 2001/18/EC. http://ec/europa. eu.

② See Henry I. Miller & Drew L. Kershen, *Concerns about Federal GMO Food Legislation*, Regulation(Spring 2015). Matthee, Mariëlle D. Greenpeace V, *France*, *Case 6/99* (*Genetically modified maize case*), Review of European Community & International Environmental Law, Vol. 9, PB Blackwell Publishers Ltd. , p. 192 – 196(2000).

③ See Francescon & Silvia, *The New Directive* 2001/18/*EC on the Deliberate Release of Genetically Modified Organisms into the Environment*: *Changes and Perspectives*, Review of European Community & International Environmental Law(2011).

④ 在澳大利亚,基因技术管理办公室(Office of the Gene Technology Regulator, OGTR)负责监管转基因生物的相关工作,包括实验室研究、田间试验、商业化种植以及饲用批准。

⑤ http://www. foodstandards. gov. au/Pages/default. aspx. 澳新食品标准局(Food Standards Australia New Zealand, FSANZ)前身为澳大利亚新西兰食品管理局,它是一家负责制定澳大利亚和新西兰食品标准的政府机构,负责对利用转基因产品加工的食品进行上市前必要的安全评价工作,并设定食品安全标准和标识要求。该机构与其他政府机构和利益相关者推出协商食品标准。

可以避免出现如美国的部门技术争端。[①]

3. 清晰的可追溯技术方式

清晰的可追溯技术方式一般指独特编码(IP)及其附带的转基因可追溯数据库,其中可追溯编码一般为二维码、类似于UCC的数字条形码或是全程的安全证书等。其目的在于确保唯一性、针对性、易于验证等。IP标准完全将传统的可追溯理念进行了实质性的发展,从技术上切实而直接地提升了转基因产品的可追溯功能。[②]

4. 坚实的法律基础

明确的转基因研发、生产、运输、销售流程可追溯法律、法规、指南各种文本,形成转基因可追溯制度法律群。[③] 一般而言,各国都是通过医药、食品、农业三方面进行分类管理,形成基本的法律框架,[④]如欧盟的监管转基因产品的法律群由《2001/18指令》(转基因产品的释放)、《726/2004规章》(医用转基因产品)和《1829/2003规章》(转基因食品和饲料)构成。[⑤] 转基因可追溯的执行规范一般由当地的食药监局执行,并就具体问题一般采用指南等规范化文件。

第三节 国际协议下的转基因食品可追溯制度立法解构

一、转基因食品可追溯制度国际法主要渊源

转基因生物国际法主要渊源是生物安全国际法的各种表现形式,包括:(1)由各国签署的双边、多边公约、条约、议定书等,就国际转基因食品可追溯制

---

① See Dehousse R., *Regulation by Networks in the European Community: The Role of European Agencies*, 4 Journal of European Public Policy, 246(1997).

② George M. Chryssochoidis, Olga C Kehagia, Polymeros E. Chrysochou, *Traceabiliy: European Consumers' Perceptions Regarding its Definition, Expectation and Differences by Product Types and Importance of Label Schemes*, (3 March 2018).

③ See Hervey & Tamara K, *Regulation of Genetically Modified Products in a Multi-Level System of Governance: Science or Citizens?*, Review of European Community & International Environmental Law (2001).

④ *Swiss Launch law on Gene Tically Modified Food*, The Lancet, Vol. 355, January 29 (2010).

⑤ 参见胡日查、马晨頔:《美欧转基因食品安全政策比较研究》,载《食品研究与开发》2014年第18期。

度而言,主要包括国际食品法典、生物安全议定书、WTO 协定等国际法律文件。(2)不具有强制力的国际软法。但由于这两种形式的渊源之间常相互影响,因此就国际法解释法而言,两者具有某种意义上的重合性。本节将通过目前现有的主要国际立法进行剖析。

(一)《国际食品法典》

主要负责制定涉及食品安全和质量的国际标准。需要说明一点,WTO 体系下的《TBT 协定》和《SPS 协定》都会存在适用食品法典委员会下国际标准的问题,并不是只有《实施卫生与植物卫生措施协定》才存在适用国际标准的问题。

目前,食品法典委员会内的可追溯性问题的争议焦点主要集中在对转基因食品采取可追溯性要求也就是身份认证措施是否合适与恰当的问题。[①] 就欧盟的角度而言,欧盟在其境内对转基因生物采取了非常严格和广泛的可追溯性要求,自然就主张在国际上也要这样做,而美国则认为转基因生物范围过大,没有必要采取可追溯性要求的。[②] 就目前而言,食品法典委员会已经达成协议,认为不应仅限于转基因生物而采取可追溯性要求,而且认为该组织国际标准的适用应当符合上述两个 WTO 协定的规则,同时正在考虑制定符合 WTO 协定的有关可追溯性的国际标准。[③]

(二)《卡塔赫纳生物安全议定书》

该议定书主要是在《生物多样性公约》基础上发展起来的,该协定书的主要成就就在于建立一种事先通知协定(Advance Informed Agreement,AIA)的程序机制[④],转基因产品在进入一国境内时该国政府可以获得足够的信息作出决定,

---

① See Discussion Paper: The use of Genetically Modified Crops in Developing Countries, http://www.nuffiedbio-ethics.org/publications/pp_000000017.asp.

② See Fern Wickson, *Do We Care About Synbiodiversity? Questions Arising from an Investigation into Whether There are GM Crops in the Svalbard Global Seed Vault*, Journal of Agricultural & Environmental Ethics, 29(5)(2016).

③ *Global Traceability and Labeling Requirements for Agricultural Biotechnology-Derived Products: Impacts and Implications for the United States.*

④ 基因改造活生物体在进出口贸易上建立事先告知协议(Advance Informed Agreement, AIA)程序,提供进口国决策依据。出口国将必须通过所谓的预先告知协定(AIA)程序向中央数据库提供出口装运货物的详细信息。根据该程序的规定,潜在的进口国可以以这些信息为基础,在 15 日之内决定接受或拒绝装运的货物。

议定书的主要目的是确保转基因生物跨境移动安全。

(三)《WTO 协定》

在《WTO 协定》中与国际转基因产品规制相关的条文主要集中在《TBT 协定》与《SPS 协定》。其中,与转基因产品可追溯制度相关的法律是《TBT 协定》,它规定了产品标签要求,并且不会因为标签措施而造成不必要的贸易限制。(见表 2)

表 2 与转基因产品相关的国际条约

条约	与转基因产品相关的条约覆盖内容	争端解决约束力
GATT	第 20 条(b)"保护人类、动植物的安全、健康";TBT 与 SPS 优先适用	有,但无先例作用
TBT①	将标签制度、生产过程划入其调整范围,限制条件为同类产品给予 MFN/NT	有,但无先例作用
SPS②	科学依据原则;将 CAC 标准纳入其体系;与 CPB 存在冲突,纳入需要合意	有,但无先例作用
CPB③	风险预防原则;规定了 LMOs 与 LMO-FFPs 的标签要求与可追溯性	不具约束力
CAC④	风险预防原则;对现有转基因产品法律进行汇编(1 标准 9 指南);强制识别	不具约束力
IPPC⑤	借鉴 SPS;提供植物检疫措施的国际标准	不具约束力
OECD⑥	实质等同原则,并分为三级(具有等同性、除特定差异外、无实质等同)	不具约束力

由表 2 可见,各种国际协议中只有个别的和生物技术、转基因产品相关的

① 《TBT 协定》:第 2.1 条;附件 1。

② 《实施卫生与植物卫生措施协定》第 2 条、第 12 条、第 15 条。

③ 《卡塔赫纳生物安全议定书》第 4 条、第 6 条、第 11 条、第 15 条、第 16 条。

④ Codex Alimentarius (3 March 2017), http://www.fao.org/fao-who-codexalimentarius/codex-home/zh/.

⑤ 《国际植物保护公约》第 3 条、第 4 条、第 5 条、第 6 条。

⑥ OECD 首次提出实质等同原则,原文:"Substantial equivalence embodies the concept that if a new food or food component is found to be substantially equivalent to an existing food or food component, it can be treated in the same manner with respect to safety..."

安全保护规定,无疑其目的在于实现保护人身健康安全、降低环境风险等,而并没有明确规定任何转基因产品可追溯制度,要实现转基因产品全球可追溯,国际协议中的具体规定必不可少。现有的国际转基因产品立法中的规制显然匮乏且并不明确。[①] 笔者认为,虽然目前 WTO(GATT/《SPS 协定》/《TBT 协定》)协议中不具备关于转基因可追溯制度的明确规定,但可以在《TBT 协定》中进一步明确国际转基因产品可追溯制度,同时援引 CAC 和 BSP 的相关标准。

二、国际协议下转基因食品可追溯制度评析

由上可见,国际协议中并未见关于转基因可追溯的统一的国际标准,与转基因产品可追溯制度相关的法律条文一般散见于《国际食品法典》(以下简称 CAC)、CPB、《关贸总协定》(以下简称 GATT)、《技术性贸易壁垒协定》(以下简称 TBT)、《实施卫生与植物卫生措施协定》(以下简称 SPS)中。(见表 3)

表 3 与转基因可追溯能力相关的国际条约

	调整范围	与转基因可追溯制度相关条款覆盖内容
CAC[②]	所有食品,包括"现代生物科技衍生食品"	对现有转基因产品法律进行汇编(1 标准 9 指南);风险预防原则;强制识别
CPB[③]	改性活生物体	第 15 条规定的以科学为依据的风险预防原则;第 18 条 2:"供进一步索取信息资料的联络点"规定了 LMOs 与 LMO-FFPs 的标签要求与可追溯性
GATT[④]	所有产品	第 20 条一般例外(b)"保护人类、动植物的安全、健康";但 TBT 与 SPS 优先适用

---

① Perdikis et al., *Reforming the WTO to Defuse Potential Trade Conflicts in Genetically Modified Goods*, World Economy, VL 24. Blackwell Publishers Ltd., p. 379 – 398.

② See Codex Text, http://www.fao.org/fao-who-codexalimentarius/codex-texts/en/,最后访问日期:2018 年 4 月。

③ See the Cartagena Protocol on Bio-safety, Article 3 Use of Terms: Available at: https://bch.cbd.int/protocol/text/, 最后访问日期:2018 年 4 月。

④ See GATT Documents, https://www.wto.org/english/docs_e/gattdocs_e.htm, 最后访问日期:2018 年 4 月。

续表

	调整范围	与转基因可追溯制度相关条款覆盖内容
TBT①	所有产品（包括工业品和农产品）	鼓励制定国际标准和合格评定体系；保证技术法规和标准，包括对包装、标志和标签的要求，以及技术法规和标准的合格评定程序不给国际贸易制造不必要的障碍，不得超过为实现合法目标所必需的限度；保护人类健康或安全、保护动物或植物的生命或健康及保护环境。在评估此类风险时，应考虑的相关因素特别包括：可获得的科学和技术信息、有关的加工技术或产品的预期最终用途。附件一：技术法规（强制性文件）规定强制执行的产品特性或其相关工艺和生产方法。该文件还包括适用于产品、工艺或生产方法的专门术语、符号、包装、标志或标签的要求。附件 3 D：在标准方面，标准化机构给予源自 WTO 任何其他成员领土产品的待遇不得低于给予本国同类产品和源自任何其他国家同类产品的待遇
SPS②	食品安全、动植物卫生	前言：成员为保护人类、动物或植物的生命或健康而采用或实施必需的措施的实施方式不得构成在情形相同的成员之间进行任意或不合理歧视的手段，或对国际贸易的变相限制；应将对贸易的消极影响降低到最低程度；认识到国际标准、指南和建议可以在这方面作出重要贡献；期望进一步推动各成员使用协调的、以有关国际组织制定的国际标准、指南和建议为基础的卫生与植物卫生措施，这些国际组织包括食品法典委员会。第 2 条中阐述了各成员有权采取为保护人类、动物或植物的生命或健康所必需的卫生与植物卫生措施，只要此类措施与本协定的规定不相抵触、不构成任意或不合理的歧视；如存在科学理由，或一成员依照第 5 条第 1 款至第 8 款的有关规定确定动植物卫生的保护水平是适当的，则各成员可采用或维持比根据有关国际标准、指南或建议制定的措施所可能达到的保护水平更高的卫生与植物卫生措施。SPS 附件 A 规定了“卫生与植物卫生措施包括所有相关法律、法令、法规、要求和程序，特别包括：最终产品标准；工序和生产方法；检验、检查、认证和批准程序；检疫处理，包括与动物或植物运输有关的或与在运输过程中为维持动植物生存所需物质有关的要求；有关统计方法、抽样程序和风险评估方法的规定；与粮食安全直接有关的包装和标签要求”

① See Article 1: General Provisions, Article 2: Preparation, Adoption and Application of Technical Regulations by Central Government Bodies 2.4, Annex 1: Terms and their Definitions for the Purpose of this Agreement, Annex 3: Substantive Provisions D From Agreement on Technical Barriers to Trade, https://www.wto.org/english/docs_e/legal_e/17-tbt_e.htm，最后访问日期：2018 年 4 月。

② See Article 1: General Provisions, Article 2: Basic Rights and Obligations, Article 5: Assessment of Risk and Determination of the Appropriate Level of Sanitary or Phytosanitary Protection, Annex A Definitions (4) from The WTO Agreement on the Application of Sanitary and Phytosanitary Measures (SPS Agreement), https://www.wto.org/english/tratop_e/sps_e/spsagr_e.htm，最后访问日期：2018 年 4 月。

(一)国际食品法典简要评析

国际食品法典是一系列不具约束力的食品标准和规范,但由于它被 WTO 项下的 SPS 协定确认为协调和解决成员之间食品贸易争端的标准,得到了各国政府的重视,是各国公认的食品安全国际标准。从 1993 年开始,国际食品法典委员会(The Codex Alimentarius or "Food Code", CAC)的专业分委员会。

首先,CAC 并没有采用"转基因食品"这个名称,而是采用了"现代生物科技衍生食品"这个名称。CAC 目前唯一达成的专门关于现代生物科技衍生食品的指南性文件是关于风险评估的原则,其中对生物科技衍生食品的定义,沿用了 CPB 协定对现代生物技术产品的定义。同时,CAC 也认可预防原则和潜在的风险。①

其次,CAC 明确要求包含致敏因素的转基因产品需要进行标识。转基因产品识别标签基本标准规定,通过生物科技获得的产品如果包含可能致敏成分则需要强制申明。如果不可能通过标签提供致敏成分的充分信息,则包含致敏成分的产品不应该上市销售。②

最后,CAC 成员对转基因食品进行标识应以最终产品是否含有转基因成分还是生产过程是否使用了转基因技术或转基因生物原料为判定依据没有达成共识。但各国基本达成共识的是,即使采用以最终产品是否含有转基因成分为标准来判定是否对转基因食品进行标识,如果转基因食品与传统食品不完全相同,比如在营养成分、显性特征、用途方面有所不同时,则必须进行相关标识。另外,采用转基因技术生产的产品或物质都不能被标注为有机产品。③

(二)生物多样性公约与卡塔赫纳生物安全议定书简要评析

《生物多样性公约》第 14 条包含有关评估生物多样性被破坏的责任与补救之规定。缔约方大会自第四届以来采取了若干行动,并在第六届会议上通过了

---

① 参见乔雄兵、连俊雅:《论转基因食品标识的国际法规制——以卡塔赫纳生物安全议定书为视角》,载《河北法学》2014 年第 1 期。

② See Codex Alimentarius(3 August 2018), http://www.fao.org/fao-who-codexalimentarius/codex-home/zh/.

③ 参见周超:《国际法框架下我国转基因食品标识制度的完善》,载《求索》2016 年第 6 期。

经科学咨询机构审议与提交的有关影响评估的准则。①

CPB(Cartagena protocol on Biosafety)作为生物安全议定书,不直接涉及国内标签制度,但规范了跨境运输中改性活生物体的标识。② CPB 规范的改性活生物体(LMOs)是指任何凭借现代生物技术获得的遗传新组合的活生体。关于食品,CPB 调整的主要是拟直接作食物或饲料或加工之用的改性活生物体(LMO-FFPs)。③

首先,BSP 确立的是预防原则,而非科学依据原则。④ 虽然 BSP 也规定了科学基础上的风险评估,但与《SPS 协定》不同,BSP 承认科学具有一定的局限性,只将科学依据作为众多评估因素中的一个来考虑。比如 BSP 第 11.8 条规定,"在顾及对人类健康构成风险的情况下,即使由于在改性活生物体对进口缔约方生物多样性的保护和可持续使用产生的潜在不利影响的程度方面未掌握充分的相关科学资料和知识,因而缺乏科学定论,亦不应妨碍进口缔约方酌情就拟直接作食物或饲料或加工之用的该改性活生物体的进口作出决定,以避免或尽最大限度减少此类潜在的不利影响"。

其次,BSP 对 LMO-FFPs 规定了特殊的处理、运输、包装和标签制度。⑤ 比如其第 18.2 条规定每一缔约方应采取措施:拟直接作食物或饲料或加工之用的改性活生物体应附有单据,明确说明其中可能含有改性活生物体且不打算有意将其引入环境之中;并附上供进一步索取信息资料的联络点。缔约方大会应在不迟于本议定书生效后两年就此方面的详细要求包括对其名称和任何独特标识的具体说明作出决定。⑥

---

① 缔约方大会在科学机构第 VII/10 号建议基础上通过关于将生物多样性有关问题纳入环境影响评估立法/战略环境评估进程的准则的第 VI/7A 号决定。

② Xue Dayuan & C Tisdell, *Global Trade in GM Food and the Cartagena Protocol on Biosafety: Consequences for China*, Journal of Agricultural and Environment Ethics, 15(4): p. 337 – 356(2002).

③ the Cartagena Protocol on Bio-safety, Article 3 Use of Terms: Available at: https://bch. cbd. int/protocol/text/, 最后访问日期:2018 年 11 月。

④ Xue Dayuan & C Tisdell, *Global Trade in GM Food and the Cartagena Protocol on Biosafety: Consequences for China*, Journal of Agricultural and Environment Ethics, 15(4): p. 337 – 356(2002).

⑤ 参见 the Cartagena Protocol on Bio-safety, Article 3 Use of Terms: Available at: https://bch. cbd. int/protocol/text/, 最后访问日期:2018 年 11 月。

⑥ See Kirby S L, *Genetically Modified Foods: More Reasons to Label than Not*, Drake Hournal of Agricultural Law, 6: p. 358 – 359(2001).

虽然 CPB 并不直接涉及由转基因材料加工的产品问题，但其对活体转基因生物原料的跨境运输提出了特殊的可识别和可追溯制度，我国作为 BSP 缔约国完全可以根据公约的规定，要求进口的改性活生物食品原料符合特定的可识别和可追溯要求。①

《卡塔赫纳生物安全议定书》规定了“转基因生物活体”（LMOs）安全转移、处理和使用的规则。该议定书的宗旨是为了应对 LMOs 对生物多样性的威胁，同时也考虑到对人类健康的威胁。各国的贸易部长主导 WTO 协议的谈判，各国的环境部长主导了该议定书的谈判进程。这种谈判模式说明了该议定书为什么更加关心生物多样性的保护和可持续利用，而不是国际贸易本身。第三个问题——责任和赔偿，最富有争议性。发展中国家，尤其是非洲国家，敦促 MOP－1 对此采取一个强有力的国际机制。② 他们要求，为了应对 LMOs 损害农作物或人类健康或环境的偶然事件，应当建立一个具有法律约束力的机制以确定赔偿或补偿的责任主体以及程序。MOP－1 最终成立了一个责任和赔偿专家工作组，分析各种潜在和实际的损害情形以及各种国际责任、赔偿规则和程序如何应用于这些情形。③ 该工作组将会考虑各种规则和程序，包括：损害的定义、性质和范围，对生物多样性和人类健康损害的评估，损害的门槛，因果关系，责任的分配，责任的标准，经济担保机制以及诉权等。④

最后，《卡塔赫纳生物安全议定书》第 18 条规定了处理、运输、包装和识别的规则。⑤ 这些规定无疑与可追溯制度具有相关性。

（三）世界贸易组织法简要评析

WTO 法下 GATT 和《TBT 协定》的调整范围是最广的，⑥包括转基因农产

① 参见袁绍义：《转基因生物越境转移事先知情同意制度解读——以〈卡塔赫纳生物安全议定书〉为视角》，载《法学杂志》2011 年第 11 期。

② 参见 the Cartagena Protocol on Bio-safety, Article 3 Use of Terms: Available at: https://bch.cbd.int/protocol/text/，最后访问日期：2018 年 4 月。

③ See Katharine E Kohm, *Shortcomings of the Cartagena Protocol: Resolving the Liability Loophole at an International Level*, 27 UCLA J. Envtl. L. & Pol'y, 2009.

④ 参见周超：《国际法框架下我国转基因食品标识制度的完善》，载《求索》2016 年第 6 期。

⑤ *the Cartagena Protocol on Bio-safety*, Article 3 Use of Terms: Available at: https://bch.cbd.int/protocol/text/，最后访问日期：2018 年 5 月。

⑥ See Andrea Migone & Michael Howlett, *From Paper Trails to DNA Barcodes (Enhancing Traceability in Forest and Fishery Certification)*, Resources Journal, Fall 2012 Vol. 52.

品、食品、药品。而《SPS 协定》的调整范围相对偏小，是针对与《SPS 协定》相关的食品安全、动植物卫生，因此也规制了转基因农产品、食品和药品，因为这些产品都可能导致本国的动植物卫生安全风险。①

WTO 法在调整范围、法律适用上，都是值得具体探讨之地②尤其是《SPS 协定》与《TBT 协定》。在转基因可追溯能力涉及的调整对象、国际标准、科学原则、国民待遇(NT)、相同产品等概念上，《TBT 协定》与《SPS 协定》都作出了相关的规定。③ 其中最重要的是调整对象和国际标准这两个概念，因为科学原则与转基因可追溯能力的关系在于可追溯能力的展现可以作为科学证据；而 NT 只是适用可追溯标准的一种普世性的非歧视原则；而相同产品问题上，转基因可追溯问题只是进一步弱化了传统产品与转基因产品之间的区别。所以有必要对 WTO 法下的相关规定(调整对象、转基因可追溯标准)作进一步探讨。

(四)经济合作组织规定

经合组织(OECD)的运作模式的重大障碍是转基因生物问题在欧洲的政治化。经合组织的这种信息搜集功能还体现在其在 1995 年创建的 Bio Track 在线数据库④，该数据库拥有在各个成员国已经获得测试和批准的转基因生物产品的信息。⑤ 同时，该数据库和各个成员国的生物技术数据库相连接。在 2007 年，该数据库开发了一种独特的生物技术作物认证系统，该系统大大方便了《卡塔赫纳生物安全议定书》的实施。这种独特的认证标识有利于各成员国对生物技术作物进行统一认证，从而能够促进这些转基因生物在各成员国之间的贸易。经合组织同时认为生物技术是经济可持续发展的一个关键推动因素，提倡建立一个“全球生物资源中心网络”，以及建立一个共同运作标准框架以便于对这些生物资源中心进行管理。总之，经合组织这种转基因生物管理体制具

---

① 参见郭桂环:《WTO 体制下转基因食品强制标签的正当性分析》，载《河北法学》2016 年第 5 期。

② 参见郭高峰:《WTO 框架下转基因食品标识的消费者知情权研究》，载《暨南学报(哲学社会科学版)》2013 年第 4 期。

③ Blanca Salas Ferer, *The European Commission's GMO Opt out for Member States a WTO Perspective*, EJRR, 2016, 1.

④ 参见 http://www.biotrack.co.uk/。

⑤ 参见 http://www.biotracks.cn/。

有两面性。一方面,通过其“软法”和磋商决策机制,经合组织在转基因生物风险评估和转基因产品检测方面取得了成功。在这个意义上,经合组织是成功的一个典范。然而,从另一面来看,经合组织也具有明显的局限性。首先,尽管经合组织在转基因生物风险评估方面相当成功,但是对于风险管理这一高度政治化的议题,经合组织却存在巨大分歧。① 再者,美国和欧盟关于转基因种子和作物的冲突和矛盾在不断地分裂该组织。在农业生物技术方面,和《生物安全议定书》相比,美国把经合组织当作一个有利于自己立场的国际组织,因此,美国愿意进一步推动经合组织的工作。② 美国继续倡导自己的科学方法原则,并把经合组织的一些文件,比如 1986 年的蓝皮书,作为一个有力的证据。然而,由于欧盟和美国对于“预防原则”的定义和使用存在重大分歧,经合组织这种磋商决策制度面临着重大挑战。经合组织尽管在风险评估方面发布了一系列文件,但是对于风险管理很难取得任何实质性成果。下文中将要讨论的另外几个国际组织的规则和标准对于风险管理具有更实质的意义。

(五)转基因食品安全法规对国际贸易的影响

转基因食品安全法规主要采取了以下几种方式具体调整国际贸易③:

1. 数量限制

典型的数量限制是进口禁令。一般来说,如果行政机关认为不能有效消除风险,为了彻底减少或者消除风险,它就会对某种产品或者一类产品实施进口禁令,完全禁止产品进口。④ 例如欧共体在 1997 年发布了指令禁止进口含有特定荷尔蒙的肉类产品,这就属于彻底的进口禁令。此外还存在针对产地的进口禁令以及针对特定期间的进口禁令。如果产自某地的产品风险特别高,或者在某期间制造的产品风险水平很高,那就可能采取针对产地或者针对期

---

① 孟雨:《转基因食品国际贸易法律问题研究》,载《前沿》2011 年第 1 期。

② See Henry I. Miller & Drew L. Kershen, *Concerns about Federal GMO Food Legislation*, Regulation(2015).

③ 参见 Richard Coase, *The Nature of the Firm*, 4 Economica, 386(1937); Richard Coase, *The Problem of Social Cost*, 3 Journal of Law and Economics 1, (1960)。本书讨论了贸易成本理论。

④ See Richard Coase, *The Nature of the Firm*, 4 Economica, 386(1937); Richard Coase, *The Problem of Social Cost*, 3 Journal of Law and Economics 1(1960); Oliver E. Williamson, *The Economic Institutions of Capitalism, Firms, Markets, Relational Contracting*, The Free Press(1985).

间的进口禁令。在疯牛病危机时,欧盟各国采取了针对英国牛肉的进口禁令。上述带有针对性的进口禁令可能存在贸易歧视,产生贸易争端的可能性很大。①

2. 技术标准

技术标准一般规定了某种产品进入特定市场必须满足的条件。技术标准按照内容的不同,可以分为产品标准(product standards)和工艺标准(process standards)两类。前者关注产品本身,一般规定产品的尺寸、重量或者化学成分,或者规定不得含有某种微生物、不带有某种疾病;后者关注产品的生产工艺和生产方法,例如产品是否由童工制造,产品制造环境是否符合特定要求,等等。生产工艺和生产方法问题是一个复杂的政治、经济问题。一般来说,适用产品标准不能带有保护主义色彩,但也不是没有例外。在一些情形下,适用工艺标准更有利于生产商,例如在某些特殊环境下制造出的食品,其微生物含量可能很低,而相应的微生物检测费用可能很高,那在这样的情形下,适用工艺标准反而是合理的。②

技术标准对贸易的影响,看起来应该比进口禁令对贸易的影响小。但其实,这是一个需要实证分析的问题,而不能根据字面含义判断。技术标准可能规定了对外国生产商而言不可能达到的技术指标,从而彻底消灭了外国产品进口的可能性。就这个角度而言,技术标准对贸易的消极影响一点也不比进口禁令小。

3. 信息救济(informational remedies)

市场存在信息失灵引起市场失灵的现实。在上述情形发生时,就需要采取信息救济手段,具体表现为强制性的产品信息披露以及自愿的产品信息披露。前者表现为通过法律、行政法规、部门规章规范特定产品,例如,必须在标签上标明产品名称、产品原料等。③ 以往我国对转基因食品就采取了强制标签制度,

---

① See Joel P. Trachtman, *Economic Analysis of Prescriptive Jurisdiction and Choice of Law*, 42 Virginia Journal of International Law 1(2001).

② See G. Norman & Joel P. Trachtman, *The Customary International Law Game*, 99 American Journal of International Law 541(2005).

③ See Kirby S L. 2001. Genetically Modified Foods: More Reasons to Label than Not. Drake Hournal of Agricultural Law, 6: p. 358 – 359.

食品中含有基因修饰有机体或表达产物的，就必须标注为“转基因××食品”或“以转基因××食品为原料”，①这体现了我国早已对转基因食品的严格监管。后者表现为生产商自愿在产品标签上标明产品具有的特点，例如，在橙汁标签上标明“富含钙质”或者“富含维生素 C”。

上述信息救济救济手段表现为产品标签，它说明了产品具有的特点，引导消费者购买满足各自偏好的产品，看起来对贸易不存在影响。② 现实中，不同贸易体可能对同类产品（like products）的标签作出不同规定，使生产商为了满足不同市场的要求制作不同的标签。而且，不同市场可能对同类产品做出不具有实质意义的产品标签要求。以巧克力为例，甲市场要求每 100 克巧克力的脂肪含量为 31.2 克，而乙市场要求每 100 克巧克力的脂肪含量为 32.3 克。其实，上述对巧克力脂肪含量的要求并无实质差异，但却使生产商因为满足不同市场的要求，增加了生产成本。总之，具体表现为产品标签的信息救济也可能对贸易产生消极影响。③

在调整范围方面，CAC 只规制所有食品，包括转基因食品，但不包括转基因农产品和转基因医药制品，因此对转基因产品可追溯讨论的范围过窄，并且没有强制约束力。BSP 规制的是改性活生物体④，BSP 的唯一用途在于国际标准的参考性，但也没有法律强制力。WTO 法下 GATT 和《TBT 协定》的调整范围是最广的，包括转基因农产品、食品、药品。而《SPS 协定》的调整范围相对偏小，是针对与《SPS 协定》下措施相关的食品安全、动植物卫生，因此也规制了转基因农产品、食品和药品，因为这些产品都可能导致本国的动植物卫生安全风险。⑤

通过上述对转基因可追溯相关的国际协议比较可知，目前国际上对转基因

---

① 参见《转基因食品卫生管理办法》（已废止）第 16 条。

② WTO, Members and Observers, available at http://www.wto.org/english/thewto_e/whatis_e/tif_e/org6_e.htm, visited on 4 July 2011.

③ See Tim Josling, Donna Roberts, David Orden, *Food Regulation and Trade*, *Institute for International Economics*, p. 21 – 24 (2004).

④ See https://curia.europa.eu/jcms/upload/docs/application/pdf/2018 – 07/cp180111en.pdf.

⑤ Myles Carroll, *The new Agrarian Double Movement: Hegemony and Resistance in the GMO Food Economy*, Review of International Political Economy, 23 (1), p. 1 – 28 (2016).

可追溯问题的规制是非常模糊的。[①] 在各种国际协议中只有些许和生物技术、转基因产品相关的安全保护问题，无疑其目的在于实现保护人身健康安全、降低环境风险等目标，但并没有明确规定转基因产品可追溯制度，因此国际立法中的转基因可追溯能力规制显然匮乏，且缺乏针对性。[②]

① See R. G., Pettitt, *Traceability in the Food Animal Industry and Supermarket Chains*, Scientific and Technical Review, 2001(20).

② See Robert Howse, *Democracy, Science and Free Trade: Risk Regulation on Trial at the World Trade Organization*, Michigan Law Review, Vol. 98, No. 7, p. 200.

第二章 《TBT 协定》之转基因食品可追溯制度法理基础分析

WTO 被誉为“经济联合国”，作为全球最大的经济贸易组织，它主要处理全球贸易以及与贸易相关的议题。转基因食品贸易作为国际贸易的一个重要组成部分，理应属于 WTO 的调整范围，转基因食品贸易规则在 WTO 规则中也多有涉及。而转基因可追溯能力作为转基因食品贸易中相当重要的内容，所有的转基因食品贸易规则都是在确保转基因食品安全的前提下，使转基因食品贸易更加便捷与自由。

自由贸易原则和贸易监管措施时常存在冲突，进口国针对产品市场准入的限制措施可能是为了保护本国工业，增加了国际贸易的成本；同时，措施也可能保护了对于一国来说至关重要的价值，例如公共健康或者环境。进口限制措施作为一种贸易保护措施，当然产生了歧视性的或者说不合理的成本；作为非贸易保护主义的措施，它也产生了限制贸易的副作用。这两者其实很难区分。

为了限制缔约方采取贸易保护措施，但也必须保留采取规范措施的权力，在乌拉圭回合之前的肯尼迪回合和东京回合中，GATT 引入了有关非关税壁垒的协定，扩大 GATT 作为一个事实上国际组织的调整范围。各缔约方在诸边的基础上缔结协定，协定也只对参加方有效，这导致了 GATT 体制的碎片化——GATT 的缔约方并不遵守完全相同的义务，发达国家和发展中国家在义务承担上可能存在显著的不同。

各成员在加入《马拉喀什建立世界贸易组织协定》(Marrakesh Agreement Establishing the World Trade Organization,以下简称《WTO 协定》)的同时,以一揽子承诺的方式加入了《TBT 协定》和《SPS 协定》。按照《WTO 协定》第 2 条第 2 款规定,《TBT 协定》和《SPS 协定》是《WTO 协定》的组成部分,适用于所有成员。所以,两协定与 GATT 具有相同的法律等级,它们都是 WTO 的法律渊源,且具有同等效力。由于它们目前都是一个条约的部分,就产生了条约解释问题。

《WTO 协定》及其附件是一个单独的条约,但各协定却是由 15 个不同的工作组谈判而成,[①]并且只是在乌拉圭回合的末期才决定采取"一揽子"承诺的方式,各成员一律接受各工作组达成的协定文本以及《WTO 协定》。可见,协定文本协调机构肯定对各协定文本的一致做了一定的工作,但美国一直对建立一个正式的调整国际贸易的国际组织持抵制态度。[②] 原因在于,作为世界上强大国家之一的美国,始终持有领导各国推广自身价值观的想法。作为主权国家,倾向于维护自身利益,于是对建立一个要求其承担广泛义务的国际组织表示反对。之前的国联也是同样的情形,美国倡导成立国联,最终却没有加入国联。总之,上述事实为协定间的不一致留下了可能。而且,谈判者也没有说明各协定的效力等级,虽然他们希望各协定措辞的灵活性可以解决上述问题,可惜事与愿违。于是,准确地说明 WTO 各协定条款的关系变得异常困难。

本章分析 GATT、《TBT 协定》和《SPS 协定》对各成员的权利、义务规定以及各协定对成员国内法的影响,试图说明 GATT 第 3 条、第 11 条、第 20 条、《TBT 协定》和《SPS 协定》间的关系,并确认其中共同的规则。有一点需要说明,到底是适用 GATT、还是《TBT 协定》《SPS 协定》,涉及 WTO 法与其他条约的关系,例如 WTO 协定是否与《生物多样性条约》(Convention on Biodiversity)、《卡塔赫纳生物安全议定书》(BSP)存在冲突,在一定程度上取决

---

① See *Ministerial Declaration on the Uruguay Round of* 20 *September* 1986, BISD 33S/19.

② See Debra Steger, *WTO: A New Constitution for the Trading System*, in M. Bronckers and R. Quick eds., New Directions in International Economic Law: Essays in Honour of John H. Jackson, Kluwer Law International, 2001, p. 135.

于适用 WTO 的哪个协定。究竟适用何种规则,取决于有关事宜的性质、协定中法律规则的性质以及各条款间的关系。

本章将通过考察《TBT 协定》、《SPS 协定》与转基因食品可追溯能力的关系,考查两者在转基因食品可追溯能力上的重叠适用情况。本章还将分析各协定之间的冲突。在说明该问题的时候,在符合逻辑的前提下,按照国际法解释规则和《维也纳条约法公约》,笔者采取了文本解释或者说客观解释的方法,并结合了 WTO 争端解决实践中专家组、上诉机构的主张。

第一节 转基因食品可追溯能力与法律工具选择

世界各国和地区对转基因食品可追溯能力的规制存在巨大差异。目前,欧盟和日本采用最为严格的独特编码 IP 可追溯[①]制度模式,美国、阿根廷、巴西等国家的可追溯能力要求并不那么明确,但因为其在转基因领域的先驱性和发达性,因此,也并不是完全不存在可追溯能力,只是相比欧盟和日本等具有独特编码 IP 可追溯制度模式来讲,这种可追溯能力太过模糊。中国已经明确将制定最严格的转基因可追溯制度作为下一阶段的规制目标。因此,在转基因产品国际贸易中,将来必然会产生可追溯模式国别差异所导致的限制进口问题。[②] 因此,有必要对国际法视域下的转基因可追溯制度进行分析。首先,本节将通过介绍国际法视域下的转基因可追溯制度基本概念的内涵与外延,研究其进入国家、进入市场的两种进路并确认其价值维度;其次,解构各国际协议关于转基因可追溯能力的规定,说明其模糊性,并找到研究范围;再次,对 SPS 协定与 TBT 协定对转基因可追溯能力的适用范围进行法律辨析;最后,对可追溯能力在

---

① IP 可追溯是指一个国家可以通过对转基因产品包装上的二维码(QR 码)、16 位条形码等可追溯编码对该产品的可追溯链条等一系列研发生产加工的全程可追溯能力。QR 二维条码的一种,QR 来自英文“Quick Response”的缩写,即快速反应的意思,源自发明者希望 QR 码可让其内容快速被解码。QR 码比普通条码可储存更多资料,亦无须像普通条码般在扫描时需直线对准扫描器。

② George M. Chryssochoidis, Olga C Kehagia & Polymeros E. Chrysochou, *Traceabiliy: European Consumers' Perceptions Regarding its Definition, Expectation and Differences by Product Types and Importance of Label Schemes*(Mar. 3, 2018), http://www. researchgate. net/publication/23510171.

WTO 法下进行方案分析并进行分类讨论,得出相应结论。

一、价值维度与模拟分析

(一)基本概念的内涵与外延

国际法视域下的转基因可追溯问题牵涉概念较多,目前学界并没有统一的概念。因此,首先将转基因可追溯能力(Traceability)这一相关概念进行梳理并作简要说明。

可追溯能力①是指一国对转基因产品的研发、试验、申请、批准、注册、授权、生产、供应链等一系列环节全程可追溯的能力,是可追溯管理体系和可追溯技术能力的总和。可追溯管理体系由一国国内的可追溯相关法律和机构构成;而可追溯技术能力是一国相关技术水平的体现。目前国际上较高的可追溯能力:独特编码(IP)可追溯制度,代表了一个国家在技术层面、法律层面、监管机构层面较高的可追溯水平。②

在国际法视域下,转基因可追溯能力亦囊括了转基因可追溯技术能力和转基因可追溯管理体系能力两个方面。可追溯管理体系能力就是指国际上是否具有专门规制转基因可追溯能力的国际机构或协议,如《卡塔赫纳生物安全议定书》(以下简称 CPB)规制了转基因活体生物的部分可追溯内容,但并不规制非活体的转基因农产品、食品、药品③。而国际法下的转基因可追溯技术能力是指国际上转基因可追溯流程中的技术标准,包括是否使用独特代码 IP(抑或二维码)、可追溯数据库的设置、每一环节的可追溯检测证书的颁发、可追溯标签标准等相关的技术标准。④ (见图 4)

---

① See Martins-Lopes P. Gomes S, Pereira L Guedes-Pinto & H. Molecular, *Markers for Food Traceability*, Food Technology and Biotechnology, Vol. 51, p. 198 – 200(2013).

② See George M. Chryssochoidis, Olga C. Kehagia & Polymeros E. Chrysochou, *Traceability: Eauopean Consumers' Perceptions Regarding its Definition, Expectations and Differences by Product Types and Importance of Label Schemes*, 98th EAAE Seminar "Marketing Dynamics within the Global Trading System: new Perspectives" China, Crete, Greece as in 2006.

③ See *the Cartagena Protocol on Bio-safety*(Apr, 2018), https://bch. cbd. int/protocol/text/.

④ See George M. Chryssochoidis, Olga C Kehagia & Polymeros E. Chrysochou, *Traceabiliy: European Consumers' Perceptions Regarding its Definition, Expectation and Differences by Product Types and Importance of Label Schemes*(Mar. 3, 2018), http://www. researchgate. nct/publication/23510171.

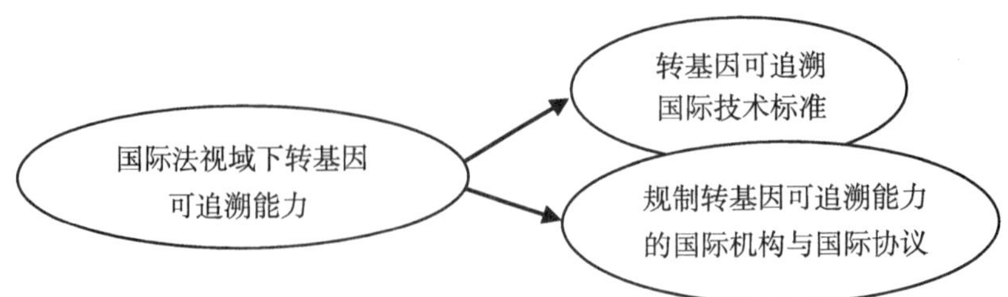

图4 国际法视域下转基因可追溯能力

可追溯链条(Traceability Chain,又称溯源链①),是指对转基因产品的研发、试验、申请、批准、注册、授权、生产、供应链等正向可追溯记录与逆向可追溯追责的全部过程,即所形成的回路链条。可追溯链条具有双向性,正向可追溯记录与逆向可追溯追责的方向相反,但每一环节的可追溯内容应保持一致。此外,可追溯能力本身就是一个中性词,因此,可追溯链条的状态也可分为完整、断裂和瑕疵等诸多状态。

可追溯链条之断裂是指转基因可追溯链条中的某一环节或若干环节追溯不及之状态。无论一国是否强制法定转基因可追溯能力,亦无论是否有可追溯独特代码或安全证书要求,任何一个国家的转基因可追溯能力都不可能为零。

可追溯链条之瑕疵是指无论一国是否强制法定转基因可追溯能力,亦不论是否有可追溯独特代码或安全证书要求,而所追溯到的某一环节或若干环节明确出现了不良情况,如原本一国规定了本国转基因必须每一环节使用安全证书而发现在某一环节没有获得安全证书的情况。可追溯链条的瑕疵具体有两种情况:完整但有瑕疵和断裂并有瑕疵。

两者区别在于可追溯能力的瑕疵有一前提,必须是在某一环节原本存在可追溯能力,亦即这一环节的可追溯链条并不存在断裂。如果这一环节原本已不复存在可追溯能力,此是可追溯能力断裂的问题,而不可能是瑕疵的问题。因此,瑕疵和断裂必只能同时存在于整个可追溯链条的不同环节。并且,瑕疵主要证明了该转基因产品在安全上的缺陷性;而断裂表明的是“无法追溯到”,表明了可追溯功能上的缺陷,而不能说明是产品质量上的缺陷。因此,两者是不同的内涵。

综上,可追溯链条除了完整之外,可以分为三两种情况:(1)断裂。此时指

---

① 参见溯源链中国官网,https://tacchain.io/。

并不是所有环节都可追溯到，但可追溯到的环节都没有瑕疵，并且未能追溯到的环节情况不确定。(2)完整但有瑕疵。它是指所有环节均可追溯到，但在某一环节或某些环节存在瑕疵。(3)断裂并有瑕疵。如前所述，断裂并有瑕疵是指断裂和瑕疵并非发生在可追溯链条的同一环节，而是分别在不同的环节。

(二)价值维度

以下通过两种研究进路——进入一国市场前之准入和进入一国市场后之销售，对转基因可追溯能力进行价值维度的评估。[①]

1. 进路一：准入之模拟分析[②](见表 4)

表 4 转基因可追溯能力差异导致的贸易规模变化及影响

	出口国 B	进口国 A	B 国出口规模	A 国进口保障
方案一	可追溯水平高(有 IP 和/或安全证书)	可追溯水平高	出口增长	可追溯性高
方案二	可追溯水平高(有 IP 和/或安全证书)	可追溯水平低	出口增长	可追溯性高
方案三	可追溯水平低(无 IP 与安全证书)	可追溯水平高	出口减少	可追溯性低
方案四	可追溯水平低(无 IP 与安全证书)	可追溯水平低	出口减少	可追溯性低

由表 4 可知，B 国(出口国)可追溯水平的高低与 B 国(出口国)出口贸易规模和 A 国(进口国)进口产品可追溯性保障呈现正相关关系，而进口国的可追溯水平却在一定程度上并没有与进口保障呈现完全的相关性。[③] 这里尤其需要讨论的是方案三中当出口国 B 拥有较低的可追溯水平而进口国 A 却拥有较高的可追溯水平时，A 国是否可以 B 国转基因可追溯能力过低为由而限制进口。这种做法是否构成贸易壁垒。虽然一般在 WTO 法下允许各国和地区对各自的和生命安全有关的制度进行保留，但欧盟和美国因为标签引发的转基因争议[④]反映出这样一个客观事实：拒绝转基因产品的进口并不是一声令下之事。[⑤]

---

① See Joel P. Trachtman, *Trade and Problems*, *Cost-Benefit Analysis and Subsibidiarity*, European Journal of International Law, 1998.

② See Robert W. Staiger et al. ,*It is All about Market Access*, American Journal of International Law, 2002.

③ Danielle Knight, *Trade: Biotech Firms Gird for China Fight*, Global Information Network, 2002.

④ 欧盟与美国的转基因标识案的核心是一国是否有权对转基因产品进行限制进口，专家组回避了这一问题，而认为欧盟在没有科学证据但有充分信息下，采取临时 SPS 超过时限。

⑤ See Grant E. Issac & William A. Kerr, *GMO and Trade Rules Identifying Important Challenge for the WTO*, Blackwell Publishing Ltd. , 2003.

因此,与转基因产品相关的贸易问题已不再只是一个科学问题,而是一个法律问题,[①]即如何解释国际条文中关于转基因产品跨境转移的问题。退回来讲,这一案例中,美国是增加出口的价值导向,而欧盟则是保障本地区食品安全、谨慎的、风险预防的价值导向。[②] 而根据以上四种方案可知,能够达到上述之目标的是方案一和方案二。因此,无论进口国 A 的可追溯水平高低,出口国 B 的可追溯水平才是解决问题的决定性因素。IP 可追溯国家,无论是出口国还是进口国都能够得到更高的贸易收入或产品可追溯保障。因此,各国和地区有必要提高本方的转基因可追溯能力以达到增加出口的贸易目的。[③]

2. 进路二:市场竞争之模拟分析

转基因可追溯能力在具体转基因产品上可表现为可追溯标签。可追溯标签与阈值标签是完全不相同的:可追溯标签说明了可追溯能力的存在,而阈值标签是到达一国规定的阈值水平时需要在产品上标注的标签。两者在功能上不可相提并论,相比阈值的简单识别,可追溯标签具有超越一般标签简单陈述的可追溯能力:人们在很大程度上直接追踪到转基因产品的知识产权申请、生产种植、流通储存、销售链条全过程,并且在发生纠纷时,更快地追溯到产品责任的源头。因此,两者是完全不同性质的两种标签。[④]

各国和地区以其不同的科技水平、价值观念、利益导向等为由对转基因呈现完全不同的派别[⑤],在可追溯制度领域也呈现完全不同的立法态势。[⑥] 常见的

---

① See William A. Kerr et al. ,*Reforming the WTO to Defuse Potential Trade Conflicts in Genetically Modified Goods*,World Economy,Vol. 24,Blackwell Publishers Ltd. Press,p. 379 – 398.

② See Steiner & Melanie P,*Food Flight — The Changing Landscape of Genetically Modified Foods and the Law*,Review of European Community & International Environmental Law, Vol. 9,Blackwell Publishers Ltd. Press,p. 152 – 159.

③ 参见农业部农业转基因生物安全管理办公室主编:《国外转基因知多少》,中国农业出版社 2015 年版,第 133 页,俄罗斯部分中叙述了俄罗斯以提供转基因可追溯能力吸引他国进口情形。

④ See Zinatul A. Zainol, Rohaida Nordin & Frank I. Akpoviri. ,*Mandatory Labelling of Genetically Modified (GM) Foods*,Environ Agreements,2013.

⑤ See Brosset & Estelle, *The Prior Authorization Adopted for the Deliberate Release into the Environment of Genetically Modified Organisms: The Complexities of Balancing Community and National Competencies*, European Law Journal, 2004.

⑥ See Jacqueline Peel,*Book Review: When Cooperation Fails: The International Law and Politics of Genetically Modified Food*, Melbourne Journal of International Law, 2010.

以科技为导向的美国等、保守的欧洲。截至目前,世界上绝大多数与转基因产品进出口、种植相关的国家都规定了转基因产品的强制识别制度,但对阈值的规定不尽相同。转基因的强制识别制度无疑具有明显的双向性——刺激人们对转基因产品的消费欲望,或者减缓。如果说可识别制度的具体规定各国很难达成一致,但可追溯制度的管理却可以直接跨越可识别制度的各种隐性歧视,并具有弥补各国识别制度的功能。①

表5 B国某产品转基因含量0.7%情况下的两种标签销售水平

阈值	阈值标签下的销售水平	可追溯标签下的销售水平
A1国阈值1%	不需要标识而维持原状	虽然没有标识但保障产品安全
A2国阈值0.5%	需要标识而销量下降	具备可追溯能力而销量上升

表5中,各国在识别制度上虽都为法定,但仍存在对阈值规定的差别。② 在A1、A2两国其他情况相同下,B国某产品的转基因成分是0.7%,假定转基因产品在A1国需达到1%时标识,在A2国只需达到0.5%就必须标识,这样就会形成这种情况:在A1国不标识,而在A2国需要标识。如果只有识别法定而可追溯能力没有法定,那么B国某产品很可能在A2国的销量远低于A1国;而如果B国的转基因产品具备了可追溯能力,那么在A2国的销量会大幅增加,最终缩小A1、A2两国的销量差距。可见,可追溯制度对转基因产品的信息描述是识别制度所无法企及的,单纯标有阈值标识的转基因产品可能根本无法与有可追溯标记的转基因产品竞争。③

无论是市场准入前发挥的促进进口、保障产品可追溯的重要作用,抑或是进口之后市场竞争下的在形式上和实质上增强人们对转基因产品的消费信心、弥补各国对阈值规定的不足,转基因可追溯制度保护了消费者、生产者双方的经济利益和国家间的贸易利益,因此,设置转基因可追溯能力是国际转基因产

① See *Economic Loss Caused by Genetically Modified Organisms—Liability and Redress for the Adventitious Presence of GMOs in Non-GM Crops*.

② See Courtney Begley, "*So Close, Yet so Far*": *The United States follows the Lead of the European Union in Mandating GMO Labeling. But Did It Go Far Enough?*, Fordham International Law Journal, Vol. 40, 2017.

③ See Steiner & Melanie P, *Food Flight — the Changing Landscape of Genetically Modified Foods and the Law*, Review of European Community & International Environmental Law, 2000.

品贸易的必然趋势。[①] 但如前所述,各国转基因可追溯制度的差别也是巨大的。那么,国际协议中对可追溯制度又是如何规定的呢?

二、转基因可追溯能力与适用范围冲突

就本身而言,GATT 第 20 条、《TBT 协定》与《SPS 协定》三者之间本身就存在重叠[②]。相比而言,《TBT 协定》适用范围是最广并且实施也最容易的,只需通过国民待遇便可将其国内标准设置于进口商品之上。而《SPS 协定》适用范围是最小并且实施也最困难的,因为必须符合科学证据原则。WTO 法下,GATT 第 20 条是总括性规定,但《TBT 协定》与《SPS 协定》效力优先于 GATT,虽然在实践中存在同时适用的情形[③],但无论是否援引 GATT,在讨论对转基因可追溯能力所采

① See Courtney Begley, "*So close, yet so far*": *The United States Follows the Lead of the European Union in Mandating GMO Labeling. But Did It Go Far Enough*?, Fordham International Law Journal, Vol. 40, 2017.

② See Petros C. Mavroidis, *The Law of the World Trade Organization (WTO) Documents, Cases & Analysis*, p. 630.

③ 《TBT 协定》与《SPS 协定》较 GATT 而言,就属于特别规则,应该优先适用。GATT 中与《TBT 协定》和 SPS 最相关的是第 3 条国民待遇、第 11 条数量限制、第 20 条一般例外。但 WTO 事先也并不认为《TBT 协定》相对于 GATT 而言属于特别规则。在欧共体石棉案中,上诉机构在肯定了《TBT 协定》之后继续分析了 GATT 第 3 条和第 20 条。上诉机构认为《TBT 协定》补充了 GATT,即并非仅仅适用《TBT 协定》。在美国汽油标准案中,虽然有成员认为措施违反了《TBT 协定》,但专家组和上诉机构仍然按照 GATT 分析相关问题。因此,《TBT 协定》属于特别规则,但也并不排斥后者的适用。总之,特别法优先于普通法是广泛适用的条约解释规则,首先应该分析特别条款,然后在需要的情形下分析一般规则,但也存在这样的情形,WTO 争端解决机构仅按照一般规则分析相关问题。在上述两个案件中,都首先分析了 GATT,通过确认 GATT 中的权利和义务解决争端,却没有分析《TBT 协定》。之所以如此,是因为仅适用 GATT 就足以解决争端,不必再使用规定了特别内容的《TBT 协定》了。这并不是否认了《TBT 协定》的适用性,因为《TBT 协定》规定了较 GATT 不同且额外的义务,即便先分析了 GATT,也仍然需要分析《TBT 协定》,因此,可能出于效率的考虑而首先分析《TBT 协定》。《TBT 协定》是对 GATT 第 3 条有关国民待遇的补充,一项措施符合了《TBT 协定》也就符合了 GATT;违反了《TBT 协定》却也有可能符合 GATT;但符合了《TBT 协定》却违反 GATT 的情况是不太可能的。因此《TBT 协定》较之于 GATT 的特别法地位是不可动摇的。《SPS 协定》和 GATT 也是重叠适用的,因此需要分析这些条款的适用次序问题,在澳大利亚鲑鱼案和欧共体荷尔蒙案中,专家组都认为首先应当分析《SPS 协定》,然后才是 GATT。因为符合了《SPS 协定》也就符合了 GATT。而一项措施即使符合了 GATT,仍然需要按照《SPS 协定》进行分析,因此出于效率和特别法的考虑,仍然优先适用《SPS 协定》。虽然存在《SPS 协定》第 5 条第 5 款比 GATT 第 20 条、前言更为严格和成熟,而《SPS 协定》第 5 条第 6 款比 GATT 第 20 条有更宽松的情形,他们之间的关系仍一般是先衡量《SPS 协定》,再探讨 GATT,目前而言的实践中也是如此。因此 GATT 和《TBT 协定》是重叠适用的,GATT 和《SPS 协定》是重叠适用的,但《TBT 协定》和《SPS 协定》却是排他适用的。因为《TBT 协定》与《SPS 协定》在内容上存在重叠性,因此有必要探讨选择适用的问题。

取的措施时,首先会面临《SPS协定》与《TBT协定》竞合的情况。我们可以分析《TBT协定》与《SPS协定》关于转基因可追溯能力规范的重叠之处与趋异性。

《SPS协定》与《TBT协定》均在总则中明确了与对方的排他适用性,这本身就说明两者的重叠性。《TBT协定》与《SPS协定》在诸多方面具有相似性和重叠性,比如鼓励国际标准(《TBT协定》的国际标准多指ISO标准、而《SPS协定》中指CAC或其他相关领域标准)、调整对象的重叠(《TBT协定》为所有产品,而《SPS协定》针对食品、影响本国动植物卫生的虫害、污染物、添加剂等)、对产品生产过程、生产技术、工序、包装、标签、最终产品标准、相关法律规范的措施(两者几乎相同,但适用范围不同①)、比例原则(措施的实施不能超过必需的范围)、非歧视原则等。② 例如,在同样参照国际标准下,因为WTO面临的一个核心问题就是其强有力的争端解决机制和有限的立法能力之间的不平衡,WTO的直接调整能力始终是有限的。而《TBT协定》与《SPS协定》中的法律规则统一形式是很独特的,表现为协调国际立法、国际标准以及相互承认,并鼓励成员形成相应的国际标准或遵守由其他国际组织提出的国际标准,因此是一种类似于法律渊源的扩张(准立法性质)。例如,在《SPS协定》产生之前,CAC的标准只有各成员接受才具有约束力。③ 但在《SPS协定》附件A对国际标准定义时,将食品法典委员会、国际兽疫组织和国际植物保护公约等认定为相关领域中国际标准的制定者。虽然这些标准是没有法律约束力的,但加入WTO的成员都会受到隐性的制约。因为虽然《TBT协定》与《SPS协定》并不要求各成员遵守国际标准,但专家组、上诉机构以上述国际标准作为依据适用WTO规则和判断成员是否遵守规则。而这种准立法行为发生在WTO体制之外,形成了借鉴外部标准的机制,从而避免在WTO内部强求一致或协商一致。④ 改变

---

① See Kirby S L, *Genetically Modified Foods: more Reasons to Label than not*, Drake Hournal of Agricultural Law, p. 358 – 359.

② 参见叶波:《国际食品安全博弈》,上海人民出版社2013年版,第172~179页。

③ 参见江虹:《国际食品法典标准的趋同——兼论我国食品安全标准体系的应对》,载《湘潭大学学报(哲学社会科学版)》2016年第1期。

④ See George M. Chryssochoidis, Olga C. Kehagia & Polymeros E. Chrysochou, *Traceability: Eauopean Consumers' Perceptions Regarding its Definition, Expectations and Differences by Product Types and Importance of Label Schemes*, 98th EAAE seminar "Marketing Dynamics within the Global Trading System: New Perspectives" China, Crete, Greece as in 2006.

WTO 非常困难,但却可以在法律上推翻标准,可以在 WTO 外部修改或者不适用上述标准。①

制定国际标准被视为积极一体化②的方式,而对各成员的国内措施予以司法审查可促使各成员采纳国际标准,是消极一体化的方式。国际标准是对贸易限制最少的措施,为《TBT 协定》和《SPS 协定》所鼓励。因此,如果在国际条约中明确规定了转基因可追溯国际标准时,将被《SPS 协定》《TBT 协定》自动吸纳为其法律渊源而适用。《TBT 协定》分别在总则,第 2.6、2.7、5.4、5.5、6.1 条中规定了和国际标准相关的法律条文③。《SPS 协定》前言第 3 条中确规定了“各成员的卫生与植物卫生措施应根据现有的国际标准、指南或建议制定,除非本协定、特别是第 3 款中另有规定”。其余还有第 5 条、第 12 条。④ 因此,《SPS 协定》与《TBT 协定》都积极鼓励各成员采用、促进、达成国际标准。《SPS 协定》中的风险评估标准是科学证据原则,风险评估可看作一个必要的程序性机制。通过该程序性机制可以审查成员国的风险管理措施以防止和监督贸易保护主义行为,同时不会涉及政治性较强的实体性问题。《SPS 协定》的目标之一就是统一各成员的风险评估和风险管理的方法,而实现这一目标的方法之一就是利用国际组织,譬如《SPS 协定》采纳 CAC 的标准;《TBT 协定》采纳 ISO 标准。⑤ 虽然《SPS 协定》与《TBT 协定》两者所指的国际标准表述上略有差异,其中《TBT 协定》中的国际标准是指以国际标准评定产品合格与否,而《SPS 协定》中的标准是指《SPS 协定》下的措施,需要根据国际标准来制定,但在转基因产品可追溯制度中,本身就包含了这两者。因为转基因可追溯制度即是产品包装上的标签国际标准,这是《TBT 协定》的规范要求;同时根据转基因可追溯制度的国际标准所制定的《SPS 协定》措施吻合了《SPS 协定》中的要求。因此,这

---

① See Jan Bohanes, *Risk Regulation in the WTO Law: A Procedure-Based Approval to the Precautionary Principle*, Journal of Transitional Law, Vol. 40, 2002.

② 参见曾令良:《世界贸易组织法》,武汉大学出版社 1996 年版,第 139 ~ 140 页。

③ See Perdikis et al. ,*Reforming the WTO to Defuse Potential Trade Conflicts in Genetically Modified Goods*, World Economy, Vol. 24, Blackwell Publishers Ltd. Press, p. 379 – 398.

④ See Perdikis et al. ,*Reforming the WTO to Defuse Potential Trade Conflicts in Genetically Modified Goods*, World Economy, Vol. 24, Blackwell Publishers Ltd. Press, p. 379 – 398.

⑤ 参见曹建明、贺小勇:《世界贸易组织》(第 2 版),法律出版社 2004 年版,第 497 页。

又从侧面阐释了《SPS 协定》与《TBT 协定》之张力关系。但两者的根本区别在于适用范围的不同。《TBT 协定》着重于产品技术标准的规制，而《SPS 协定》主要涉及食品安全、动物卫生和植物卫生三大领域。①

《TBT 协定》针对所有产品，包括工业产品和农产品。② 但《TBT 协定》第 1.5 条规定："本协定的规定不适用于《实施卫生与植物卫生措施协定》附件 A 定义的卫生与植物卫生措施。③"《SPS 协定》附件 A 定义了"卫生与植物卫生措施包括所有相关法律、法令、法规、要求和程序，特别包括：最终产品标准；工序和生产方法；检验、检查、认证和批准程序；检疫处理，包括与动物或植物运输有关的或与在运输过程中为维持动植物生存所需物质有关的要求；有关统计方法、抽样程序和风险评估方法的规定；以及与粮食安全直接有关的包装和标签要求"。④

但必须注意的是，这些《SPS 协定》下的措施是为了达到特定的"目的"⑤。因为在附件 A 定义中，第 1 条就阐明"卫生与植物卫生措施——用于下列目的：保护成员领土内的动物或植物的生命或健康免受虫害、病害、带病，食品、饮料或饲料中的添加剂、污染物、毒素或致病有机体，动物、植物或动植物产品携带的病害或虫害，虫害传入的风险"。换言之，如果不是为了达到上述免受上述风险的目的的措施就不是《SPS 协定》中措施。转基因可追溯制度究竟是受到

---

① See Petros C. Mavroidis, *The Law of the World Trade Organization (WTO) Documents, Cases & Analysis*, p. 630.

② See *General Provisions*. See *Preparation, Adoption and Application of Technical Regulations*, Central Government Bodies 2.4, Annex 1: Terms and their Definitions for the Purpose of this Agreement, Annex 3: Substantive Provisions D From Agreement on Technical Barriers to Trade, https://www.wto.org/english/docs_e/legal_e/17 - tbt_e.htm.

③ See *General Provisions*. See *Preparation, Adoption and Application of Technical Regulations*, Central Government Bodies 2.4, Annex 1: Terms and their Definitions for the Purpose of this Agreement, Annex 3: Substantive Provisions D From Agreement on Technical Barriers to Trade, https://www.wto.org/english/docs_e/legal_e/17 - tbt_e.htm.

④ See *General Provisions*. See *Basic Rights and Obligations*. See *Assessment of Risk and Determination of the Appropriate Level of Sanitary or Phytosanitary Protection*, ANNEX A DEFINITIONS (4) from The WTO Agreement on the Application of Sanitary and Phytosanitary Measures (SPS Agreement), https://www.wto.org/english/tratop_e/sps_e/spsagr_e.htm

⑤ See *General Provisions*. See *Basic Rights and Obligations*. See *Assessment of Risk and Determination of the Appropriate Level of Sanitary or Phytosanitary Protection*, ANNEX A DEFINITIONS (4) from The WTO Agreement on the Application of Sanitary and Phytosanitary Measures (SPS Agreement), https://www.wto.org/english/tratop_e/sps_e/spsagr_e.htm.

《TBT 协定》还是《SPS 协定》的规范取决于转基因可追溯能力概念的内涵,即一国在可追溯管理体系和可追溯技术能力双重影响下所形成的可追溯链条的基本内涵。转基因可追溯能力的根本目的是"可追溯",即整个转基因可追溯链条中的逆向链条。虽然可追溯的基础和《SPS 协定》所规定的最终产品标准、生产工序和加工方法、测试、检验、认证和批准程序、与食品安全直接相关的包装和标签要求等完全吻合,但这只是可追溯链条的第一阶段——正向链条。两者关系见图 5 可追溯能力的根本目的并不在于对生产过程的规范,而是能够达到"可追溯"的目的,使在转基因产品发生纠纷时可以找到归责对象进行进一步调查。因此,正向链条的形成本质仍然是为了达到可追溯的目的或保障追偿能力,其所产生的保障产品安全的功能只能作为其次要目的。所以,可追溯标签具有明显的追偿追查特性,而这种特性并不属于《SPS 协定》规范的范畴。这也是转基因可追溯标签和阈值标签的重大而又根本性的差异。[①] 阈值标签实际上并不和转基因产品本身的安全具有直接的因果关系,而可追溯制度在安全性上比与产品安全毫无关系的阈值标签具有更高的意义。阈值标签的很大作用是让消费者获知某产品是转基因产品[②],但可追溯标签的意义在于告诉消费者该产品的可追溯性,产品的生产流程是具有相对较高保障的,并且可以在出现问题时追溯到相关责任方进行追偿。

因此,正是可追溯链条的双向性中的逆向可追溯能力(也是可追溯能力的宗旨),导致了可追溯标签和阈值标签在对国际协议的选择范围上产生了差异性。比如转基因标识案中,欧盟的目的在于保护本成员领土内免受未标识的转基因安全的风险,因为无法证明未标识与产品安全存在必然联系,因而所采取的措施被称为《SPS 协定》临时措施。所以阈值的识别并不和转基因产品本身产生直接联系,所以其价值点只能依附于《SPS 协定》下的保障健康卫生安全。而可追溯制度具有明显的追责能力,这点使可追溯制度标签可以脱离出《SPS 协定》的根本目标——保障本国动植物卫生,并尽可能少地影响贸易自由。总之,判断一项措施到底是受到《SPS 协定》还是《TBT 协定》的管辖的着眼点应

---

① See Kirby S L, *Genetically Modified Foods: more Reasons to Label than not*, Drake Hournal of Agricultural Law, p. 358 - 359.

② 参见张忠民:《论转基因食品标识制度的法理基础及其完善》,载《政治与法律》2016 年第 5 期。

在于判断实施这项措施的"目的"。可追溯链条双向性示意图(见图5)。

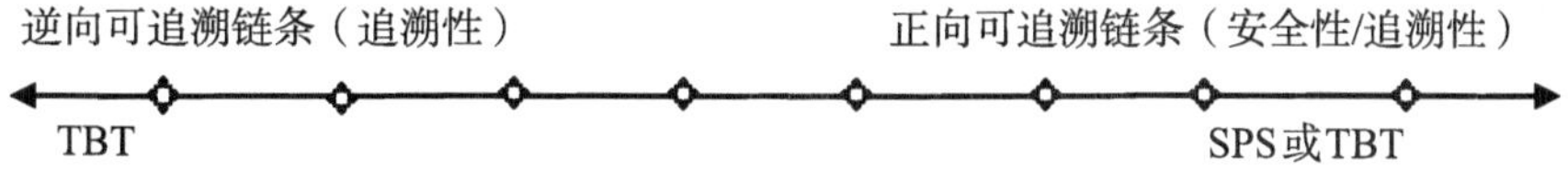

图5 可追溯链条的双向性

在很多与植物生物相关的案件中,成员方或争端解决机构习惯性地适用《SPS 协定》而不会采用《TBT 协定》,因为《SPS 协定》是专门针对本国内的动植物生命健康安全的,适用起来非常具有针对性。但转基因可追溯标签设置的主要目的一是预防、二是救济,并且救济更高于预防功能。因为,正向链条具有预防和救济两种功能,而逆向链条的功能直指追溯与救济。因此,可追溯标签与阈值标签相比,明显是一项技术标准。转基因可追溯标签不应仅仅受到《SPS 协定》规范,同时也可能受到《TBT 协定》的规范。因此,我们认为如果可追溯正向链条属于《SPS 协定》管辖的范围(实质上也可能受到《TBT 协定》管辖),而逆向链条则具有了明显的由《TBT 协定》管辖的可能性。可追溯能力使转基因产品跳出《SPS 协定》规制的使用科学证据原则的固有模式,从而进入《TBT 协定》规制的本国技术标准国民待遇的模式,使一国的转基因产品因不具备严格的可追溯能力而被拒之门外的可能性大幅增加。而正如前文所分析的,任何一国具备严格的可追溯能力无论对其出口的销量还是进口的安全性都具有正面意义。因此,当可追溯能力普遍存在时,各国都应提高本国的可追溯水平。

需要补充的是,转基因可追溯独特代码无疑是一项技术标准,而没有可追溯独特代码的可追溯能力仍然受到《SPS 协定》或《TBT 协定》的规制。因为按照《TBT 协定》规定,适用于产品、生产工艺或生产方法的包装、标志或标签要求的技术法规也在调整范围内。① 尤其《TBT 协定》并没有说明"相关的"生产工艺和生产方法的含义,所以与产品无关的生产工艺和生产方法的标签要求也受《TBT 协定》规范。因此,《TBT 协定》在可追溯技术和可追溯制度上,根据文意解释同样具有吻合性。因而更进一步明确了转基因可追溯能力可以受到《TBT 协定》与《SPS 协定》两者的"选择调整"的可能性。因此,设置转基因可追溯能

① 参见贺小勇:《WTO 裁决执行与否的法律机理》,载《法学》2015 年第 3 期。

力改变了以往转基因问题习惯性适用《SPS 协定》的情况，产生了分流的影响。

三、方案演绎

前文已讨论，转基因可追溯技术标准无论是否有独特代码 IP 要求，都属《TBT 协定》规范的范围。因此，IP 只是形式问题，实质仍然是代表了生产方式的可追溯标签要求或者没有可追溯标签要求的生产方式标准。仅从附件 A 来看待《SPS 协定》是片面的，一国对采用《SPS 协定》还是《TBT 协定》来调整往往会通盘考虑，①因为虽然《SPS 协定》是针对人类和动植物卫生所采取的措施，但要求却相当严格，而《TBT 协定》的使用却相对简单②，并且设置转基因可追溯能力改变了以往转基因问题习惯性适用《SPS 协定》的情况，产生分流影响。上文已经解释了《SPS 协定》和《TBT 协定》都存在规制转基因可追溯能力的可能性，因此一个国家会根据其本身可追溯能力的高低采取不同的《SPS 协定》和《TBT 协定》中的措施来实现进口控制或从卫生安全维度，抑或从是否可追查追责维度考虑来实施限制进口。可追溯制度的断裂（生产方式的不符合）依然是《TBT 协定》规制的问题，只有可追溯链条完整但具体环节出现瑕疵才是《SPS 协定》问题。简言之，有没有完整可追溯链条是《TBT 协定》所规制的问题，而链条好不好就是《SPS 协定》所规制的问题。下面就此进行分流演绎分析（见表 6）：

表 6 WTO 法下转基因可追溯能力之四种方案、十二种情形演绎

	出口国 B	进口国 A	断裂	完整但有瑕疵	断裂并有瑕疵
方案一	可追溯水平高（有 IP 和/或安全证书）	可追溯水平高	TBT	SPS	TBT
方案二	可追溯水平高（有 IP 和/或安全证书）	可追溯水平低	进口	SPS	SPS
方案三	可追溯水平低（无 IP 与安全证书）	可追溯水平高	TBT	SPS	TBT
方案四	可追溯水平低（无 IP 与安全证书）	可追溯水平低	进口	SPS	SPS

方案一中（B 高 A 高），可追溯水平高（有 IP 和/或安全证书）的国家 B 转

① 参见叶波：《国际食品安全博弈》，上海人民出版社 2013 年版，第 190～198 页。

② 参见罗昌发：《国际贸易法》，台北，元照出版有限公司 2002 年版，第 376～400 页。

基因产品出口到可追溯水平同样高的进口国 A,那么如果遇到可追溯链条断裂,由此产生的《TBT 协定》问题,进口国 A 可以通过 NT 和国内标准将 B 的产品拒之门外。但如果可追溯链条并没有断裂,而是出现了瑕疵,比如在链条中的生产过程环节没有颁发证书而继续流转到下一环节,那么这就是《SPS 协定》所规制问题,进口国可以通过可追溯链条作为科学依据或者第 5.7 条中的"充分信息",以此采取限制进口的临时措施。

方案二中(B 高 A 低),可追溯水平高(有 IP 和/或安全证书)的国家 B 转基因产品出口到可追溯水平相对低的进口国 A,那么如果遇到可追溯链条断裂,则进口国 A 不可以通过标准将 B 的产品拒之门外,而必须遵守 NT 而进口。但如果可追溯链条并没有断裂,而是出现了瑕疵,比如在链条中的生产过程环节没有颁发证书而继续流转到下一环节,那么这就是《SPS 协定》所规制的问题,进口国可以将可追溯链条瑕疵作为科学依据或者 5.7 条中的"充分信息"采取限制进口的临时措施。

方案三中(B 低 A 高),可追溯水平相对低(有 IP 和/或安全证书)的国家 B 转基因产品出口到可追溯水平相对高的进口国 A,那么如果遇到可追溯链条断裂,则进口国 A 可以通过 NT 和国内标准将 B 的产品拒之门外。但如果可追溯链条并没有断裂,而是出现了瑕疵,那么这就是《SPS 协定》所规制的问题,进口国可以此采取限制进口的临时措施。

方案四中(B 低 A 低),可追溯水平相对低(有 IP 和/或安全证书)的国家 B 转基因产品出口到可追溯水平同样较低的进口国 A,那么如果遇到可追溯链条断裂,则进口国 A 仍然可以通过 NT 和国内标准将 B 的产品拒之门外。但如果可追溯链条并没有断裂,而是出现了瑕疵,那么这就是《SPS 协定》所规制的问题,进口国可以此采取限制进口的临时措施。

当然如果同时出现断裂和瑕疵的问题,那么采用《TBT 协定》或是《SPS 协定》就是进口国的选择问题。依据常理而言,一般对于断裂与瑕疵同时存在的情况,进口国本身可追溯能力较强的会根据《TBT 协定》将所有产品拒之门外,而本身可追溯能力较低的国家则会实施《SPS 协定》措施阻挡产品的进口。

首先,观察进口国。通过比较方案一和方案三可知,可追溯水平高的进口国,无论面对的出口国可追溯水平是高还是低,可追溯链条相同状态下,可追溯水平高的进口国都会采取相同的选择策略;通过比较方案二和方案四可知,而可追溯水平低的进口国,无论面对的出口国可追溯水平是高还是低,可追溯链条相同状态下,也都会采取相同的选择策略。因此,可追溯链条相同状态下,对《SPS 协定》《TBT 协定》的选择是由本国的可追溯水平所决定,与出口国的可追溯水平不相关。并且,可追溯水平高的进口国会更多选择《TBT 协定》。例如在可追溯链条断裂并有瑕疵时,如若进口国可追溯水平高其对实施《SPS 协定》中的措施还是实施《TBT 协定》中的措施是有选择权的,但他们都是选择实施《TBT 协定》下的措施,快速地通过 NT 将转基因产品拒之门外;而可追溯水平低的进口国全部只能通过《SPS 协定》保护本国的食品安全,并且存在出口国商品可追溯链条断裂的情况下必须进口的现实。可见,可追溯水平低的进口国处于劣势地位,可追溯水平高的进口国却可以在可追溯链条断裂或瑕疵时明哲保身。因此,对本国作为进口国而言,应该设置本国国内高水平的可追溯能力。

其次,观察出口国。可追溯水平高的出口国在面对不同可追溯水平的进口国时,待遇是不相同的。面对可追溯水平高的进口国更容易受到进口国所实施《TBT 协定》下的措施阻挡;而面对可追溯水平低的进口国,即便在可追溯链条断裂的情况下仍能出口。并且在可追溯链条断裂并有瑕疵时,所受到的限制也是不相同的,存在要求进口国进行举证的一个要求。因此,作为一个出口国也有必要设置高水平的可追溯能力。

尤其值得注意的是方案一和方案四,这里存在可追溯水平高的出口国遭到《TBT 协定》下的措施管制无法出口到进口国,而可追溯水平低的出口国却得以出口到进口国的情况;并且在断裂并有瑕疵的情况下,可追溯水平低的出口国面临的是《SPS 协定》下的措施,而可追溯水平高的出口国面临的是《TBT 协定》下的措施,其实这种情况存在是因为进口国本身的高水平可追溯能力发挥着强大作用,并且可以进一步认为,进口国的高水平可追溯能力比出口国的可追溯水平更具边际效应。这点也可以从之前得出的"可追溯链条相同状态下,对《SPS 协定》《TBT 协定》的选择是由本国的可追溯水平所决定,与出口国的可追溯水平不相关"得到印证。

最后,在所有方案中,只有可追溯链条完整但有瑕疵时,所有进口国都会采取《SPS 协定》下的措施。因为此时由于追溯链条完整,无法通过《TBT 协定》

下的措施限制进口,所以只能以可追溯链条瑕疵作为科学证据而采取《SPS 协定》下的措施限制进口。当然这是符合科学证据原则的,并且在争端解决中,WTO 争端解决机构更容易接受《SPS 协定》来规制转基因的问题。而在断裂和断裂并有瑕疵两种情况下,可追溯水平高的进口国都会采用《TBT 协定》下的措施快速地将产品拒之门外,因为如果适用《SPS 协定》,会导致充分信息下的临时措施,并不能达到限制进口的目的。在断裂并有瑕疵的情况下,即在可以在《SPS 协定》和《TBT 协定》选择时,可追溯水平高的进口国仍然会优先适用《TBT 协定》下的措施,也从侧面证明了《TBT 协定》下的措施相比《SPS 协定》下的措施更具有快速性和直接性。因此,对高水平可追溯进口国而言,“有断裂即有选择权”。将结论整理如下:

(1)在链条完整但有瑕疵时,任何进口国都会采用《SPS 协定》。

(2)断裂情况下,高可追溯能力进口国一般都会采用《TBT 协定》。

(3)断裂又有瑕疵时,高可追溯能力进口国对《SPS 协定》与《TBT 协定》具有选择权。

(4)无论出口国可追溯水平之高低,可追溯链条相同状态下,《SPS 协定》《TBT 协定》法律工具选择是由本国的可追溯水平所决定的,与出口国的可追溯水平不相关。

(5)可追溯水平高的进口国会更多地选择《TBT 协定》。

(6)可追溯水平低的进口国面临在出口国转基因产品可追溯链条断裂的情况下必须进口的现实。

(7)进口国与出口国都应设置高水平可追溯能力。

(8)进口国的高可追溯能力比出口国的高可追溯能力更具边际效应。

如前所述,《SPS 协定》的实施相比《TBT 协定》更为严格,因为需要科学证据或充分信息,而《TBT 协定》的实施更加轻松、也更加彻底,对本国的保护相对于《SPS 协定》而言更全面、更直接。因此,任何一个国家无论是作为出口国或是进口国,从进口保障本国安全、增加出口、提升市场销量,即便在可追溯链条断裂时面对可追溯水平较低的国家仍可以出口的角度出发,都应该采取高水平的可追溯制度;尤其作为进口国更应该提高转基因可追溯能力水平,通过其突出的边际效应,以获得更大的法律工具选择权。

第二节　转基因可追溯技术标准与《TBT 协定》

在东京回合中，达成了涉及强制性或者自愿的技术规范、强制性的技术法规和自愿的标准的《标准守则》。该守则调整范围包括工业和农业产品，共有43个缔约方加入。它通过技术规范、技术法规和技术标准禁止在本国产品和外国产品间造成歧视，禁止对本国产品予以不适当的保护；技术规范、法规和标准的制定、采用和实施不应使用不合理的方式；各缔约方应基于国际标准适用国内措施，并且在此领域合作。

1979年东京回合之后，实践表明《标准守则》并没有遏制以技术限制形式对农产品贸易造成的扰乱。并且，只有在一致同意建立专家组和采纳专家组报告的条件下才能适用《标准守则》，这也削弱了《标准守则》的作用。① 乌拉圭回合取得的进展之一就在于严格约束包括国内价格支持和配额在内的农业保护措施，制定了《农业协定》，同时也缔结了《SPS 协定》，并统一适用于 WTO 成员。

在乌拉圭回合中，谈判者们最初只想对《标准守则》中的卫生和植物卫生措施予以更严格的规范，但他们发现，如果制定允许各成员在何种条件下可以采取减少风险措施的相关规定，将违反 GATT 的最惠国待遇原则，②国民待遇原则也不能有效地体现于《TBT 协定》之中。最惠国待遇原则要求一成员方给予另一成员方的待遇无条件地适用于第三方，而《标准守则》只对参加方适用，在一个没有普遍适用的协定中规定新规则，违反了最惠国待遇原则的无条件性。③在乌拉圭回合中，各方并不能修改 GATT 第20条，但可以缔结解释性协定或者新协定解释或者详述 GATT 下的义务，通过后法优先于前法的法律适用规则不

---

① See Donna Roberts, *Preliminary Assessment of the Effects of the WTO Agreement on Sanitary and Phytosanitary Trade Regulations*, Journal of International Economic Law 377, 1998, p. 380.

② 参见曾令良：《世界贸易组织法》，武汉大学出版社1996年版，第139~140页。

③ See Theofanis Christoforou, *Settlement of Science-Based Trade Disputes in the WTO: A Critical Review of the Developing Case Law in the Face of Scientific Uncertainty*, New York University Environmental Law Journal 622, 2000, p. 624 - 625.

适用第20条。而GATT条文,主要指第1、3、11和第20条,以及其后的争端解决实践表明,在重要的卫生和植物卫生争端方面,现有规定和实践无能为力。于是一个独立的工作组开始草拟《SPS协定》。在上述情形下,为了避免碎片化和有效规范国际贸易,乌拉圭回合采取了"一揽子"承诺的方式,对各成员规定了一系列权利、义务的《TBT协定》和《SPS协定》应运而生。

一、《SPS协定》中的预防原则可适用于IP制度分析

(一)《SPS协定》适用范围之传统观点

需要说明一点,上述机构提出的有关人类、动物和植物健康的标准是没有法律约束力的。① 在《SPS协定》产生之前,食品法典委员会的相关标准只有为各成员接受才具有约束力。考虑到上述国际组织标准的准立法性质,这些组织如何制定标准,值得探讨。② 随着国际标准成为《SPS协定》的依据,《SPS协定》可能会对其立法程序产生影响。③ 就目前而言,食品法典委员会致力于以协商一致的方式建立标准。在不能协商一致的情形下,那该委员会将以少数服从多数的投票方式通过决定。④ 所以,虽然上述国际组织并不具有通常意义的立法能力,但它们建立的国际标准却为WTO采纳。⑤

若在卫生和植物卫生措施领域内的准立法行为发生在WTO体制之外可能

---

① 在乌拉圭回合中的卫生和植物卫生措施问题上,一些功能性的国际组织被认定为准立法机构,在《SPS协定》附件A中国际标准的定义中,将食品法典委员会、国际兽疫组织和国际植物保护公约等认定为相关领域中国际标准的准立法者。

② See Terence P. Stewart & David S. Johanson, *The SPS Agreement of the World Trade Organization and International Organizations: The Roles of the Codex Alimentarius Commission, the International Plant Protection Convention, and the International Office of Epizootics*, Syracuse Journal of International Law and Commerce, 1998.

③ 食品法典委员会的标准通常以协商一致的方式通过,各国自愿遵守该标准。虽然该组织有投票规则,但通常并不适用。在投票的情形下,由在场国家的多数票通过决定。并且,在关于科学和其他因素在该组织决策过程中的影响的声明中,如果各成员就保护公共健康的必需水平问题达成一致,但在其他问题上意见不同,一个成员可以不接受相关标准,但也不必阻止相关决定的通过。

④ Food and Agricultural Organization and World Health Organization, *Rules of Procedure of the Codex Alimentarius Commission: Procedural Manual Rule*, Vol. 2, 2010.

⑤ 虽然《SPS协定》或者《TBT协定》并不要求各成员遵守国际标准,但《SPS协定》要求各成员的国内标准根据或符合上述国际组织的标准。并且专家组、上诉机构将以上述国际标准为依据适用WTO规则和判断成员是否遵守规则。

会出现以下情形:第一,可使 WTO 不因国际标准的采纳适当与否而被批评;第二,它形成了借鉴外部标准的机制,从而避免在 WTO 内部强求一致,或者至少协商一致,因为强求一致或者协商一致不见得很容易达到。上述方式在一定程度上可以避免激烈的争论;第三,改变 WTO 协定往往很困难,但却可以在外部法律上推翻上述标准,例如,在 WTO 外部修改或者不适用上述标准;第四,上述机制使特定领域的专家而非国际贸易法律专家在制定国际标准上发挥主导作用。

《SPS 协定》要求 WTO 的卫生与植物卫生措施委员会监测国际协调的活动,并且与相关的国际组织协同努力。① 在 1997 年 10 月,卫生与植物卫生措施委员会发布了监测国际标准适用情形的临时程序。②上述程序在 1999 年 7 月和 2001 年再度经过评审,并予以发布。③ 当然,上述决定只是监测相关国际标准的承诺,并不具有法律约束力,但专家组、上诉机构在裁判案件时引用上述文件作为判断措施、法律规则是否符合《SPS 协定》的依据,并体现于最近的案例中。④

《SPS 协定》允许成员基于现有证据采取预防措施,⑤但也要求成员在合理期间对所涉及的风险作出更加客观的评估。坦率地说,对转基因产品适用预防原则是可以理解的,但往往也会被作为采取贸易保护主义措施的理由,这就需要结合实际情况来对是否适用预防原则加以分析了。在这方面,比较合适的做法就是按照《生物安全议定书》对所涉及的措施加以分析,可以得出比较合适的结论。例如,《生物安全议定书》就规定了风险评估程序,具体而言,进口方所采取的措施必须建立在对风险进行仔细评估的基础上,也就是要求基于现存的科学证据在个案基础上作出决定。⑥ 就这个角度而言,该议定书中的上述规则和

---

① 参见《SPS 协定》第 3 条第 5 款。

② See Document G/SPS/11,Document G/SPS/13.

③ SeeG/SPS/R/9/Rev.1,para.21;G/SPS/R/15,Section Ⅱ;G/SPS/18.

④ 例如,在 2009 年的美国禽肉措施案中,专家组就依据 2004 年 7 月卫生和植物卫生措施委员会通过的《关于执行〈SPS 协定〉第 4 条的决定》认定基于等效制度的措施应该同时符合《SPS 协定》其他条款。该决定并没有法律约束力。有关该案详情,参见《中国诉美国禽肉限制措施案(DS392)评析》,载龚柏华主编:《WTO 争端解决与中国》(第 3 卷),上海人民出版社 2011 年版。

⑤ 参见《SPS 协定》第 5 条、第 7 条。

⑥ 参见《生物安全议定书》第 15 条。

WTO 的协定其实大同小异。当然,该议定书和《SPS 协定》在采取预防措施的问题上还是有差异的,按照《SPS 协定》,采取预防措施的 WTO 成员有义务寻求额外信息,而且必须在合理的时间内审议所采取的措施。而按照该议定书,采取预防措施的成员只需要考虑出口商提出的要求,分析是否存在新的科学证据,并且在 90 日内予以回复即可。并且,上述规定并不适用于直接用来作为食品、饲料的活性转基因生物。该议定书对转基因食品也有所涉及,认为转基因食品的运输、包装等事宜将在将来进一步明确。[①]

(二)《SPS 协定》适用范围之实践

《SPS 协定》一般适用于与动植物性相关的措施规范。具体到《TBT 协定》和《SPS 协定》对强制标签制度的适用性问题,那就需要分析以下几个问题:

第一,转基因产品和非转基因产品是否是同类产品。如果是同类产品,那就违反了《TBT 协定》第 2. 1 条的非歧视原则,设计 IP 制度来区分这两类产品的制度上的合理性就不存在了。

第二,在证明转基因产品和传统产品不是同类产品的情况下,有关转基因产品的身份保持制度究竟是适用《TBT 协定》还是《SPS 协定》的问题,从 WTO 争端解决实践来看,上述两协定的适用是彼此排斥的,一旦适用了《TBT 协定》或者《SPS 协定》解决某一具体法律问题,就不能适用另外一个协定了。[②]《SPS 协定》前言说明协定的目的在于明确 GATT 1994 中的相应规则,尤其是为了明确 GATT 1994 第 20 条(b)项中卫生与植物卫生措施的适用。[③] 而且《SPS 协定》也规定,符合《SPS 协定》的措施也被假定为符合 GATT 1994,尤其是符合了第 20 条一般例外条款(b)项的规定。[④] 与之相似,《TBT 协定》的前言主张协定的目的在于明确 GATT 1994 中的相关规则,例如在欧共体石棉案中,上诉机构就认为《TBT 协定》的目的在于建立了一个独特的法律制度,仅仅适用于很有限的一些措施。总的来说,较之于 GATT 1994,《TBT 协定》中所规定的义务不同

---

① 参见《生物安全议定书》第 18 条。

② 参见《TBT 协定》第 1. 5 条。

③ See Panel Report, *EC-Biotech Products*, para. 7. 240.

④ 参见《SPS 协定》第 2 条、第 4 条。

于 GATT 1994,是对 GATT 1994 的细化规定。[①] 而且,《TBT 协定》和 GATT 1994 规则并没有直接关系,两个协定各自对货物贸易领域规定了具体的法律义务,符合 GATT 1994 并不见得就符合《TBT 协定》。[②]

就《SPS 协定》的目的而言,《SPS 协定》的目的在于防止成员采取的卫生与植物卫生措施对国际贸易产生不必要的消极影响,并且用于保护主义的目的。[③] 但协定也承认成员在保护食品安全和保护动植物健康方面有权确立自己认为适当的保护水平,而且上述价值目标优先于促进国际贸易的目标,但也要求措施必须有充分的科学证据予以支持。[④] 虽然《SPS 协定》并没有明文提及转基因食品问题,但其可能可以适用于转基因食品法律问题。[⑤] 在《SPS 协定》下,适用预防原则的空间是很有限的,措施必须要有科学证据予以支持。[⑥] 例如在著名的欧共体荷尔蒙案中,欧共体主张预防原则已经成为国际法上的基本原则,而且预防原则不仅可以适用于风险管理过程,而且还可以适用于防线评估的过程。[⑦] 但美国对此持相反的主张。[⑧] 对此,上诉机构认为没有必要对预防原则是否构成国际法上的原则这样一个虽然重要但抽象的问题予以回复,[⑨]在上诉机构看来,《SPS 协定》并没有规定预防原则作为采取卫生与植物卫生措施的理由,而且还是要以充分的科学证据作为采取措施的理由。[⑩] 总的来说,上诉机构认为,《SPS 协定》所针对的风险必须是可以查明或者核实的风险,理论上的不确定性并不是《SPS 协定》第 5. 1 条所针对的风险。[⑪] 如果应用上述分析,于目前有关转基因产品的身份保持制度而言,并没有充分的科学证据证明转基因食品存在风险,而身份保持制度的目的仅仅在于告诉消费者这是转基因食品而不

---

① See Appellate Body Report, *EC-Asbestos*, p. 80.

② See Lorand Bartels, *Article XX of GATT and the Rules of Public International Law on Extraterritorial Jurisdiction: The Case of Trade Measures for the Protection of Human Rights*, Journal of World Trade, 2002.

③ See Panel Report, *EC-Biotech Products*, p. 7,219.

④ See Panel Report, *EC-Biotech Products*, p. 7,219.

⑤ See Panel Report, *EC-Biotech Products*, p. 7,220.

⑥ See Panel Report, *EC-Biotech Products*, p. 7,225.

⑦ See Appellate Body Report, *EC-Asbestos*, p. 16.

⑧ See Panel Report, *EC-Biotech Products*, p. 7,226.

⑨ See Panel Report, *EC-Biotech Products*, p. 7,226.

⑩ See Panel Report, *EC-Biotech Products*, p. 7,231.

⑪ 参见日本影响苹果进口措施案上诉机构报告,第 179 页。

是传统产品。[①]

在解释“所产生的风险”(risks arising from)措辞时，专家组进一步将《SPS 协定》调整范围进行扩张。[②] 专家组认为，附件 A 中“所产生的风险”措辞表明是广泛而没有限定的(broad and unqualified)。[③]

《SPS 协定》虽然并没有定义何为虫害，但相关脚注却有补充：杂草也属于虫害。上述对虫害的定义比相关国际标准的定义要宽泛，例如，《国际植物保护公约》对虫害的定义就比较狭窄。[④] 具体到转基因作物，如果其在计划种植区之外，就很可能构成了杂草，也就是虫害。有关《SPS 协定》附件 A 第 1 条第 d 款中的其他损害，专家组认为其包括对财产或生态结构的破坏、经济损失、对环境中非生物学部分的破坏(如土壤营养的循环)，或者对物种的消极影响。[⑤]

总之，专家组对虫害的含义作了宽泛解释，对损害的范围也作了比较广义的解释。[⑥] 而且如前文表明的，措施和损害之间的因果关系可以是间接、长期的。通过上述推理，专家组将转基因作物对环境的潜在影响纳入了《SPS 协定》的调整范围。[⑦]

---

① See Panel Report, *EC-Biotech Products*, p. 7,238.

② 专家组认为，《SPS 协定》附件 A 第 1 条的“动物或植物的生命或健康”措辞表明，卫生和植物卫生措施的范围很广。附件 A 的脚注也表明了这一点，动物包括野生动物，植物也包括野生植物，那转基因作物对微型动物和微型植物的影响也就在协定的调整范围内。举例来说，如果一种转基因作物具有抵抗蝗虫的特点，而另外一种昆虫吃了该作物的某一部分，由此导致的不利影响也在协定的调整范围内。并且，转基因作物具有的转移基因的潜在风险也可能对水生微生物产生影响，这也在“动物或植物的生命或健康”范畴内。通过这种方式，专家组就将保护环境的目标纳入《SPS 协定》的调整范围。

③ 以《SPS 协定》附件 A 第 1 条第 a 款为例，针对动物或植物的生命或健康的潜在风险未必就是由虫害的传播导致的直接、立即的结果，针对虫害、病害、带病有机体或致病有机体所产生的间接、长期风险而采取的措施也在协定的调整范围内。专家组的上述主张表明了一点，针对人类、动物或植物的生命或健康的风险未必是直接、立即的，间接、长期的风险也在协定调整范围内，只要能证明上述风险和措施之间具有因果关系，采取措施为了消除或者限制风险，并且措施对国际贸易造成了直接或间接影响，那措施也可以被认定为卫生和植物卫生措施。具体到转基因作物，由于其可能在计划种植区外生长，从而被视为虫害，并可能转移基因进而影响生物多样性，确实构成了卫生和植物卫生风险。

④ See Panel Report, *EC-Biotech Products*, p. 7,241.

⑤ See Panel Report, *EC-Biotech Products*, p. 7,370.

⑥ 专家组按照文本解释“虫害”，认为其指“麻烦的，使人生气的，破坏性的人、动物或东西”。因为《SPS 协定》附件 A 第 1 条中的消极作用指对生命、健康的损害和其他损害，所以专家组认为协定中的“虫害”指“破坏性的，或者对其他动物、植物、人类健康构成损害或者其他损害的动物或植物，或者是麻烦的，使人生气的动物或植物”。

⑦ See Panel Report, *EC-Biotech Products*, p. 7,373 - 378.

有关健康风险,专家组也依据《SPS 协定》文本作了宽泛解释。[①] 在解释国际贸易中的食品贸易时,专家组认为昆虫或者野生动物在食用转基因植物的花粉或者种子时,也可能产生食品安全风险。[②] 上述做法扩大了食品的范围,以食品安全角度,将环境问题纳入了《SPS 协定》的调整范围。

按照专家组对欧共体生物技术产品案中有关《SPS 协定》适用范围的观点,几乎所有生物技术产品的法规都应该受到该协定的管辖,[③]只要它们对相关的国际贸易产生影响。[④] 而且,如果专家组或者上诉机构以后处理的类似案件中,也将首先适用《SPS 协定》,本案还会产生其他影响。[⑤] 由于适用《SPS 协定》调整生物技术产品问题时将与环保立法密切相关,即产生了《SPS 协定》与相关国际环境条约同时适用的可能性,具体表现为国内环境法规受到以科学证据原则为风险原则的《SPS 协定》调整,并导致贸易和环境国际法的碎片化。[⑥]

二、转基因食品可追溯能力 IP 技术标准与《TBT 协定》适用

《TBT 协定》的附件 1 将技术法规(technical regulation)定义为"规定强制执行的产品特性或其相关工艺和生产方法、包括适用的管理规定在内的文件"。在《标准守则》的早期草案中,有关生产工艺而不是产品的法规被排除在协定范围外。而东京回合制定的《标准守则》第 14 条第 25 款似乎也表明,在争端解决过程中,允许一方主张技术法规中的生产方法被用来规避守则义务。上述规定其实是很古怪的,如果争端解决机制允许涉及生产工艺和生产方法问题,那该

---

① 例如,在解释添加剂(additives)时,专家组认为,具有抵制抗生素功能的基因(antibiotic resistance marker genes)可以被认为是在生产供食用的植物过程中添加的物质,该基因可以被认为是《SPS 协定》附件 A 第 1 条(b)款中的食品添加剂。食品法典委员会制定的国际标准中的"添加剂"限于食品生产过程中添加的物质,专家组的观点与食品法典委员会的标准不同,在一定程度上扩大了添加剂的范围。并且,专家组对该协定附件 A 第 1 条(b)款中的其他措辞也采取了类似的解释方法。

② See Panel Report, *EC-Biotech Products*, p. 7,292.

③ See Panel Report, *EC-Biotech Products*, p. 7,299.

④ See Panel Report, *EC-Biotech Products*, p. 7,301.

⑤ 在欧共体生物技术产品案中,专家组的结论扩大了《SPS 协定》附件 A 的适用范围,使得欧共体有关转基因食品对环境影响的法规,以及新食品批准的实体规定都属于卫生和植物卫生措施。之所以会产生这样的结论,是因为本案中,《SPS 协定》针对的风险是虫害和食品安全风险,专家组也从风险角度出发,宽泛解释了协定措辞的含义,扩大了协定的调整范围。

⑥ See Panel Report, *EC-Biotech Products*, p. 7,299.

协定就应适用于生产工艺和生产方法问题,即便只是用来证明其无效。在乌拉圭回合中,就"技术性贸易壁垒"的含义产生了争论,目的在于将生产工艺和生产方法纳入《TBT 协定》中,以免成为贸易壁垒。①

许多发展中国家成员认为《TBT 协定》不应适用于生产工艺和生产方法法规,并且基于社会政策的考虑,反对标签要求的通知义务。② 要注意一点,《TBT 协定》不适用于生产工艺和生产方法法规,并不意味着这些法规与 WTO 规则不一致。如果《TBT 协定》不适用于上述法规,可依 GATT 第 3 条或者第 11 条进行分析,并依 GATT 第 20 条获得合法性证明。《TBT 协定》不适用于上述法规只是免除了《TBT 协定》的一些特别规则,诸如通知、协调和相互承认等要求。并且正如下文将要讨论的,《TBT 协定》与《SPS 协定》不同之处在于,前者并没有与 GATT 规则一致的前提。③ 如果不将生产工艺和生产方法技术法规纳入《TBT 协定》调整范围,就会出现这样的情况:非生产工艺和生产方法技术法规将受到《TBT 协定》一系列严格法律规则的约束,而不那么透明的生产工艺和生产方法法规却可依据 GATT 第 20 条获得合法性证明,游离于《TBT 协定》的严格要求之外。并且,生产工艺和生产方法中的标签要求在《TBT 协定》的调整范围之内。④

按照《TBT 协定》,技术法规还包括适用于产品、工艺或生产方法的包装、标志或标签要求。要注意到一点,《TBT 协定》并没有解释"相关的"(related)生产工艺和生产方法的含义。⑤ 看起来,《TBT 协定》将调整与生产工艺和生产方法相关的标签要求,并且也不应与 GATT 第 3、11 和 20 条冲突。但还是有这样

---

① See Note by WTO Secretariat, *Negotiating History of the Coverage of the Agreement on Technical Barriers to Trade with Regard to Requirements, Voluntary Standards, and Process and Production Methods Unrelated to Product Characteristics*, WT/CTE/W/10, G/TBT/W/11, 29 August 1995.

② Cullet. P, *Liability and Redressin Biotechnology: Toward a Development of Rules at the National and International Level*, COP/MOP – 1 Biosafety Protocol, Bachkground Paper, International Environmental La Research Centre, Geneva.

③ 参见《SPS 协定》第 2 条第 4 款。

④ 参见《TBT 协定》附件 1 第 1 条。

⑤ See Note by WTO Secretariat, *Negotiating History of the Coverage of the Agreement on Technical Barriers to Trade with Regard to Requirements, Voluntary Standards, and Process and Production Methods Unrelated to Product Characteristics*, WT/CTE/W/10, G/TBT/W/11, 29 August 1995.

的可能性,一项措施不符合《TBT 协定》规定,却符合 GATT 的规定。有一些成员认为,技术法规的定义只涉及与产品有关的生产工艺和生产方法中的标签要求。可以这么理解,《TBT 协定》要求各成员通知技术法规,与标签中信息的种类无关。这一点,可以从以下论述推知:

"为了符合《TBT 协定》第 2 条第 9 款,各成员有义务对所有的强制性标签要求予以通知,该要求并不基于相关的国际标准,但却对其他成员的国际贸易产生显著影响。该义务并不取决于标签上信息的种类,也不取决于技术规格的性质。"①

技术法规是否包括生产工艺和生产方法法规,取决于对技术法规定义中"产品特性"和"相关的生产工艺和生产方法"的理解。产品特性是否仅指产品的物理性质?正如上文提到的,上诉机构有几次提到,产品的竞争性性质是构成同类产品的要素,②产品特性似乎并不仅仅指物理性质,也包括竞争性关系因素。另外,东京回合《标准守则》第 14 条第 25 款区分了生产工艺和产品特性。是否在"生产工艺和生产方法"前加上"相关的"这样一个限定词,就将产品特性限定于物理性质方面?如果是这样,《TBT 协定》调整的技术法规是否仅包括对产品有物理影响的生产工艺和生产方法法规?③ 这样的话,生产工艺和生产方法法规就不涉及一些政策性因素了。

如果《TBT 协定》并不适用于生产工艺和生产方法问题,那么上述法规就将依据 GATT 第 3、11 条和第 20 条进行分析,而 GATT 也将成为在 WTO 体制内分析该问题的唯一法律依据。《TBT 协定》适用于与产品有关的自愿标准和强制性的技术法规,产品范围包括工业和农业产品。④ 在欧共体石棉案中,专家组和上诉机构都分析了《TBT 协定》的适用范围。专家组认为,《TBT 协定》并不适用于法国对含石棉产品的进口禁令。在专家组看来,一个纯粹的进口禁令并不符合《TBT 协定》附件 1 中"规定了产品特性"的要求。当然,专家组将这样的进

① See G/TBT/1/Rev. 7, Section Ⅲ:10.

② See Appellate Body Report, *US-Cotton Yarn*, p. 86, 92, 96.

③ 产品特性无疑具有客观和主观两方面的因素,例如质量、形状等属于客观方面,而竞争性关系则属于主观方面的因素。

④ 参见《TBT 协定》第 1 条第 3 款。

口禁令和其裁决中的例外作了区分，也就是说，进口禁令和例外是不同的。[①]

加拿大对专家组的上述区分和《TBT 协定》不适用于进口禁令的裁决提出了上诉。加拿大认为进口禁令是《TBT 协定》附件 1 中的技术法规。而上诉机构认为，对措施应从整体上加以分析，[②]这样看来，法国的措施并不是一个单纯的进口禁令。但如果措施只是一个针对石棉纤维的进口禁令，那它就不是技术法规。[③] 上诉机构认为技术法规定义的核心在于以积极或者消极的形式规定产品特性，技术法规可以规定积极的要求，也可以禁令的形式（消极形式）表现。裁决中针对石棉纤维的进口禁令也就是对含石棉产品的进口禁令，于是，上诉机构得出了这样的结论，法国的决定从整体上规定了含石棉产品的特性，构成了《TBT 协定》下的技术法规。[④] 但上诉机构也强调：GATT 第 3 条第 4 款涉及的国内措施并不见得都是技术法规。那 GATT 第 3 条第 4 款是否对所有的技术法规都予以规范？那也未必见得，但只要技术法规影响了国内销售，那就应受 GATT 第 3 条第 4 款规范。

在欧共体沙丁鱼贸易标注案中，欧共体认为有关皮尔查德斯沙丁鱼和萨格斯沙丁鱼这两种鱼类的欧共体法规并不是技术法规，即采用了欧共体石棉案的做法。而上诉机构同意了专家组的主张，认为按照欧共体石棉案中的主张，以积极或者消极的形式对产品作出分类的规定构成技术法规，因此否定了欧共体的主张。

一般来说，转基因食品国际贸易中的可追溯能力 IP 技术标准问题还是适用《TBT 协定》比较合适的，除非标签问题直接涉及食品安全问题，那就需要适用《SPS 协定》加以规范。只是影响了产品生产过程的标签问题基本上还是适用《TBT 协定》比较合适，确定转基因技术是否影响到了最终产品其实在很大程度上还是要取决于个案分析，一旦转基因食品不适用《TBT 协定》，《SPS 协定》就会适用于转基因食品标签事宜。

---

① See Note by WTO Secretariat, *Negotiating History of the Coverage of the Agreement on Technical Barriers to Trade with Regard to Requirements, Voluntary Standards, and Process and Production Methods Unrelated to Product Characteristics*, WT/CTE/W/10, G/TBT/W/11, 29 August 1995.

② See Appellate Body Report, *EC-Asbestos*, p. 64.

③ See Appellate Body Report, *EC-Asbestos*, p. 71.

④ See Appellate Body Report, *EC-Asbestos*, p. 75.

与之形成对照,《TBT 协定》主要规范的是标签和文本规则,主要涉及的是质量和包装法规。采取《SPS 协定》中措施的目的是保护人类、动植物生命或者健康,而采取技术性贸易措施的理由却更加多元和丰富。[①] 也就是说,可以按照《TBT 协定》采取和实施更多的措施,而不仅仅是防止针对人类健康和动植物风险的问题,而且技术法规不应成为国际贸易的技术壁垒,尤其不应超过为了实现合法目标所必需的限度。[②]

从某种程度上说,针对转基因食品的身份保存制度与《卡塔赫纳生物安全议定书》中的强制标签制度十分相似,都是对特定产品加以区分而产生的制度,而就 WTO 法的角度而言,更多的是依据《TBT 协定》。问题的关键在于,强制标签制度更多的是体现消费者的知情权,让消费者知道其中可能含有转基因生物,至于其中是否含有风险以及风险程度有多少,这并不是 IP 可追溯制度设计的初衷,如果适用《SPS 协定》的话,那设计标签制度的主要目的就是针对健康风险的问题,而不是为了贯彻消费者的知情权。在这种情况下,就必须进行风险评估程序,措施也必须建立在相应的科学证据基础上。与之形成对照,《TBT 协定》允许为了让消费者获得信息而实施标签制度。

就转基因食品本身而言,基因工程其实属于 WTO 语境下的生产工艺和生产方法问题,但并不影响产品的最终特征,转基因产品和传统产品不是同类产品,但可追溯标签的目的在于告知消费者信息,而不是预防风险,所以标签和 IP 技术标准措施适用《TBT 协定》的可能性很大。此外,《TBT 协定》第 2 条第 2 款中的积极要求,也就是要求一项措施对贸易的限制不得超过为实现合法目标所必需的限度,与 GATT 第 20 条中的必需测试是平行的,两规定各自独立适用。在实践中,《SPS 协定》的实施和对 GATT 第 20 条的解释存在相互影响的情形。当上诉机构分析 GATT 第 20 条时,它总是进行系统性分析,平衡市场准入义务和各成员追求贸易之外的公共健康和环境保护等目标的权利。在《TBT 协定》和《SPS 协定》中,对上述权利、义务的平衡有明确的表述,但具体的规定

---

① 例如,防止欺诈、保护人类、动植物生命或者健康、保护环境都可以成为采取措施的理由。

② See Cullet. P. 2004, *Liability and Redressin Biotechnology: Toward a Development of Rules at the National and International Level*, COP/MOP - 1 Biosafety Protocol, Bachkground Paper, International Environmental La Research Centre, Geneva.

和实施却有所不同。相对而言,《SPS 协定》对公共健康的关注程度更高,这是由该协定的目的决定的。而 IP 可追溯技术标准则可以适用平衡原则以达到一项 IP 标准措施对转基因食品贸易的限制性,但不应超过其为实现合法目的必要的限度。①

总的来说,如果对转基因食品可追溯 IP 技术标准问题通过《SPS 协定》来加以规范的话,那就会在很大程度上扩展了《SPS 协定》的适用范围,导致该协定不适当地界定了风险,从而存在滥用《SPS 协定》的可能。转基因食品 IP 制度所必需的二维码和相关数据库等技术标准与《TBT 协定》具有更多的天然相关性。因此,转基因食品可追溯能力 IP 技术标准适用《TBT 协定》存在更明显的合理性,与 IP 相关的转基因可追溯能力是未来发展的必然趋势。有必要在《TBT 协定》中构建转基因食品可追溯制度。

① See Detlef Bartsch, *GMO Regulatory Challenges and Science: A European Perspective*, Journal für Verbraucherschutz und Lebensmittelsicherheit, 2014.

第三章 《TBT 协定》下构建转基因食品可追溯能力技术标准之规则研究

转基因可追溯能力一般包括IP制度与相关的转基因可追溯数据库,因此是一项显而易见的技术标准。前文已论证《TBT协定》作为规范技术贸易壁垒的协定,与转基因可追溯能力具有高度吻合性。因此,本章节即将讨论在《TBT 协定》下构建转基因食品可追溯能力技术标准的相关问题:(1)构建转基因食品可追溯技术标准的法律意义;(2)《TBT 协定》下构建怎样的转基因食品可追溯技术标准;(3)《TBT 协定》下构建转基因食品可追溯能力国际标准的可行性。

基于转基因食品可追溯性的国内性和主权性,现行有关转基因食品可追溯能力的法规主要以软法形式呈现,WTO 法律框架也不例外。[①] 但是 WTO 中的《TBT 协定》、《SPS 协定》以及 WTO 争端解决中援引的其他国际组织制定的国际软法的规定,从而使其具备了软法硬法化的特征。本章节将讨论在《TBT 协定》下构建转基因食品可追溯能力的若干问题。

---

① See Barcelo & John T, *Product Standards to Protect the Local Environment-The GATT and the Uruguay Round Sanitary and Phytosanitary Agreement*, Cornell International Law Journal, 1994.

第一节 《TBT协定》下转基因食品可追溯能力技术标准之构建

在《TBT协定》中构建转基因食品可追溯能力国际标准,主要指如何引用发达国家的可追溯标准(如IP/数据库等技术标准),能够在转基因食品国际贸易中,防止因为转基因食品可追溯技术壁垒导致的进口限制与贸易损失。因此,为了保障转基因食品安全与可追溯性,有必要对转基因食品的可追溯能力进行全球治理。[①] 本节首先讨论转基因食品可追溯能力的标准问题。在《TBT协定》下,首先需要明确两种有关转基因食品可追溯能力的标准。[②]

一、标准一:引入发达国家转基因IP可追溯制度

(一)发达国家转基因IP可追溯制度

欧盟对转基因食品投放市场之前的研发生产授权和上市后的供应链监督是转基因食品可追溯能力的监管基础。通过这一系列的法规和指令,[③]欧盟已经初步建立转基因食品可追溯能力的法律体系框架,并随着科学技术的发展,不断补充和完善。转基因食品的授权主要包括授权的申请、环境评价、欧洲食品管理局EFSA的评估、来自公众的评议和委员会的决议5个步骤。[④] 含有

---

① See Jonas DA & Elmadfa I, *Safety Considerations of DNA in Food*, Annals of Nutrition and Metabolism, No.6, 2001.

② 参见李佳洁、王宁等:《食品追溯系统实施效力评价的国际经验借鉴》,载《食品科学》2014年第8期。

③ 欧盟通过法规(EC)1830/2003建立转基因品可追溯性的管理框架。根据欧盟法规(EC)1829/2003的规定,含有基因改良物GMOs和由GMOs生产的食品在投放市场之前应先经过严格的授权审批程序,同时还要接受上市后的监督管理。法规(EC)65/2004建立了GMOs的唯一标识系统。法规(EC)641/2004建立的GMOs风险评估框架,以及指令2008/18/EC建立的GMOs环境释放的风险评估框架。

④ See Robert Howse & Donald Regan, *The Product/Process Distinction-An Illusory Basis for Disciplining "Unilateralism" in Trade Policy*, 11 European Journal of International Law 249, 2000.

GMOs 或由 GMO 生产的食品在投放市场前,应先经过严格的授权审批程序。①

此外,欧洲《食品安全白皮书》(2002 年)、欧洲食品安全局于 2002 年成立、2004 年全面推行 HACCP 体系,规定所有食品包括转基因食品必须全程可追溯。② 除了欧盟,一些零售商协会都对原有的可追溯标准进行修订,增加了关于转基因食品追溯的要求。③ 欧盟采用的转基因食品唯一标识系统(UCC/EAN-128)主要包括以下内容:可追溯编码(Identity Preserved/Code,IP),又称 IP 可追溯技术,是指一个国家可以通过转基因产品包装上的二维码(QR 码④)、16 位条形码等可追溯编码对该产品的可追溯链条上的一系列研发生产加工的全程可追溯。

对日本而言,在厚生劳动省和农林水产省这两个机构的管理下,转基因食品标识法,⑤主要通过 IP 身份保存系统和标签标识系统,初步建立了日本转基因产品溯源管理模式。IP 身份保存以文档和证书的形式进行传递和追溯。⑥

① 申请者不仅应向管理局提交关于 GMOs 的基本情况、生产和加工方法的信息、与传统食品对照的信息、同时还应提交关于 GMOs 安全性的基础研究,包括满足关于生物多样性的《卡塔赫纳生物安全议定书》的相关信息,表明食品不会引起伦理或者区域性关注的理由充分的证明,以及对转化事件的抽样检测方法。转基因的环境释放风险评估,则应按照指令 2001/18/EC 的要求进行。欧盟在转基因食品投放市场后实施严格的监督,确保只有经过授权的产品才投放市场,并规定授权应每 10 年新复审一次。欧盟在建立转基因食品唯一标识时,考虑到维持国际框架下的一致性,采取了国际经济合作和发展组织(OECD)建立的唯一标识的格式。转基因品获得授权的同时,也获取了指定的唯一标识。

② See George M. Chryssochoidis, Olga C Kehagia & Polymeros E. Chrysochou, *Traceabiliy:European Consumers' Perceptions Regarding Its Definition, Expectation and Differences by Product Types and Importance of Label Schemes*(Mar. 3,2018), http://www. researchgate. net/publication/23510171. Andrea Migone & Michael Howlett, *From Paper Trails to DNA Barcodes*(*Enhancing Traceability in Forest and Fishery Certification*), Resources Journal, Vol. 52.

③ 例如,BRC 认证和 IFS 认证。

④ QR 码是二维条码的一种,QR 是英文"Quick Response"的缩写,即快速反应的意思,源自发明者希望 QR 码可让其内容快速被解码。QR 码相比于普通条码可储存更多资料,亦无须像普通条码般在扫描时需直线对准扫描器。

⑤ 参见日本厚生劳动省官方网,http://www. mhlw. go. jp/stf/seisakunitsuite/bunya/kenkou_iryou/shokuhin/idenshi/。

⑥ 日本转基因可追溯具体做法是:日本的 IP 身份认证和管理体系使非转基因产品在整个食物链中拥有独特代码,IP 处理包括对农场、生产、运输、加工及分销的每一阶段都进行记录,并经第三方确认其进行过 IP 处理,每一步都要发布相关证书。在转基因和非转基因农产品流通的各个环节,进行区别性生产流通。管理的当事人需向下一负责人提供标记产品名称、产地、收获年份等信息及管理内容的证明书,该证明书接受人向下一人出售非转基因农产品时,需提供同样的证明书,并附上从前一人处收到的证明书的复印件。证明书根据流通各个阶段中管理主体的管理内容而编制,并由确认主体递交给下一主体。

其实在世界范围内,非常多的国家的食品安全系统都有相当部分进行了 IP 技术的管理,中国也不例外。在日常生活中,非常多的农产品、食品包装上都能看到 IP 可追溯标识,但这些传统食品的可追溯标识与转基因食品的可追溯标识是有明显区别的。① 因为传统食品的追溯一般追溯到生产商,而转基因食品的追溯要求明显增高,需要追溯到该食品试验、研发、申请授权阶段,因此追溯链条比传统食品更长,也即具有更深的可追溯性。② 无疑,这对食品的试验方、研发单位、授权单位都有更高的登记注册要求,也因此在技术上更具复杂性。③ 因此,无疑更容易在发达国家和发展较落后国家形成技术壁垒,但转基因食品安全作为食品安全全球治理的一个重要环节,有必要对世界人口食品安全卫士进行全面管理,也因此,转基因食品可追溯能力的全面提升具有促进全球食品安全,消除转基因食品可追溯壁垒的双重作用。因此有必要在《TBT 协定》中通过相关国际软法进行转基因食品可追溯能力技术标准的管理。

IP 既是技术标准,又是法律规范。因此,《TBT 协定》中相关条文应明确阐明其相关的技术标准,如二维码可追溯技术标准、具体试验、研发、申请、授权、生产、销售、储存、数据库设置等哪些环节需要进行怎样的技术规范,这些应在 CAC 或相关国际法律文件中明确设置。

(二)《TBT 协定》下转基因食品可追溯能力标准

《TBT 协定》结构简单,分为正文和附件两大部分。正文包括总则、技术法规与标准、符合技术法规和标准(合格评定)、信息和援助、机构、磋商和争端解决、最后条款,共 15 个条款。三个附件分别是:附件 1《本协议中的术语及其定义》、附件 2《技术专家小组》、附件 3《关于制定、采用和实施标准的良好行为规范》。这些条文中,与转基因食品 IP 可追溯问题相关的条文主要在技术法规与

① See Mauro VIgani, Valentina Raimondi & Alessandro Olper, *International Trade and Endogenous Standards: the Case of GMO Regulations*, World Trade Review, Vol. 11, No. 3(2012).

② See Javier Lezaun, *Creating a New Object of Government: Making Genetically Modified Organisms Traceable*, Social Studies of Science, Vol. 36, No. 4, p. 499 – 531(2006).

③ See Gunther Schmidt & Winfried Schröder, *Implications of GMO Cultivation and Monitoring-series*, Environmental Sciences Europe, 2011.

标准、合格评定等方面。[①]

《TBT 协定》的主要目的是确保技术规范和产品标准的实施不会给国际贸易造成不必要的障碍,不会对情况相同的国家造成不合理的歧视、不得阻止其他成员采用技术法规和强制性产品标准,以保证产品质量,保证人类健康与安全,保护动植物环境,阻止欺诈行为。[②] 因此,就转基因食品 IP 可追溯能力而言,《TBT 协定》的作用可理解为确保转基因食品 IP 技术规范和产品标准的实施不会给国际贸易造成不必要的障碍,不会对情况相同的国家造成不合理的歧视、不得阻止其他成员采用 IP 技术法规和强制性产品标准,以保证转基因食品质量。[③]

《TBT 协定》主要对规范转基因食品 IP 可追溯能力中的技术性措施所采取的技术法规、标准、合格评定程序作出了规定:

1. 技术法规

《TBT 协定》第 1. 1 条与第 2. 4 条规定了技术法规。技术法规是指强制性执行的有关产品特性或相关工艺的生产方法的规定。[④] 主要包括国家指定的法律和法规、政府部门颁布的命令、决定、条例,以及有关技术规范和法规、指南、准备、专门术语、符号、包装、标志和标签要求。[⑤] 这里的包装、标志、标签要求涵盖了转基因食品 IP 可追溯能力下的二维码等技术性与相关工艺的生产方法的要求。[⑥]

---

① See Kym Anderson & Chantal Pohl Neilson, *GMOs, Food Safety and the Enviroment: What Role for Trade Policy and WTO?* (July,28,2018), http://www. economics. adelaide. edu. au/.

② 参见廖秋子:《TBT 协定“国际标准”的法律解释及其改进路径》,载《法律适用》2017 年第 13 期。

③ 参见董静然:《〈TBT 协定〉中标准与技术法规区分的法律问题研究》,载《国际经贸探索》2017 年第 3 期。

④ See Joel P. Trachtman, *Trade and Problems, Cost-Benefit Analysis and SubsIbidiarity*, European Journal of International Law, 1998.

⑤ 参见董静然:《〈TBT 协定〉中的国际标准规则法律解释研究》,载《上海对外经贸大学学报》2016 年第 2 期。

⑥ 《TBT 协定》要求各成员应当尽可能按照产品的性能,而不是按照设计或描述特征来制定技术法规。技术法规一般涉及国家安全、产品安全、环境保护、劳动保护、节能等方面。成员方中央政府采取合理措施,确保地方及非政府机构制定、采用与实施技术法规,符合《TBT 协定》的有关规定。如果有关国际标准已经存在,成员方应采用这些标准或其中的相关部分,作为其技术法规的基础,除非由于基本气候因素、地理因素、基本技术问题等,成员方采用这些标准或其中的相关部分无法达到合法目的。

一些国家也通过立法方式,授权非政府机构制定技术法规。[①] 因此,就转基因食品 IP 可追溯能力而言,成员方中央政府采取合理措施,确保地方及非政府机构制定、采用与实施 IP 技术法规,符合《TBT 协定》的有关规定。如果有关转基因食品 IP 可追溯能力的国际标准已经存在,成员方应采用这些标准或其中的相关部分,作为其国内技术法规制定的参照。[②]

2. 标准

《TBT 协定》第 1.2 条规定了"标准"。[③] 有关标准化机构的行为要求,体现在《TBT 协定》附件 3《关于制定、采用和实施标准的良好行为规范》中。[④] 附件 3 旨在为各成员标准机构的活动提供一般的标准和模式,使他们的活动与多边贸易法律相符合。[⑤] 附件 3 向各成员的各标准机构开放,这些标准化机构应就他们已经接受或退出该守则的事宜通告日内瓦国际标准化组织或国际电工委员会情报中心。[⑥] 中央政府的标准化机构有义务接受和遵守行为规范,但对非政府的标准化机构以及地方政府的标准化机构,行为规范不具有要求强制执行的效力,这些机构可以自愿采纳。[⑦] 但《TBT 协定》要求成员政府采取合理措施确保这些机构接受和遵守该行为规范。成员国内标准化机构应尽可能参加国际标准化组织的活动,以国际标准作为其制定标准的基础。标准化机构每隔 6 个月发表或公布其有关标准工作的情况。在采纳其标准前至少提前 60 日公布,以便有关当事方发表意见。因此,可以说《TBT 协定》第 1.2 条也规范了转

---

① 参见李冬冬:《TBT 协定中技术法规和标准"强制性"区分要素——以美国 - 金枪鱼案(Ⅱ)为例》,载《中国科技论坛》2016 年第 9 期。

② 参见胡建国、辛芳:《浅议〈TBT 协定〉对技术法规的适用——以欧盟海豹产品案为例》,载《中国标准化》2014 年第 5 期。

③ 《TBT 协定》第 1.2 条中的标准是指经过公认机构批准供通用或重复使用的、非强制执行的有关产品特性或相关工艺和生产方法的规则或指南,可以包括有关专门术语、符号、包装、标志或标签要求。

④ See Mariana SANDU, *Traceability Requirements to Ensure People's Food Security*, Public Security Studies, Vol. 4(2015).

⑤ 参见董静然:《〈TBT 协定〉中标准与技术法规区分的法律问题研究》,载《国际经贸探索》2017 年第 3 期。

⑥ 参见廖秋子:《TBT 协定"国际标准"的法律解释及其改进路径》,载《法律适用》2017 年第 13 期。

⑦ See Mauro VIgani, Valentina Raimondi & Alessandro Olper, *International Trade and Endogenous Standards: the Case of GMO Regulations*, World Trade Review, Vol. 11(2012).

基因食品 IP 可追溯能力的技术标准,包括标志、标签、包装等要求。① 并要求成员国政府采取合理措施确保这些机构接受和遵守转基因食品 IP 可追溯技术规范。成员国内有关转基因食品 IP 可追溯能力的标准化机构应尽可能参加国际标准化组织的活动,以转基因食品 IP 可追溯能力国际标准作为其制定其国内转基因食品 IP 可追溯能力技术标准的基础。②

3. 合格评定程序

合格评定程序一般指任何直接或间接用于确定产品是否满足技术法规或标准的要求的程序。包括抽样、检验和检查、评估、验证和合格保证、注册、认可和批准,以及上述各项程序的组合。③ 就转基因食品 IP 可追溯能力而言,合格评定程序是指任何直接或间接用于确定转基因食品可追溯能力是否满足转基因食品 IP 可追溯能力技术法规或标准的要求的程序。④

(1)认证。它是指有授权机构出具的证明。⑤ 转基因食品 IP 可追溯能力认证一般第三方在对其经当事人提交的文件或实物审核后出具的第三方证明。转基因食品 IP 可追溯认证主要是证明转基因食品 IP 可追溯能力是否符合技术法规或标准。⑥

(2)认可。⑦ 转基因食品 IP 可追溯技术认可是指权威机构依据程序确认某

---

① See Mariana SANDU, *Traceability Requirements to Ensure People's Food Security*, Public Security Studies, Vol. 4(2015).

② 参见赵雅玲、周航宇:《食品安全标准和认证对食品全球价值链治理的影响——以水产品为例》,载《产业创新研究》2018 年第 2 期。

③ See M. Miraglia, *Detection and Traceability of Genetically Modified Organisms in the Food Production chain*, Food and Chemical Toxicology.

④ See Elizabeth McLeod, *The Difficulty with Traceability and GMO Labeling in the Soybean Industry*, Feedand grai-n. com. Fort Atkinson, 2013.

⑤ 一般由第三方对某一事物、行为或活动的本质或特征,经对当事人提交的文件或实物审核后出具的证明,通常被称为"第三方认证"。认证可以分为产品认证和体系认证。产品认证主要是证明产品是否符合技术法规或标准,包括产品的安全认证和合格认证等。由于产品的安全性直接关系到消费者的生命或健康,所以产品的安全认证为强制认证。体系认证是确认生产或管理体系是否符合相关法规或标准。

⑥ 转基因食品 IP 可追溯认证包括产品的安全认证和合格认证等,一般为强制认证。

⑦ 国际法下的认可是指权威机构依据程序确认某一机构或个人具有从事特定任务或工作能力。其主要包括产品认证机构认可,质量和管理体系认证机构认可、实验室认可、审核机构认可、审核员或评审员的资格认可、培训机构注册等。

一机构或个人具有从事制作转基因食品 IP 的工作能力。[①]

(3)相互认证。[②]因此,《TBT 协定》鼓励成员积极考虑其他成员关于转基因食品 IP 可追溯能力的合格评定程序,并就达成相互承认协议进行谈判。[③]

二、标准二:转基因食品可追溯数据库

与构建《TBT 协定》下转基因 IP 可追溯能力技术标准的要点基本一致,《TBT 协定》下有关转基因食品可追溯数据库的构建应囊括相关数据库技术标准。[④] 可参考生物安全议定书的后续会议中所做决定,包括将现有指导材料的报告列入生物安全信息交换机制(BCH)[⑤]的信息资源中心。[⑥] 在 BCH 中,涉及上网发布的数据库有转基因生物商业化生产数据库,以及国内生物安全文献数据库。[⑦] 这一数据库的涉及工作是在分需求阶段,针对转基因食品名称、受体生物名称、预期性状、外源基因、审批地点、审批单位、申请单位等关键词进行查询,遵循了实用性原则、易用性原则、稳定性原则、安全性原则、拓展性原则等。[⑧]

---

① See Javier Lezaun, *Creating a New Object of Government: Making Genetically Modified Organisms Traceable*, Social Studies of Science, Vol. 36, p. 499 - 531(2006).

② 相互认证是指认证或认可机构之间通过签署相互承认协议,彼此承认认证和认可机构。《TBT 协定》鼓励成员积极考虑其他成员的合格评定程序,并就达成相互承认协议进行谈判。成员方应以不低于本国或其他国家合格评定机构的条件,准许其他成员的合格评定机构参与其合格评定活动。参见本书编写组:《中华人民共和国对外贸易法释义》,经济科学出版社 2004 年版,第 140 页。

③ See Ariaeipour, *Al: Products Liability in International Trade Law*, International Studies Journal (ISJ), Vol. 12, p. 43 - 66(2016).

④ See Andrea Migone & Michael Howlett, *From Paper Trails to DNA Barcodes(Enhancing Traceability in Forest and Fishery Certification)*, Resources Journal, Vol. 52(2012).

⑤ 生物安全信息交换机制(biosafety clearing-house, BCH)是根据《卡塔赫纳生物安全议定书》第 20 条的要求建立的,旨在促进改性活生物体(living modified organisms, LMOs)的科学、技术、环境和法律等方面信息和经验交流的一种基于互联网技术的信息交换方式,对于各缔约方的履约活动起着重要的推动作用。

⑥ See Maddalena Querci et al., *New Approaches in GMO Detection*, Analytical and Bioanalytical Chemistry.

⑦ See Xu HG, Wang DH & Sun XF, *Biodiversity Clearning-House Mechanism in China: Present status and Future Needs*, Biodiversity and Conservation, 2000.

⑧ See Mackenzie R et al., *An explanatory guide to the Cartagena Protocol on Biosafety*, IUCN, Gland, Switzerland and Cambridge, UK, 2003.

第二节 构建转基因食品可追溯能力国际标准的法律意义

一、弥补转基因食品识别制度的不足

截至目前，世界上绝大多数与转基因产品进出口、种植相关的国家或地区都规定了转基因产品的强制识别制度[①]，但对阈值的规定不尽相同，审批程序有异，管理机构错综复杂。[②] 转基因的强制识别制度无疑具有明显的双向性，即促进人们对转基因产品的消费欲望，或者减缓。[③] 虽然可识别制度的具体规定各国很难达成一致，但可追溯制度的管理却可以直接跨越可识别制度的各种隐性歧视。如果没有完善的可追溯制度，强制识别制度无疑会在相当程度上造成对转基因产品的歧视，阻碍国际贸易自由化，影响转基因技术的生产效应与其对环境保护的贡献能力。（见表7）

表7 转基因识别阈值（数据根据各国政府官方网站统计整理所得）

国家	欧盟	日本	韩国	南非	俄罗斯	新西兰	巴西
识别阈值/%	0.9	5	3	5	0.9	1	3

由表7可知，各国或地区在识别问题上虽都为法定，但由于科学技术能力、风险认知不同，对识别的阈值规定差异巨大。[④] 比如在AB两国其他情况相同下，某产品的转基因成分是0.7%，假定在A国需达到1%标识，在B国只需达到0.5%就标识，那么就会形成在A国不标识，而在B国需要标识。如果只有标识而没有可追溯能力，那么某产品很可能在B国的销量远低于A国；而如果具备了可追溯能力，那么某产品在B国的销量会大幅增加，缩短AB两国的销量差距，并且可以在发生国际贸易摩擦时更快地追溯到问题源头并快速解决，

---

① See Zinatul et al., *Mandatory Labelling of Genetically Modified (GM) Foods*, Accepted: 23. Int Environ Agreements, 2013.

② See D Castle, *Labelling of Genetically Modified Foods*, 2011.

③ See Michael J. O'Fallon, *To Buy or Not to Buy: Impact of Labeling on Purchasing Intentions of Genetically Modified Foods*, Hospitality Management, 2007.

④ See Janice Albert, *New Technologies and Food Labelling: The Controversy Over Labelling of Foods Derived from Genetically Modified Crops*, 2016.

保护了消费者和生产者双方的经济利益和国家的贸易利益。

转基因可追溯制度不仅可以在形式上和实质上增强人们对转基因产品的消费信心,还能弥补各国对阈值规定的不足,因为人们在很大程度上可以直接了解到转基因产品的知识产权申请、生产种植、流通储存、销售链条全过程,可见可追溯制度对转基因产品的信息描述是识别制度所无法企及的。[①] 因为一旦进行了可追溯能力,无疑人们会放心购买,这极可能增加人们对此产品的信心,而只有标识标记的转基因产品可能根本无法与有可追溯标记的转基因产品竞争,可见一旦强制规定了转基因可识别制度,那么转基因可追溯制度是势在必行的。[②]

二、对风险原则的衡平

由于对转基因产品的风险有不同的看法,在各国国内以及国际层面上存在着不同的转基因产品的管理原则,其中包括科学证据原则、预防原则、实质等同原则、社会风险原则和比例和风险权衡原则。

(一)科学证据原则

如果某个国家采取措施限制转基因产品贸易,这种贸易措施必须有赖于充分的科学依据。虽然对于"科学"这一术语并没有具体的定义,但在转基因产品的多边管理协议中,基于充分科学证据进行的风险评估就是科学证据原则的体现。风险控制包括三个要素:风险评估[③]、风险管理[④]和风险沟通[⑤]。

---

① 参见 CliveJames:《2012 年全球生物技术/转基因作物商业化发展态势》,载《中国生物工程杂志》2013 年第 2 期。

② See Jacqueline Peel, *Book Review*: *When Cooperation Fails*: *The International Law and Politics of Genetically Modified Food*, Melbourne Journal of International Law, 2010.

③ 风险评估是对风险的可能性进行分析,确定可能出现的不利后果以及这些后果的程度。在许多多边协议中都规定了基于科学方法的风险评估要求。风险评估也包括评估现有的知识是否能够充分发现可能的不利后果。也就是说,根据现有的知识体系,这些风险是否具有不确定性。缺乏相关的科学知识,不明确的因果关系,以及在实验和收集数据时各种变量的不同都会导致风险的不确定性。

④ 风险管理是确认、评价、选择和实施各种措施以降低风险的一种过程。风险管理要确定风险的可接受水平,或者说确定何种程度的保护水平是合适的水平。风险管理是一个国家的主权事务,涉及一个国家的国内政策。

⑤ 美国国家科学院(The National Academy Sciences)对风险沟通作过如下定义:风险沟通是个体、群体以及机构之间交换信息和看法的相互作用过程;这一过程涉及多方面的风险性质及其相关信息,它不仅直接传递与风险有关的信息,也包括表达对风险事件的关注、意见以及相应的反应,或者发布国家或机构在风险管理的法规和措施等。

科学证据原则可以看作是一个必要的程序性机制,通过该程序性机制国际组织可以审查成员国的风险管理措施以防止和监督贸易保护主义行为,同时不会涉及政治性较强的实体性问题,[①]比如《SPS 协定》中明确的科学证据原则。《SPS 协定》的目标之一就是统一各成员国的风险评估和风险管理的方法,实现这一目标的方法之一就是利用其他国际组织(譬如国际食品标准委员会)的标准。

在2003 年 WTO 转基因第一案中,WTO 上诉机构认为,基于科学证据原则,成员国可以选择对风险较小的产品实施总体禁令,并且表示不会对此根据比例原则来权衡这些措施对贸易的不利影响。虽然《SPS 协定》和其他的 WTO 规则也规定成员国的管理措施不应是武断的或者不应对贸易构成不必要的限制,但是 WTO 专家组和上诉机构通常在使用这些规则时充分尊重了成员国政府的决策自主权,2003 年 WTO 转基因第一案就是很好的证明。[②] 在转基因产品安全中,欧盟把风险沟通定义为可以尽快和尽可能广泛地使公众获得关于转基因产品的科学意见,强调转基因产品消费者获得相关信息的强制性,把转基因产品消费者看作其安全争论中的独立利益关联者。[③] 但也有学者认为科学证据原则能够提高风险管理决策的透明度,这本身就是风险沟通,欧盟关于食品安全的意见书包括了一个关于风险沟通的章节。[④]

(二)预防原则

预防原则在世界贸易规则中的地位并不那么明确,与《SPS 协定》中明确的科学证据原则相对立,因而,预防原则更具有争议性。[⑤] 该原则源于环境法,是《卡塔赫纳生物安全议定书》的一个重要原则。预防原则的基本前提是,在面临

---

① See Robert Howse, *Democracy, Science and Free Trade: Risk Regulation on Trial at the World Trade Organization*, Michigan Law Review, Vol. 98.

② See Perdikis et al. , R*eforming the WTO to Defuse Potential Trade Conflicts in Genetically Modified Goods*, World Economy, Vol. 24, p. 379 – 398.

③ See Cullet. P, *Liability and Redressin Biotechnology: Toward a Development of Rules at the National and International Level*, COP/MOP – 1 Biosafety Protocol, Bachkground Paper, International Environmental La Research Centre, Geneva.

④ 参见郭高峰:《多元主义视角下转基因产品国际法律规制研究》,载《西南政法大学》2015 年第 7 期。

⑤ Detlef Bartsch. , *GMO Regulatory Challenges and Science: a European Perspective*, Journal für Verbraucherschutz und Lebensmittelsicherheit, 2014.

的潜在的风险具有巨大的不确定性时,即使没有充分的科学证据加以证明,一个国家也可以采用预防措施防止这种风险的发生。预防原则可以看作对科学原则的限制。①

预防原则在不同的国际条约、政府声明、法院裁决以及学术著作中有不同表述,因此,很难给预防原则下一个明确统一的定义,但存在下述两点共性:首先,预防原则是风险不确定时采取预防管理措施的根本依据。② 其次,当风险不确定时,预防原则包含这样一个默示规则——如果某种活动的风险是可以预见的并且潜在的危害是巨大的,那么在解决风险不确定性问题之前这种风险活动应当被禁止或者受到严格的管理限制。③

预防原则反对者一般认为预防原则混淆了风险评估和风险管理这两个不同的概念;④在管理决策中回避风险是一种自相矛盾的做法,因为回避风险可能会招致更大的风险;此外,风险预防会减少社会总体福利。⑤

欧盟是支持预防原则的典型代表。⑥ 美国则不遗余力地反对预防原则适用于转基因产品安全的贸易争端中。⑦ 欧盟认为,在确定可接受的风险水平时,预防原则是风险管理的重要组成。根据欧盟的观点,分析转基因产品风险时应当以科学为基础,此时不应当采取预防原则,并对预防原则的适用进行了限制,包括比例原则、非歧视性原则、一致性原则、成本效益分析,以及科学发展审查。⑧

---

① 参见秦天宝、陈萍国:《际贸易中风险预防原则的适用问题研究:结合 WTO/SPS 协定及案例的考察》,载《中国法学会世界贸易组织法研究会二〇〇七年年会论文集》。

② See Matthe & Mariëlle D. Greenpeace V. France, *Genetically Modified Maize Case*, Review of European Community & International Environmental Law, 2000.

③ See Maria W, *Risk Regulation and Deliberation in EU Administrative Governance—GMO Regulation and Its Reform*, European Law Journal, 2015.

④ See Jale Tosun & Susumu Shikano, *GMO-Free Regions in Europe: An Analysis of Diffusion Patterns*, Journal of Risk Research, 2016.

⑤ 参见郭高峰:《多元主义视角下转基因产品国际法律规制研究》,载《西南政法大学》2015 年第 7 期。

⑥ See Detlef Bartsch, *GMO Regulatory Challenges and Science: A European Perspective*, Journal für Verbraucherschutz und Lebensmittelsicherheit, 2014.

⑦ See Margaret Rosso Grossman, *Traceability and Labeling of Genetically Modified Crops, Food, and Feed in the European Union*, Journal of Food Law & Policy, 2005.

⑧ See George M. Chryssochoidis, Olga C Kehagia & Polymeros E. Chrysochou, *Traceabiliy: European Consumers' Perceptions Regarding Its Definition, Expectation and Differences by Product Types and Importance of Label Schemes* (Mar. 3, 2018), http://www.researchgate.net/publication/23510171.

预防原则的反对者如美国则认为,这将会极大地降低各国决策的透明度,以及增加了国际机构审查各国贸易障碍的难度,导致贸易保护主义的抬头,从而有损各成员国的总体福利。①

目前,WTO 争端解决机构在解决贸易争端时拒绝给予预防原则任何效力。在荷尔蒙案中,上诉机构裁定预防原则还没有成为国际习惯法,成员国不能援引预防原则来改变《SPS 协定》第 5.1 条的风险评估要求,也不可使用该原则来解释《SPS 协定》第 5.7 条来提高成员国管理的灵活性。② 只有在其他非特定的情形中,该原则可以具有解释性效力。在欧盟生物技术案中,专家组没有经过太多的解释就裁定在该案中没有必要考虑该原则。③ 这些有限的判例表明,WTO 不愿意给予预防原则太多的效力,因为这样会放松《SPS 协定》第 5.1 条的风险评估要求以及会削弱该协定的其他规则的效力。④

(三)实质等同原则

该原则得到了世界粮农组织、世界卫生组织和 OECD 的支持,然而实质等同原则本质上不是一个安全的评估方法。⑤ 根据实质等同原则进行安全评估可能会产生三种结果:(1)如果新颖食品和传统食品几乎等同,那么可以认定该新颖食品和其对应的传统食品一样安全;(2)如果除了某些确定的特性之外,两者之间建立了一种实质等同关系,那么应当对这些确定的不同特性进行风险分析;(3)如果两者之间不能建立实质等同关系,那么就必须以个案为基础实施测试程序。美国强烈支持这一原则。⑥ 而反对者指出了转基因食品和传统食品的根本区别,并且同时指出许多新颖食品已经获得了专利,是一种独一无二的食

---

① See Robert Howse, *Democracy, Science and Free Trade: Risk Regulation on Trial at the World Trade Organization*, Michigan Law Review, Vol. 98.

② See Theofanis Christoforou, *Settlement of Science-Based Trade Disputes in the WTO: A Critical Review of the Developing Case Law in the Face of Scientific Uncertainty*, 8 New York University Environmental Law Journal 622, 2000, p. 624 – 625.

③ See Panel Report, *EC-Hormones(US)*, p. 8, 42; Panel Report, *Australia-Salmon*, p. 8, 39.

④ 参见曾炜:《论国际习惯法在 WTO 争端解决中的适用——以预防原则为例》,载《法学评论》2015 年第 4 期。

⑤ See Steiner & Melanie P, *Food Flight — The Changing Landscape of Genetically Modified Foods and the Law*, Review of European Community & International Environmental Law, Vol. 9, p. 152 – 159(2000).

⑥ See Anne Ingeborg Myhr, *A Precautionary Approach to Genetically Modified Organisms: Challenges and Implications for Policy and Science*, Agric Environ Ethic, 2010.

品,不能够认为它们和非转基因食品具有实质等同的关系。①

(四)社会风险原则

鲜有 WTO 成员国政府明确把社会风险原则作为采取贸易措施的合法理由。② 相反在采取贸易措施时他们强调风险的不确定性、预防措施的必要性、消费者知情权等。严格的转基因产品管理制度背后的政治压力通常来自以下的公众关切:转基因技术对食品“天然”质量的威胁、对跨国公司垄断转基因食品供应的关切等。③ 许多国家所采取的转基因产品管理措施的理由已经远远超出保护人身与环境的范畴,即使人身与环境安全是它们制定严格的转基因产品管理措施的明示理由。在很大程度上,转基因产品的管理规定以及关于科学不确定性问题的争论的背后隐藏着更加广泛的社会价值认知差距。④ 一些转基因产品的反对者主张,除了保护人身与环境之外,社会价值应当作为实施补充性的转基因产品管理措施的合法理由。⑤

和预防原则相比,这种立场对现行的国际转基因产品贸易管理制度构成了更为激进的挑战,因为其大大地扩大了现在所认可的采取转基因产品贸易限制措施的合法性理由的范围,包括除了人身与环境之外更为广泛的社会价值。⑥虽然社会风险原则的诉求只发生在转基因产品贸易领域,但一旦该原则被国际贸易体系认可,那么它们的影响范围将远远超出该领域,将会对整个与国际现代科技相关的新产品贸易体系产生深远的影响。⑦

---

① See Courtney Begley, “*So close, yet so far*”: *The United States follows the Lead of the European Union in Mandating GMO Labeling. But Did It Go Far Enough*?, Fordham International Law Journal, Vol. 40:2, 2017.

② See Kym Anderson & Chantal Pohl Neilson, *GMOs, Food Safety and the Enviroment: What Role for Trade Policy and WTO*?, http://www.economics.adelaide.edu.au/.

③ See Kym Anderson & Chantal Pohl Neilson, *GMOs, Food Safety and the Enviroment: What Role for Trade Policy and WTO*?, http://www.economics.adelaide.edu.au/.

④ See Jale Tosun & Susumu Shikano, *GMO-free Regions in Europe: An Analysis of Diffusion Patterns*, Journal of Risk Research, p. 743 – 759(2016).

⑤ 参见郭高峰:《多元主义视角下转基因产品国际法律规制研究》,载《西南政法大学》2015 年第 7 期。

⑥ See Degnan F H, *Biotechnology and the Fodd Label: A Legal Perspective*, Food & Drug L J, p. 308 – 309.

⑦ 竺效:《论转基因食品之信息敏感风险的强制标识法理基础》,载《法学家》2015 年第 2 期。

如果 WTO 接受社会风险原则，把其作为实施转基因产品管理措施的一个合法性理由，那么这将会产生以下后果。首先，这将会对现行的风险评估构成重大挑战。[①] 现行风险评估是建立在科学证据的基础之上，即科学的风险评估是采取贸易限制措施的前提。目前，缺乏一套健全的社会风险评估方法，同时文化、认知、伦理，以及社会价值的主观性较强，几乎不可能对社会风险进行科学量化的分析评价。[②] 其次，这将增强专家组和上诉机构审查的难度。如果社会风险原则被国际贸易体系接受，那么在发生贸易争端时，成员国将会在 WTO 争端解决机构援引各种社会价值作为其采取贸易限制措施的合法性理由。[③] 由于转基因产品本身就具有不确定性，这种新的合法性理由使争端解决机构的审查难度更上一层，争端解决机构很可能更加倾向于尊重成员国的决策自主权，从而导致贸易保护主义的抬头。[④]

因此，迄今为止，WTO 争端解决机构和其他国际争端解决机构都没有承认过社会风险原则是实施环境和健康措施的一个合法理由。[⑤] 国际食品法典委员会和其他国际标准制定机构都没有把社会风险原则作为制定人身与环境管理标准的一个基础。

（五）比例和风险权衡原则

转基因产品的支持者不仅反对预防原则和社会风险原则，而且试图通过比例原则来进一步限制和规范各种转基因产品管理措施。比例原则要求，在采取转基因产品管理措施时，成员国政府应当对该措施所产生的正面效益和负面效

---

① See Debra Steger, *WTO: A New Constitution for the Trading System, in M. Bronckers and R. Quick*, New Directions in International Economic Law: Essays in Honour of John H. Jackson, Kluwer Law International, 2001, p. 135.

② See Howse & Robert, *Democracy, Science and Free Trade: Risk Regulation on Trial at the World Trade Organization*, 98 Michigan Law Review 2329, 2000.

③ See Joel P. Trachtman, *The Domain of WTO Dispute Resolution*, 40 Harvard International Law Journal 333, 1999. See also Joost Pauwelyn, *The Role of Public International Law in the WTO: How Far Can We Go?*, 95 American Journal of International Law 595, 2001.

④ See Kym Anderson & Chantal Pohl Neilson, *GMOs, Food Safety and the Enviroment: What Role for Trade Policy and WTO?* (July. 28, 2018), http://www.economics.adelaide.edu.au/.

⑤ See Blanca Salas Ferer, *the European Commission's GMO Opt out for Member States a WTO Perspective*, EJRR, 2016.

应进行分析权衡。① 对于欧盟严格的转基因产品管理措施，一些批评者认为，建立在虚无缥缈的风险之上的欧盟的措施不会给欧盟带来多大的正面效益，相反，这些措施对国际贸易和其他国家的福利造成较大损害。②

在未来的案件中，一些成员国可能会主张使用比例原则来审查另一国的人身与环境措施对其他国家福利的负面影响，权衡这种负面影响是否超过对本国的正面效益。③ 如果比例原则被专家组或上诉机构接受，这将会对 WTO 的法理产生革命性的影响，因为 WTO 争端解决机构不仅是成员国之间协议的监督者，更是各国福利冲突的仲裁者。④

转基因产品的支持者还认为使用转基因产品能够带来重大的环境、社会和经济效益，比如，转基因作物可以减少农药的使用量以及减少温室气体的排放等。⑤ 因此，欧盟的转基因产品限制措施限制了转基因产品出口国的转基因作物的种植面积，从而总体上对全球环境造成损害。⑥ 因此，对于欧盟的转基因产品管理措施应当进行双重的风险权衡。⑦ 美国的一些法院已经通过法庭之友等途径要求制定措施的管理机构进行这种权衡。

双重风险权衡在很大程度上改变了比例原则的分析框架。⑧ 双重风险权衡使比例原则分析不再是在人身与环境收益和成本或贸易损害之间进行比较和

---

① See Vesco Paskalev, *Can Science Tame Politics The Collapse of the New GMO Regime in the EU*, EJRR, 2012.

② See Maria W, *Risk Regulation and Deliberation in EU Administrative Governance—GMO Regulation and Its Reform*, European Law Journal, 2015.

③ See Perdikis et al., *Reforming the WTO to Defuse Potential Trade Conflicts in Genetically Modified Goods*, World Economy, Vol. 24, p. 379 – 398.

④ See Joel P. Trachtman, *The Domain of WTO Dispute Resolution*, 40 Harvard International Law Journal 333, 1999. See also Joost Pauwelyn, *the Role of Public International Law in the WTO: How Far Can We Go?*, 95 American Journal of International Law 595, 2001.

⑤ See Jale Tosun & Susumu Shikano, *GMO-free Regions in Europe: an Analysis of Diffusion Patterns*, Journal of Risk Research, p. 743 – 759, 2016.

⑥ See Xue Dayuan & C Tisdell, *Global Trade in GM Food and the Cartagena Protocol on Biosafety: Consequences for China*, Journal of Agricultural and Environment Ethics, p. 337 – 356.

⑦ Detlef Bartsch, *GMO Regulatory Challenges and Science: A European Perspective*, Journal für Verbraucherschutz und Lebensmittelsicherheit, 2014.

⑧ Detlef Bartsch, *GMO Regulatory Challenges and Science: A European Perspective*, Journal für Verbraucherschutz und Lebensmittelsicherheit, 2014.

权衡,而是变成国内转基因产品收益和国外转基因产品损害之间的比较和权衡,该问题不再是转基因产品进口国是否有权决定本国的人身与环境保护水平,而是同时涉及进、出口国的人身与环境保护法益问题。①

由上可见,在上述如此风险观念差别巨大的形势下,对于科技创新的收益和风险,现行的国际贸易管理体系很难进行评估。② 而国际转基因可追溯制度即是科学证据原则的主要依据,也是预防原则的基本保障,更可以为社会风险和双重风险权衡做出表征。在各国争取转基因法律决策的先发优势和不可逆转的人身与环境损害之中寻到突破口。③ 比如,津巴布韦拒绝了美国的转基因粮食的援助,一些贫穷的非洲国家强烈抵制转基因技术,认为转基因技术是西方政府和跨国公司推行新的经济殖民主义的工具,通过新型但违法的转基因产品扩张其新殖民地;再如,赞比亚起初拒绝接受转基因粮食援助,但最终接受了磨成面粉的转基因粮食援助;另外一个非洲国家,马达加斯加也对转基因产品持强烈反对态度。试想,如果国际援助所提供的粮食援助具备转基因可追溯技术与制度,那么将大大消除世界上更多的饥饿和由此引发的犯罪。④

欧盟的实践表明,所有案件都要求风险评估者使用极尽完备的方法⑤对所遇风险作完整、彻底之分析,但司法却并没有形成明确的规则,⑥风险评估者与管理者则面临获得多少信息才能采取措施的问题。⑦ 根据已有的案例,采取措

---

① See George M. Chryssochoidis, Olga C. Kehagia & Polymeros E. Chrysochou, *Traceability: Eauopean Consumers' Perceptions Regarding its Definition, Expectations and Differences by Product Types and Importance of Label Schemes*, 98th EAAE Seminar "Marketing Dynamics within the Global Trading System: New Perspectives" China, Crete, Greece as in 2006.

② See Jan Bohanes, *Risk Regulation in the WTO Law: A Procedure-Based Approval to the Precautionary Principle*, Journal of Transitional Law, Vol. 40, 2002.

③ See Mariana Sandu, *Traceability Requirements to Ensure People's Food Security*, Public Security Studies, Vol. 4.

④ 赞比亚重申拒绝接受各种渠道的转基因粮食援助,载新华网,http://news. xinhuanet. com/newscenter/2002 - 10/30/content_612419. htm。

⑤ See Case C - 236/01 Monsanto, p. 113. Case C - 192/01 Commission v. Denmark, p. 51.

⑥ See Breyer S, *Breaking the Vicious Circle: Toward Effective Risk Regulation*, Harvard University Press, 1993.

⑦ See Case T - 13/99 Pfizer, p. 145.

施的条件主要表现为证据的属物条件①和时间条件②。属物条件指基于风险评估的风险管理未必是完全的,因此必须依靠科学证据,即可靠的数据和可信服的证据信息。③ 从而得出难度和复杂性同时存在的科学问题,④未必具有科学上的不合理性,但却可以受到一个理性人的合理怀疑。⑤

相关的国际组织、欧盟以及各国国内科学实体给出的建议可以视为"可靠科学证据"(reliable scientific evidence)⑥,但这也并不是没有例外。⑦

三、国际协议间关于转基因产品规制的空白与矛盾

(一)"转基因第一案"概述

2003 年,阿根廷、加拿大和美国向 WTO 起诉,认为欧共体及其部分成员国有关生物技术产品(biotech products)⑧批准和销售的监管措施违反了 WTO 一系列协定规则。⑨ 而 WTO 的专家组认为,欧共体有关生物技术产品批准和销

---

① 证据的属物条件(ratione materiae):风险管理决定未必是对风险的完全评估,但却要求建立在"可获得的可靠科学数据"(the most reliable scientific data available)或者"充分可靠和有说服力的信息"(sufficiently reliable and cogent information)基础上,足以使监管机构能理解科学问题的众多复杂而又难以预料的结果;决定必须以可靠的和令人信服的证据为基础,虽然未必能解决所有科学上的不确定性,但却能够使一个理性的人对产品的安全和/或功效产生合理怀疑,对风险作出细致的评估。

② 证据的时间条件(ratione temporis):必须依靠可获得的科学数据来判断风险,并据此采取预防措施,也就是说,预防措施和风险,以及判断风险的数据应该在大致相同的期间内,不能依靠过时或者不存在的数据判断风险;如果参考了最近研究的结果,也就是"国际研究的最近结果"(the most recent results of international research),以及有关主题的新证据,都可以促进决定的公信力。

③ See Case C – 236/01 Monsanto, p. 113. Case C – 192/01 Commission v Denmark, p. 51. Case T – 13/99 Pfizer, p. 196 – 197.

④ See Case T – 13/99 Pfizer, p. 162.

⑤ See Case T – 74/00 Artegodan, p. 192.

⑥ See Case 174/84 Commission v Germany (Reinheitsgebot) (1987) ECR 1227.

⑦ 例如在 Pfizer 案和 Alpharma 案中,虽然欧盟的相关科学实体提供了意见,但初审法院并没有提及意见;在考虑地理、经济和社会特点的情形下,明确风险的特征,例如在 Reinheitsgebot 案中,欧洲法院就提到了饮食习惯对人类健康风险的重要性。

⑧ 生物技术产品指包含了转基因生物(genetically modified organisms, GMOs)的产品,或者在制造过程中使用了转基因生物的产品。在欧共体生物技术产品案中,所谓的"生物技术产品"指运用了 DNA 重组技术的植物。See Panel Report, EC-Biotech Products, para. 2. 2.

⑨ 该案涉及 GATT、《TBT 协定》和《SPS 协定》,但主要以《SPS 协定》为依据。起诉方主张欧共体事实上中止批准新生物技术产品,也没有批准已经提交申请的生物技术产品,对于欧共体已经批准的生物技术产品,有 6 个成员国采取了保障措施禁止上述产品。

售的若干监管措施违反了《SPS 协定》。[①] 具体裁决如下:欧共体对生物技术产品批准程序的中止构成了不适当的迟延(Undue Delay),违反了《SPS 协定》附件 C 第 1 条第 a 款的前半句话;各成员国采取的保障措施并没有基于风险评估,违反了《SPS 协定》第 5 条第 1 款,也就不能依照《SPS 协定》第 5 条第 7 款获得合法性证明。美国并没有对专家组报告提起上诉。[②] 本案的案情如下:

原告首先认为,欧共体事实上中止了对新生物技术产品的批准程序。虽然欧共体并没有制定正式的立法和行政法规禁止批准新生物技术产品,但原告方提交了一系列证据材料,上述证据材料表明欧共体事实上不再批准新生物技术产品,并且违反了《SPS 协定》。而专家组认为,欧共体事实上对新生物技术产品批准程序的中止并不构成《SPS 协定》附件 A 第 1 条以及其他条款中的卫生和植物卫生措施。按照《SPS 协定》附件 A 第 1 条规定,卫生与植物卫生措施包括下列措施:

"所有相关法律、法令、法规、要求和程序,特别包括:最终产品标准;工序和生产方法;检验、检查、认证和批准程序;检疫处理,包括与动物或植物运输有关的或与在运输过程中为维持动植物生存所需物质有关的要求;有关统计方法、抽样程序和风险评估方法的规定;以及与粮食安全直接有关的包装和标签要求。"

就此而言,专家组认为中止批准新生物技术产品属于推迟了实质批准决定的程序决定,因为该决定既没有批准也没有拒绝申请,所以并没有对生物技术产品提出任何实质要求。[③] 同样地,专家组认为该决定也不是程序性质的,因为它既没有建立新的程序,也没有修改现存的欧共体的批准程序。总之,专家组认为欧共体中止许可并不满足卫生和植物卫生措施的性质。[④]

专家组认为欧共体确实违反了《SPS 协定》附件 C 第 1 条第 a 款的前半句话,虽然该项措施并不构成卫生和植物卫生措施。该条款不仅适用于卫生

---

① See Perdikis et al., *Reforming the WTO to Defuse Potential Trade Conflicts in Genetically Modified Goods*, World Economy, Vol. 24, p. 379 - 398.

② 争端解决机构在 2006 年 11 月通过了该报告。

③ 专家组依据上述规定阐述了自己的主张,认为是否构成卫生和植物卫生措施,取决于措施的目的、形式和性质。对于卫生和植物卫生措施的性质,专家组认为措施包括了相应的实质要求和程序。

④ See Panel Report, *EC-Biotech Products*, p. 7. 1326 - 7. 1465.

和植物卫生措施,也适用于检查和保证实施卫生与植物卫生措施的任何程序。欧共体在生物技术产品方面的主要法律规则是第 90/220 号指令、[①]第 2001/18 号指令[②]以及第 97/258 号条例,[③]上述规定构成了欧共体生物技术产品许可的主要制度,也就是《SPS 协定》附件 A 第 1 条中的卫生与植物卫生措施。并且,上述程序也规定了一个产品投入市场之前必须满足的条件,构成了检查和保证实施卫生与植物卫生措施的程序。所以,也必须按照《SPS 协定》附件 C 第 1 条第 a 款加以分析。欧共体有关批准生物技术产品程序的实施和完成不应受到不适当的迟延。[④] 但专家组认为欧共体的中止违反了该条规定。[⑤]对于欧共体及其成员国没有批准特定的生物技术产品,专家组认为这并不构成卫生和植物卫生措施,[⑥]但构成了《SPS 协定》附件 C 第 1 条第 a 款中的"不适当的迟延"。[⑦]

至于欧共体成员国采取的禁止生物技术产品的进口、使用和销售的保障措施,一般来说,一旦在欧共体范围内批准了生物技术产品,各成员国就不可以禁止或者限制生物技术产品在本国境内的贸易、使用和销售。[⑧] 在例外的情形下,仍然可以禁止产品在本国的贸易和使用,如果该生物技术产品对环境造成了风险,或者按照新的科学知识,对已有的信息作出了新的解释,也就是该产品对人类健康或环境构成了风险,就可以采取保障措施。[⑨]

在本案中,原告方认为欧共体 6 个成员国采取的 9 种禁止生物技术产品进口或销售的保障措施违反了《SPS 协定》第 5 条第 1 款,也就是措施并不是基于

---

① See Council Directive 90/220/EEC,1990 O J L 117 15.

② See Parliament/Council Directive 2001/18/EC,2001 O J L 106 1.

③ See Parliament/Council Regulation (EC) No. 258/97,1997 O J L 43 1.

④ 对于欧共体及其 6 个成员国没有批准特定的生物技术产品,上述事实与欧共体对生物技术产品的一般中止不同,但也存在密切的联系。

⑤ See Panel Report, *EC-Biotech Products*, p. 7. 1466 – 7. 1570.

⑥ See Panel Report, *EC-Biotech Products*, p. 7. 1680 – 7. 1778.

⑦ See Panel Report, *EC-Biotech Products*, p. 7. 1628 – 7. 1633.

⑧ See Howse, Robert & Petros C. Mavroidis, *Europe's Evolving Regulatory Strategy for GMO-The Issue of Consistency with WTO Law: Of Kine and Brine*, 24 Fordham International Law Journal 317, 2000.

⑨ See Maria W, *Risk Regulation and Deliberation in EU Administrative Governance—GMO Regulation and its Reform*, European Law Journal, 2015.

风险评估而采取的，[①]并且也不能按照第5条第7款认定为合法。[②]

在生物技术产品问题上，WTO协定并不是唯一的国际法规则。[③] 在本案中，欧共体认为对WTO协定的解释和适用必须参考其他国际法规则。[④] 在这方面相应的国际法规则有1992年《生物多样性条约》、2000年《卡塔赫纳生物安全议定书》以及预防原则。在分析这个问题时，专家组按照《维也纳条约法公约》第31条第3款第c项，讨论了《生物多样性条约》和《卡塔赫纳生物安全议定书》是否构成了可适用于各方的其他相应国际法规则的问题。专家组认为不需要考虑这两个协定，因为它们对WTO一些成员还没有生效。对于预防原则，专家组认为《维也纳条约法公约》第31条第3款第c项的"相应法律规则"包括一般法律原则，而欧共体认为预防原则就属于这种一般法律原则。对此，专家组认为，预防原则的法律地位问题仍然没有得到解决，出于谨慎的考虑，没有必要分析这个问题。而且，专家组也认为，在不涉及预防原则是否为一般或习惯国际法原则的情形下，专家组也能够合适地处理问题，自然也就没有必要分析预防原则了。[⑤]

关于条约解释，专家组认为对WTO协定应当按照条款的通常含义予以解释，并考虑条约的目的和宗旨。专家组接着认为，在解释WTO协定时，也可以考虑其他国际法规则。具体到本案，专家组认为没有必要依靠《生物多样性条约》《卡塔赫纳生物安全议定书》解释相应的WTO协定。也就是说，专家组一方面没有否定其他国际法渊源对WTO协定的参考作用，但具体到本案，却又否

---

① See Panel Report, *EC-Biotech Products*, p. 7. 7. 3215 - 7. 3371.

② 对于这一点，专家组首先认为保障措施属于卫生和植物卫生措施，接着分析了第5条第1款和第7款之间的关系，专家组认为第7款较第1款而言，属于WTO成员拥有的权利，而不是第1款所规定的一般义务的一个例外。所以，在起诉方认为卫生和植物卫生措施不符合第5条第1款时，应当由起诉方来证明有关措施不符合第5条第7款规定的4个条件中的至少1个。就本案而言，保障措施并不是基于风险评估，而且也不符合第5条第7款的第一个条件，也就是各成员在有关科学证据并不充分的情况下采取措施。最终，保障措施违反了《SPS协定》第5条第1款。

③ See Perdikis et al., *Reforming the WTO to Defuse Potential Trade Conflicts in Genetically Modified Goods*, World Economy, Vol. 24, p. 379 - 398.

④ See Panel Report, *EC-Biotech Products*, p. 7. 3000 - 7. 3001.

⑤ See Pancl Report, *EC-Biotech Products*, p. 7. 76 - 7. 89.

定了相关国际协定的参考价值。①

欧共体生物技术产品案是一起包含政治和法律因素的争端②,就结果而言,美国和欧共体在一些关键问题上获得了各自满意的结果,双方也都没有上诉。本案有以下几个问题值得分析。

第一,专家组在分析《SPS 协定》附件 A 第 1 条中的卫生与植物卫生措施时,专家组对措施规定了两个条件,一是措施的形式,具体指法律、法令、法规;二是措施的性质,也就是要求和程序。专家组的上述观点与协定的文本含义存在差异,协定文本仅规定了措施包括法律、法令、法规、要求和程序,并没有规定卫生和植物卫生措施的形式和性质。其实,如果不对卫生和植物卫生措施作形式和性质的区分,中止批准生物技术产品和对特定产品采取的措施就可能被认定为卫生和植物卫生措施。

第二,专家组在有关其他国际法规则的问题上,具体就是《生物多样性条约》《卡塔赫纳生物安全议定书》是否具有参考作用的问题上,拒绝参考这两个协定,也引起了争议。③ 专家组的理由是这两个协定没有被所有的 WTO 成员采纳,如果严格遵循专家组的观点,WTO 的争端解决实践就很难参考其他外部法律渊源,从而导致了国际法的碎片化。④ 其实在 WTO 以往的食品安全争端中,相应的国际标准未必为所有成员采纳,但专家组、上诉机构依然适用了上述规则。就这个角度而言,专家组的理由是牵强的。⑤ 真实原因可能是上述条约主要规定了预防原则的内容,而预防原则并未成为公认的国际法原则,专家组不倾向于适用预防原则,就以上述国际条约没有被所有的 WTO 成员采纳为理

---

① See Douma & W. T, *Comments on the Commission's Communication on the Precautionary Principle, in the Role of Precaution in Chemicals Policy*, Vienna School of International Studies, 2001.

② See Ariaeipour, *Al: Products Liability in International Trade Law*, International Studies Journal, Vol. 12, p. 43 - 66(2015).

③ See Xue Dayuan & C Tisdell, *Global Trade in GM Food and the Cartagena Protocol on Biosafety: Consequences for China*, Journal of Agricultural and Environment Ethics, p. 337 - 356.

④ See Perdikis et al., *Reforming the WTO to Defuse Potential Trade Conflicts in Genetically Modified Goods*, World Economy, Vol. 24, p. 379 - 398.

⑤ See Joel P. Trachtman, *The Domain of WTO Dispute Resolution*, 40 Harvard International Law Journal 333, 1999. See also Joost Pauwelyn, *The Role of Public International Law in the WTO: How Far Can We Go?*, 95 American Journal of International Law 595, 2001.

由,拒绝适用上述条约。[1]

第三,专家组对《SPS 协定》第 5 条第 1 款和第 7 款之间关系的分析与过去上诉机构的观点一致,但在适用于目前和以后的争端解决实践时,就会产生是否合适的问题。在过去的实践中,上诉机构或者将第 5 条第 7 款解释为例外,或者认为其是成员拥有的附带条件的权利(conditional rights),[2]由此也导致了不同的举证责任,而上诉机构的该主张并没有协定的明文支持。在本案中,也存在与过去裁决是否一致的问题。总的来说,本案虽然结束了,但仍然存在后续问题。生物技术产品涉及重大的经济利益和公共健康,争论还会延续下去,但科学知识和法律规则仍然是有限的,所以,通过协商解决问题似乎较为合适。[3] 转基因第一案产生了一定的影响,以下详细分析。

(二)"转基因第一案"与可追溯制度

从著名的 2003 年欧盟转基因案中不难发现 WTO 在处理转基因相关问题时的缺陷在于:

(1)WTO 采纳哪些国际协议作为补充解释并不明确[4],比如《维也纳条约法公约》。

(2)国际习惯法与 WTO 规则冲突时优先性判断不稳定,比如《生物多样性公约》。

(3)WTO 规则解释的不一致和不可预见性,导致继续加入 WTO 的国家代价高昂。

(4)对 WTO 规则,美国是否具有超越其他国家的话语权。

那么假定在《TBT 协定》中明确规定了可追溯技术要求并借鉴 CAC 与 CPB 的标准要求,那么美国、加拿大、阿根廷的转基因产品出口(美国已就转基

---

① See Xue Dayuan, Lin Yanmei & Tisdell C, *Conflicts abouts Global Trade in GMOs: General Issues and Chinese Case Studies, in: Tisdell C, Sen RK. Economic Globalisation: Social Conflicts*, Labour and Environmental Issues, Edward Elgar, UK, USA, p. 314 – 335.

② See Gillan DC Danis B et al., *Structure of Sediment-associated Microbial Communities Along a Heavy-netal Contmination Gradient in the Marine Enviornment*, Applied and Environment Microbiology, p. 670 – 690.

③ See Xue D Yuan & Tisdell C, *Safety and Socio-economic Issues Raised by Modern Biotechnology*, International Journal of Social Economics, p. 699 – 708.

④ See Perdikis et al., *Reforming the WTO to Defuse Potential Trade Conflicts in Genetically Modified Goods*, World Economy, Vol. 24, p. 379 – 398.

因产品强制识别)必然不会受到食品安全风险规避者欧洲如此强烈的抗拒。[①] 发生转基因产品损害赔偿时,欧盟完全可以通过可追溯制度进行责任追偿和预防风险的进一步扩大,完全符合 WTO、CAC、CPB 的终极法律价值追求——保障人类、生物安全、促进贸易自由。

如果说农业补贴问题只是南北问题,那么转基因产品国际法律管理问题更加复杂,远远超出了南北问题的范围。[②] 对于转基因产品的管理而言,不仅发达国家之间存在分歧,发展中国家之间也存在分歧。[③] 一些主要发达国家严格的转基因产品管理制度无异于向发展中国家转基因产品关闭了其国内的农产品市场。[④] 转基因产品问题事关民生,在制定转基因产品的管理和贸易政策时发展中国家应当充分考虑到转基因科研、法律管理能力低的短板,解决之道不在放低转基因产品法律管理标准,而应该由国际基金进行国际援助。WTO 和国际食品法典委员会这样的国际组织愿意认真考虑发展中国家的利益。其实全世界关于转基因产品的看法是非常相似的——希望在保障产品安全的基础上享受贸易、生产利益。[⑤] 因为对于转基因产品的益处和风险尚无确切的科学证据证明,而转基因产品的发展趋势势不可挡,通过法律技术来协调不同条约间的冲突,消弭国际法的碎片化,强化国际法的权威性与可信度。因此,亟待在国际层面上制定统一的转基因产品贸易管理制度。统一的国际转基因产品可追溯制度可以协调 WTO 法与国际条约的差异,在保障进口国(消费者)、出口国(生产商)双方的经济、农业、医疗、环保利益的同时,有效促进国际贸易更加安全、更加公平、更加自由。[⑥]

---

① See Perdikis et al. , *Reforming the WTO to Defuse Potential Trade Conflicts in Genetically Modified Goods*, World Economy, Vol. 24. p. 379 – 398. *GMOs found in food aid to Latin America*, Seedling, Grain, 2011.

② See Eduardo J. Trigo, *Fifteen Years of Genetically Modified Crops in Argentine Agriculture*, ArgenBio, 2011.

③ See Perdikis et al. , *Reforming the WTO to Defuse Potential Trade Conflicts in Genetically Modified Goods*, World Economy, Vol. 24, p. 379 – 398.

④ See Peel. Jacqueline, Nelson. Rebecca & Godden. Lee, *GMO Trade Wars: The Submissions in the EC-GMO Dispute in the WTO*, Melbourne Journal of International Law, Vol. 6, p. 141 – 166(2005).

⑤ See Perdikis et al. , *Reforming the WTO to Defuse Potential Trade Conflicts in Genetically Modified Goods*, World Economy, Vol. 24, p. 379 – 398.

⑥ See Xue Dayuan, Lin Yanmei & Tisdell C, *Conflicts Abouts Global Trad in GMOs: General Issues and Chinese Case Studies*, in: Tisdell C, Sen RK. Economic Globalisation: Social Conflicts, Labour and Environmental Issues, Edward Elgar, UK, USA, p. 314 – 335.

第三节 构建转基因食品可追溯能力国际标准制度基础研究

在转基因产品争端中,《生物多样性公约》的组织机构对于以贸易为导向的WTO制度起到了一定的平衡作用。① 尽管WTO专家组认为美国不是《生物多样性公约》的缔约国,因此拒绝适用该公约的相关规则。但是该公约也会对WTO争端解决专家组产生一定的间接影响,因为该公约的存在可能会影响WTO争端解决专家组对WTO规则的解释。② 此外,完全忽视这样一个具有巨大影响力的国际环境保护组织的存在也不符合WTO本身的利益,因为这会引起人们对WTO本身的民主性和合法性的质疑。③ 这种多元的国际管理制度可以避免WTO成为一个纯粹的“贸易帝国主义”。相反,该案的原告都是国际食品法典委员会和国际植物保护委员会的成员。最后,《建立世界贸易组织协议》本身也规定了解释和修订《WTO协议》文本的投票表决机制。因此,理论上存在通过政治程序解释和修改WTO协议的可能性。根据问题的不同,可以在WTO总理事会或者WTO部长会议上作出这些决定。《建立世界贸易组织协议》第Ⅸ:1条规定了WTO决策的一般规则,如果对于某个问题不能达成一致意见,将通过投票表决决定。第Ⅸ:2条和第Ⅸ:3条分别规定了WTO法律文本的授权性解释和成员国的义务豁免需要3/4多数通过。第Ⅹ条规定,修订《WTO协议》需要获得2/3多数票,同时还要根据修改的是否是实体权利和义务以满足不同的条件。然而实践中,国际政治组织的第二次决策通常都需要全体一致同意。在世贸组织内,作出决策通常需要协商一致同意。由于这种决策程序,WTO的政治或者立法机制的效力要弱于其司法机制。

---

① See Perdikis et al. ,*Reforming the WTO to Defuse Potential Trade Conflicts in Genetically Modified Goods*, World Economy, Vol. 24, p. 379 – 398.

② See Fern Wickson, *Do We Care About Synbiodiversity? Questions Arising from an Investigation into Whether There are GM Crops in the Svalbard Global Seed Vault*, Journal of Agricultural and Environmental Ethics, 2016.

③ 参见韩逸畴:《WTO争端解决机制及其对国家声誉的影响研究》,载《当代法学》2015年第2期。

同样，国际食品法典委员会和国际植物保护委员会①的决策通常也是需要一致同意，并且它们的标准不具有强制性。② 如果国际食品法典委员会的投票决定对某个成员国不利，特别是对某个大国不利时，这个国家可能会退出该委员会，或者阻挠该委员会的正常运行。③ 各国一般避免通过一个集中化的国际政治组织来解决像转基因生物争端这样高度政治化的问题，因为他们不愿建立一个威胁到自己自主权的先例。④ 尽管国际决策程序能够更加广泛地照顾到各利益主体的权益，但是由于这种决策制度远离各国民众，因此其本身存在一些问题。首先，在进行国际谈判时，哪些国内的利益群体的代表能够参与到这种谈判之中。通常情况下，国际谈判的代表通常来自各国的行政部门而不是立法和司法部门，其代表本身不能充分全面反映本国国内各利益相关者的诉求。其次，发展中国家和发达国家由于在资金、技术和人才方面存在巨大差距，发展中国家在谈判中通常处于劣势地位。最后，即使这种集中化的国际治理机制能够更广泛地反映更多利益主体的诉求，但是这种统一的管理模式并不一定能够适合各国具体的价值观、具体的条件和具体的需求。⑤

总之，转基因生物产品问题涉及贸易和环境问题，然而现在的国际贸易和环境管理制度处于一种分离的状态，因此我们不应当寻求一种统一的转基因生物产品国际治理模式，而应当采取多元主义的全球治理模式。⑥

一、全球治理模式

转基因食品安全正在成为超越国界的全球性问题，这源于转基因食品的国

① 参见 https://www.ippc.int/en/。《国际植物保护公约》是一项用来保护植物物种、防止植物及植物产品有害生物在国际上扩散的公约，新修订文本是联合国粮食及农业组织于 1999 年在罗马完成。

② 参见 Codex Alimentarius，载食品法典委员会官网 2018 年 8 月 3 日，http://www.fao.org/fao-who-codexalimentarius/codex-home/zh/。

③ 参见王军、粟撒：《WTO 争端解决机制中的救济体系框架及改革问题实证研究》，载《当代法学》2014 年第 3 期。

④ 参见赵骏：《"皇冠上明珠"的黯然失色 WTO 争端解决机制利用率减少的原因探究》，载《中外法学》2013 年第 6 期。

⑤ 参见杨国华、李泳篪等：《WTO 争端解决机制中的专家组程序研究》（下），载《法学评论》2004 年第 4 期。

⑥ 参见廖盱全：《全球共治的多种制约因素》，载《决策与信息》2011 年第 8 期。

际化流动及其在全球层面导致的安全风险。[①] 如果传统治理方式能够有效提升转基因食品安全水平、防范与遏制转基因食品安全风险,那么也无全球治理必要。[②] 转基因食品安全全球治理的依据有三:包括食品安全在内的国际社会相互依存度的提升是转基因食品安全全球治理立足的前提;食品及其安全的国际化是食品安全全球治理的充分条件;传统治理方案的有限性或无效性是刺激食品安全治理从国别到区域合作进而迈向国际合作和全球治理的必要条件。[③] 在当今国际贸易中,转基因食品也早已开始了国际化管理,同时也受制于各国国内的食品安全国际战略的博弈。[④]

尽管包括中国在内的传统农业大国可以实现粮食的自给自足,但这样战略实现成本过高。由于分工合作的效率需要,基于国际竞争的比较优势,及国内粮食生产与储备在特定时间内短缺的不可预测性,[⑤]因此,各国的食品安全都必然包括两个部分:一部分是自给自足;另一部分则是充分利用国际市场调剂。各国粮食安全的战略是不尽相同的,是指上述两者之间的比例是不相同的。

我国长期以来的粮食安全战略基本建立在基本自足、国际市场进行补充性调剂的理念上。[⑥] 利用国际市场保障本国粮食安全是几乎所有国家的通常做法,这种做法为包括食品在内的粮食全球化流动提供了可能。国际物流技术的发展以及全球范围的逐利追求,两者的合力使食品的全球化流动成为强有力的现实运动。[⑦]

---

① 参见张彩霞:《食品安全的全球治理框架简介》,载《医学与法学》2013 年第 5 期。

② 参见钟声:《食品安全呼唤"全球治理"》,载《人民日报》2013 年 2 月 21 日,第 5 版。

③ See Fern Wickson, *Do We Care About Synbiodiversity? Questions Arising from an Investigation into Whether There are GM Crops in the Svalbard Global Seed Vault*, Journal of Agricultural and Environmental Ethics,2016.

④ See Xue D. Yuan & Tisdell C. ,*Safety and Socio-economic Issues Raised by Modern Biotechnology*, International Journal of Social Economics, p. 699 – 708.

⑤ See Kristian Høyer Toft,*GMOs and Global Justice: Applying Global Justice Theory to the Case of Genetically Modified Cropsand Food*,Agric Environ Ethics,2012.

⑥ 黄晖、曾文革:《入世后我国粮食安全立法的反思与未来战略》,载《农业经济问题》2013 年第 1 期。

⑦ Reinhard Burger、吴慧雯:《食品安全无国界,建立"食品安全联动机制"迫在眉睫》,载《生命与灾害》2011 年第 6 期。

前已述及,现阶段的食品安全是一个相对安全的概念。① 食品安全的相对性既受到科学技术发展的差异影响,又受到国别地域的差异影响。这就产生了食品安全标准和准入尺度的冲突:在一国被认为存在风险的转基因食品在其他国家则被认为是等同于传统食品的安全的食品。在国际贸易的推动下,这些转基因食品可能流通到认定其为安全食品的国家,从而导致长期的、潜伏的食品安全问题。②

转基因食品在欧洲是被严格控制的,在许多欧洲国家都开展过多次公投,许多民众都不希望转基因食品广泛的流通。③ 转基因食品的安全问题是一种科学技术问题,而科学技术问题则是一个动态发展、因地适宜的问题。因此,有必要在全球层面建构标准,而非依赖各个国家单独颁布不同的转基因食品安全标准,从而确保转基因食品安全是一个全球性的食品安全问题,并体现出治理方案的综合性和系统性,从而彰显治理效果。④ 传统国别治理模式建立在个别国家食品安全的观念上,这种预防与治理模式的思路是相对偏狭的,甚至将转基因食品安全的风险转嫁到外部,风险仍然存在。只有在全球层面进行转基因食品的安全性治理,才能真正消除转基因食品安全对各个国家的威胁。⑤

二、国际软法

转基因食品软法有很大部分是由实体性标准构成。也就是说,转基因食品安全国际软法向食品经营者提供最优设置或者说实体性指标,其主要的指导对象是转基因食品可追溯链条中的组织,包括转基因生物技术试验者、研发者、生

---

① 参见王苇航:《"马肉风波"呼唤食品安全监管全球治理》,载《中国财经报》2013年2月28日,第8版。

② 参见涂永前:《食品安全的国际规制与法律保障》,载《中国法学》2013年第4期。

③ See George M. Chryssochoidis, Olga C. Kehagia & Polymeros E. Chrysochou, *Traceabiliy: European Consumers' Perceptions Regarding Its Definition, Expectation and Differences by Product Types and Importance of Label Schemes*(Mar. 3, 2018), http://www.researchgate.net/publication/23510171.

④ See Mariana Sandu, *Traceability Requirements to Ensure People's Food Security*, Public Security Studies, Vol. 4.

⑤ See Lekha Laxman & Abdul Haseeb Ansari, *GMOs, Safety Concerns and International Trade: Developing Countries' Perspective*, Journal of International Trade Law and Policy, Vol. 10.

产者、初级生产者以及可追溯链条上的相关其他组织或服务提供者。① 此类软法数量相对庞大,主要涵摄转基因食品的具体安全标准、风险预测与检测方法、内部管理体系设计等。最主要目的是围绕转基因食品经营者行为设定限度以防范风险,②要求各国对食品经营者行为设定限度以防范风险,要求各国在转基因食品经营者作为的上限和不作为的下限两个问题上达成共同标准,形成人类应对食品安全风险的共同抵御型规范。③

另一部分食品安全国际软法涉及管控程序及其操作流程,既包括政府监管部门与第三方监管机构(认证机构、行业组织等)的监管行为,也包括食品经营者对转基因食品各项流程的自控行为。④ 其涵盖风险分析、转基因食品进出口认证与检验、转基因食品溯源、转基因食品安全事故预防与处理、信息交流、信息披露、监管能力等各方面的程序规范等,是经过各国丰富实践的检验获得的技术性操作规程,供各国政府、主管部门、食品工业界、零售商及消费者更广泛地应用和了解。⑤

当然,很多转基因食品安全国际软法兼具实体性与程序性的内容。无论如何,除了有关监管权配置与监管职责、战略性、宣誓性的转基因食品安全国际软法之外,其他软法也可能存在大量技术性规范。⑥ 这是因为转基因食品安全监管原本就需要强大的技术后盾,CAC⑦、ISO 也是应此需要而成立的极为重要的技术性组织,因而相比其他国际软法次级体系,食品安全监管国际软法体系拥

---

① 参见徐崇利:《全球治理与跨国法律体系:硬法与软法的"中心—外围"之构造》,载《国外理论动态》2013 年第 8 期。

② Maria W, *Risk Regulation and Deliberation in EU Administrative Governance GMO Regulation and its Reform*, European Law Journal, 2015.

③ 参见韩永红:《论食品安全国际法律规制中的软法》,载《河北法学》2010 年第 8 期。

④ See W. Gruissem, *Crop Biofortification-GMO or Non-GMO*, Journal of Biotechnology, 2010.

⑤ 参见江虹:《国际食品法典标准的趋同——兼论我国食品安全标准体系的应对》,载《湘潭大学学报(哲学社会科学版)》2016 年第 1 期。

⑥ 参见林婧、曾文革:《食品安全监管国际软法体系探析》,载《中南大学学报(社会科学版)》2015 年第 2 期。

⑦ 食品法典委员会的标准通常以协商一致的方式通过,各国自愿遵守该标准。虽然该组织有投票规则,但通常并不适用。在投票的情形下,由在场国家的多数票通过决定。并且,在科学和其他因素在该组织决策过程中的影响的声明中,如果各成员就保护公共健康的必需水平问题达成一致,但在其他问题上意见不同,一个成员可以不接受相关标准,但也不必阻止相关决定的通过。

有相当大比重的技术性规范。

因此,在诸如CAC、FAO等国际软法中设置转基因食品可追溯标准是最为简便的做法[①],这也符合《TBT协定》前言中援引其他国际标准的要求。虽然这些所谓的国际软法并不存在直接法律约束力(legally binding force),但能够产生实际效力(practical effect),并为国际社会广泛遵循,有时其影响力甚至大于国际硬法。[②]

如前所述,在国际转基因食品可追溯能力领域存在大量的国际法律规则缺漏。一方面是因为转基因可追溯能力领域涉及的产业链的深入性,而且很多领域还涉及高精尖的自然科学领域。[③] 另一方面,国际法律规则本身发展缓慢,这些法律滞后于实践的情形在国际转基因食品领域尤为突出。国际转基因食品可追溯领域客观上形成了更多、更突出的规则缺漏,秩序建构和维持非常困难,而这也为国际软法提供了生长环境。因此,转基因食品可追溯能力相关国际软法在功能上发挥着国际法渊源的作用。[④] 例如,WTO等政府间国际组织出台的有关转基因食品可追溯能力的行动指南或行动建议,以及非政府间国际组织有关转基因食品安全的决议、宣言或声明等,对国际转基因食品可追溯领域的规范、指导和发展起到了规则支撑作用。[⑤]

另外,国际软法相比传统国际法律规则具有相当的优越之处。[⑥] 指导转基因食品可追溯能力的规则应当具备如下特征:一是针对性强;二是更新速度块;三是技术含量高。传统的国际规则却表现出相反的特质:高度抽象性;存在太多不确定性或需要解释的地方;针对性不强;为保证规则自身安全,它的形成、发展和验证有一个较长的周期、传统国际法律规则更多追求正义、效

① 参见江虹:《国际食品法典标准的趋同——兼论我国食品安全标准体系的应对》,载《湘潭大学学报(哲学社会科学版)》2016年第1期。

② 参见曾文革、林婧:《论食品安全监管国际软法在我国的实施》,载《中国软科学》2015年第5期。

③ 参见夏春利:《论建构主义维度的国际软法研究及其方法论建构》,载《东南学术》2014年第2期。

④ 参见何志鹏、尚杰:《国际软法的效力、局限及完善》,载《甘肃社会科学》2015年第2期。

⑤ 参见曾文革、孙健:《WHO食品安全事故管理制度探析》,载《重庆大学学报(社会科学版)》2017年第3期。

⑥ See Andrew T. Guzman & Timonthly L. Meyer, *International Soft Law*, Journal of Legal Analysis, Vol. 2, p. 171 -225.

率、价值等[①]。转基因食品安全可追溯性问题则需要高度量化的技术指标或标准。

因此,某种程度上可以认为,国际软法在转基因食品可追溯领域不只发挥其独特作用,而且更发挥着不可替代的主要作用——没有国际软法,传统的国际法律规则将在建构转基因食品可追溯标准上困难重重。[②] 综上所述,在转基因食品可追溯能力标准建构上,国际软法被确立为国际法渊源有其内在的理据和现实之必要。

三、WTO 争端解决机制与食品安全国际标准

1. WTO 争端解决机制中援引转基因食品可追溯能力技术标准的缘由

WTO 争端解决机制作为一个自给自足的国际组织内部的机制之一,主要适用的是 WTO 相关法律规范。[③] 但在解决与食品安全相关的争端过程中,WTO 争端解决机制之所以援引 WTO 规则之外的与食品安全相关的国际软法,主要有以下几个原因:首先,转基因食品安全问题的特殊性。[④] 其次,转基因食品可追溯"硬法"的局限性。[⑤] 最后,WTO 功能的专业性。WTO 作为全球最大的多边贸易组织,主要功能在于监督、管理和执行多边或双边贸易协定以促进贸易自由化,并不在于出台与贸易有关但却需要以高度专业的科学研究为构建基础的国际标准。[⑥] 因此,将此项任务交由专业的国际组织也更加符合效率要求。故而适用软法来解决 WTO 食品贸易争端、转基因食品可追溯能力标准等问题实为必然。[⑦]

---

① See Xue D. Yuan & Tisdell C. , *Safety and Socio-economic Issues Raised by Modern Biotechnology*, International Journal of Social Economics, p. 699 – 708.

② 参见何志鹏:《逆全球化潮流与国际软法的趋势》,载《武汉大学学报(哲学社会科学版)》2017年第4期。

③ See Perdikis et al. , *Reforming the WTO to Defuse Potential Trade Conflicts in Genetically Modified Goods*, World Economy, Vol. 24, p. 379 – 398.

④ 参见王海峰:《论国际经济合作领域中的"软法"现象》,载《国际贸易》2007年第5期。

⑤ 参见王海峰:《论 WTO 的硬法约束与软法治理》,载《世界贸易组织动态与研究》2011年第6期。

⑥ 参见王海峰:《论国际软法与国家"软实力"》,载《政治与法律》2007年第4期。

⑦ 参见贺小勇:《WTO 裁决执行与否的法律机理》,载《法学》2015年第3期。

2. WTO 争端解决机制中援引转基因食品可追溯能力技术标准的法律依据

依据 WTO《关于争端解决规则与程序的谅解》(DSU)、《技术性贸易壁垒协定》(TBT 协定)第 2 条等以及 DSB 相关司法实践①,WTO 争端解决机制中可适用的国际软法主要包括两类:一类是 WTO 之外的国际组织(如国际食品法典委员会与国际标准化组织)制定的转基因食品可追溯能力相关软法,如 2003 年国际食品法典委员会(CAC)制定的《食品卫生通则》(Recommended international Code of Practice General Principles of Food Hygiene)等。另一类是 WTO 管辖机构制定的食品安全相关软法。② 例如,2000 年 SPS 委员会制定的《推进 SPS 协定第 5.5 条实施的指南》(Guidelines to Further the Practical Implementation of Article 5.5)、WTO 法律事务司会同秘书处各机构编写的《WTO 分析索引:WTO 法律和实务指南》等。③

---

① 参见蒋新苗:《DSU 补偿措施的革新路径》,载《中国法学》2004 年第 4 期。

② See Fern Wickson, *Do We Care About Synbiodiversity? Questions Arising from an Investigation into Whether There are GM Crops in the Svalbard Global Seed Vault*, Journal of Agricultural and Environmental Ethics, 2016.

③ See WTO, WTO analytical index, Guide to WTO Law and Practice, http://www.wto.org/english/res-e/booksp-e/analytic-index-e/analytic-index-e.htm.

第四章 《TBT 协定》下构建转基因食品可追溯能力技术标准之困境与突破研究

在《TBT 协定》中构建转基因食品可追溯能力标准条款后，就会产生如何具体适用及适用中遇到困境的问题。如前所述，应用转基因食品可追溯问题的关键点在于成本与技术两个方面。[①]而在具体适用上又会遇到各国可追溯技术标准差异、适用范围界定、举证责任、例外条款使用等问题。除此之外，本章将对 WTO 争端解决中适用转基因食品可追溯能力国际软法之成效与不足进行讨论，并试图找出解决这一问题的途径。设置技术标准过程中的权利导向转变、技术合作、国际组织的多形式合作与开放性平台这三种方式将是可能的突破口。

第一节 构建《TBT 协定》转基因食品可追溯能力技术标准困境

一、《TBT 协定》下构建转基因食品可追溯能力技术标准难点

由于 WTO 争端解决机制具有强制性，裁决一旦作出，便对

---

① Kristian Høyer Toft. See GMOs & Global Justice, A*pplying Global Justice Theory to the Case of Genetically Modified Crops and Food*, Journal of Agricultural and Environmental Ethics, 2012, p. 233 – 237.

相关成员方产生法律约束力。① 在判决案件的过程中，如果援引了国际软法，是否会对最终裁决的权威性、公平性、法律约束力产生影响，各方对此态度不一。② 基于转基因食品可追溯能力国际软法的软法性、WTO 争端解决机制的准司法性等特点，转基因食品可追溯国际软法在 WTO 争端解决中进行援引产生的争论主要表现在以下几个方面。

（一）转基因可追溯技术标准与各国国内法之差异

2018 年 7 月 25 日，欧盟最高法院裁定，有争议的新一代食品基因工程技术应接受欧盟的安全检查，出售应加标识。在一项具有里程碑意义的裁决中，欧洲法院（European Court of Justice）证实，修改植物或动物细胞中遗传物质的新技术——所谓的“转基因 2.0”（GMO 2.0）——必须接受与现有转基因食品（GMOs）同样的安全检查，以确定对环境和人类健康的影响。伦敦的分子遗传学家麦克·安东诺博士认为，欧洲法院忠于科学而不是游说，他认为基于基因组编辑的新的诱变技术，是基因改造的过程，从这些过程中获得的产品必须接受转基因风险评估并加以标记。欧洲法院认为，新的诱变技术带来的风险可能与旧式转基因方法带来的风险一样巨大。因此，从这些新技术中获得的生物体必须服从于转基因监管体系。欧洲地球之友③的食品和农业活动人士缪·斯金姆认为，这些新的“转基因 2.0”基因工程技术必须经过充分的测试，才能投放到乡村和我们的食物中，并对这一具有里程碑意义的裁决表示欢迎，这项裁决挫败了生物技术产业把不受欢迎的转基因产品推向我们的田地和餐盘的最新尝试。④

生物技术产业一直在争辩，“新转基因”食品和作物不应受制于现有的欧盟安全和标签法规。因此，这样的裁决无疑维护了欧盟的食品安全和可追溯性标

---

① See Chapter 20. 3 Coverage, from Petros C. Mavroidis, *The Law of the World Trade Organization* (*WTO*) *Documents*, Cases & Analysis, Second Edition, WEST, p. 630.

② See Elizabeth McLeod, *The Difficulty with Traceability and GMO Labeling in the Soybean Industry*, feedandgrain. com, 2013.

③ 国际地球之友认为：转基因生物对生物多样性、地方和土著社会的生计及人类健康的影响可能包括直接、间接和长期的影响，社会经济因素可能成为限制或禁止转基因生物的措施的基础。

④ See Europeans and Biotechnology in 2002, Eurobarometer 58.0, *A Report to the EC Diretorate General for Research from the Project "Life Sciences in European Society"* QLG7 - CT - 1999 - 00286.

准,如果裁决中有任何含混不清之处,这些标准将受到威胁。欧盟和国家的立法者现在需要确保所有新的转基因产品都得到充分的检验,他们还必须支持我们迫切需要的小规模、自然友好型农业。[①] 欧洲企业观察组织的农企活动家尼娜·霍兰德认为这一判例对环境、农民和消费者来说是一个巨大的胜利。它阐明了欧盟决策者必须确认这些新技术的产品是否存在潜在的食品安全和环境风险,并确保这些产品被正确标记为转基因生物。大型农业综合企业公司将继续在布鲁塞尔游说以逃避欧盟对新转基因生物的安全规定,但今天的裁决毫无疑问:基因编辑的产品受欧盟现有转基因生物规则监管。CRISPR 技术[②]绝不是有"安全使用历史"的,在这次试验中使用的植物无疑是转基因生物。比利时当局应采取相应行动,停止这次试验。欧盟国家普遍认为,基因组比人类以前认为的要复杂得多——它更像是一个生物超级计算机,所有的基因工程技术都会带来意想不到的改变和无法预测的现实影响,而这项裁决将确保他们若用于我们的田地里和食品中,将受到详细的安全检查、监控并具有可追溯性。[③]

WTO 规则的模糊性造成了争端各方在转基因食品可追溯能力方面适用国际软法的模糊性与效力的软弱性。[④] 尤其对发展中国家来说,要求其国内转基因食品可追溯能力标准完全符合国际标准显然是不合理的。GATT 第 20 条允许成员方实施虽然偏离 WTO 有关规定,却为"保护人类、动物或植物的生命安全或健康所必需"的食品安全保障措施,但《TBT 协定》同时要求各国的食品安全保障措施必须以相关国际标准为依据。

---

① See Xue Dayuan, Lin Yanmei & Tisdell C., *Conflicts abouts Global Trad in GMOs: General Issues and Chinese Case Studies*, in Tisdell C., Sen R. K. & Economic Globalisation: Social Conflicts, Labour and Environmental Issues, Edward Elgar, UK. USA, p. 314 – 335(2004).

② CRISPR (Clustered Regularly Interspersed Short Palindromic Repeats)是细菌用来抵御病毒侵袭/躲避哺乳动物免疫反应的基因系统。科学家们利用 RNA 引导 Cas9 核酸酶可在多种细胞(包括 iPS)的特定的基因组位点上进行切割、修饰。而 CRISPR-Cas9 是继锌指核酸酶(ZFN)、ES 细胞打靶和 TALEN 等技术后可用于定点构建基因敲除大、小鼠动物的第四种方法。

③ See Maria W., *Risk Regulation and Deliberation in EU Administrative Governance—GMO Regulation and Its Reform*, European Law Journal, No. 5, 2015, p. 622 – 640.

④ See Perdikis et al., *Reforming the WTO to Defuse Potential Trade Conflicts in Genetically Modified Goods*, World Economy, Vol. 24, Blackwell Publishers Ltd., p. 379 – 398.

《TBT 协定》第 12 条规定："不应期望发展中国家成员采用不合适其发展、财政和贸易需要的国际标准作为其制定自己的技术规章或标准的基础，并应适时制定对发展中国家成员有特殊利益的产品的国际标准。"

这一条款暗指了即使发展中国家其国内的转基因食品可追溯能力技术标准不符合国际软法，WTO 也应该充分考虑发展中国家的现实情况与利益，不应不顾及其特殊国情，强令其依循国际软法来制定相关国内法；①同时，转基因食品可追溯能力国际软法的制定并不应意味着一味迎合发达国家的转基因食品可追溯技术标准，而应该同发展中国家现实的发展水平相称，②不应对发展中国家提出跨越式的提升转基因食品可追溯能力的建设要求而迫使其与发达国家标准协调意志，因为这样容易激化 WTO 转基因食品贸易争端解决中国际软法适用的矛盾。③ 在欧共体石棉案中，上诉机构试图协调上述新的平衡方法与传统的方法。④ 对于上诉机构来说，各种因素的平衡在一定程度上决定了有关措施是否与 WTO 规则一致或是否是对贸易限制最少的替代措施。⑤

韩国牛肉措施案中发展出的新的平衡测试，"未能完成的风险"可按照以下两个标准予以分析：措施所保护的价值和政策的重要性以及特定措施对所追求的目的的影响。正如韩国牛肉措施案和欧共体石棉案所暗示的，必须测试一定程度上平衡了各种因素，也可说是一种成本/收益分析。考虑到监管失灵产生的潜在成本，就可以理解上述措辞了。换句话说，考虑未能完成的风险是平衡测试，或者说是成本/收益分析的一部分。成本/收益分析一般来说将因为风险的小概率而认为该风险是不重要的，从而不以此计算成本。并且，如果认为该条款下的必须测试是一种相称测试，在严格的意义上，将分析成本是否与收益不相称，风险的可能性和重要性是一个重要因素。

---

① See Hudec, Robert E., *GATT/WTO Constraints on National Regulation: Requiem for an Aims and Effects Test*, 32 International Lawyer 619, 1998, p. 619 – 649.

② See Rober Hudec & Like Product, *The Differences in Meaning in GATT Article* I *and* III, in Thomas Coottier and Petros Mavroidis eds., Regulatory Barriers and the Principle of Non-Discrimination in World Trade Law, University of Michigan Press, 2000, p. 103.

③ See Xue D Yuan & Tisdell C., *Safety and Socio-economic Issues Raised by Modern Biotechnology*, International Journal of Social Economics, 2010. 27 (16): 699 – 708.

④ See Appellate Body Report, EC-Asbestos, para. 187.

⑤ See Appellate Body Report, EC-Asbestos, para. 80.

我们注意到,在乌拉圭回合谈判的末期,《TBT 协定》草案第 2 条第 2 款下有一个脚注,“本条款意在保持法规和合法目标未能实现可能造成的风险间的相称”。[①] 虽然该脚注以及有关相称的规定最终消失了,但秘书处有关 1993 年脚注的结论是很有趣的:

“有关标准的文本中对贸易限制最少的替代措施的规定意味着,这些标准应当对贸易限制最少。在涉及技术性贸易壁垒的情形下,有关限制的程度应当与合法目标未能实现的风险相称。在有关卫生与植物卫生措施的情形下,因为对健康风险的评估已经反映在适当的保护水平上了,缔约方应采取限制最少的措施来达到适当的保护水平。”[②]

《TBT 协定》第 2 条第 2 款和 GATT 第 20 条的另外一个重要区别就在于前者并没有对所涉及的情形予以限制规定,一项技术法规只要是合法的,就符合《TBT 协定》,而 GATT 第 20 条并非如此。并且,上诉机构认为:

“在韩国牛肉措施案中,我们暗示了以下这点,决定一项措施是否与 WTO 规则一致,在一定程度上取决于该措施是否对所欲实现的目标有贡献。并且,我们注意到,所追求的共同利益或价值越基本或越重要,所采取的措施越容易被认为是必需的。[③] 在该案中,所欲实现的目的是保护人类生命和健康,所采取的措施是排除或减少对人类健康造成威胁的石棉纤维。所追求的价值是极端重要和基本的。那么剩下的问题就是,是否存在比禁止更好的措施能达到同样目的,且对贸易限制更少。”[④]

考虑到法国所确定的保护水平,并且保护人类健康是极端重要和基本的,在欧共体石棉案中,上诉机构认为:“那么剩下的问题就是,是否存在比禁止更好的措施,能达到同样目的,且对贸易限制更少。”[⑤]

上述思路产生了怎样的影响,这一点并不清楚,但专家组或上诉机构应当对所涉及措施的价值的重要性和合理性作出评估。在韩国牛肉措施案中,上诉

---

① Document TER/W/16 and corr. 1.

② Document TER/W/16 and corr. 1.

③ Appellate Body Report, EC-Asbestos, para. 100; Appellate Body Report, Korea-Various Measures on Beef, para. 137.

④ Appellate Body Report, EC-Asbestos, para. 172.

⑤ Appellate Body Report, EC-Asbestos, para. 172.

机构对不合理或不真实的政策目标问题有所涉及：

"……出于控制相同的不法行为的考虑，对同类或至少相似的产品采取上述措施，就产生了该措施是否与 WTO 规则一致，是否客观必需的疑问。① 我们认为韩国并没有试图建立一个完全防止有关零售牛肉产地欺诈问题的体制。完全防止欺诈很可能需要完全禁止进口。所以我们认为，韩国实际上只是想减少有关零售牛肉产地欺诈的案件数量。"②

在一定程度上，欧共体石棉案以及韩国牛肉措施案为 GATT 第 20 条明确了一种平衡测试或者说相称测试的方式。需要注意这一点，GATT 第 20 条、《TBT 协定》第 2 条第 2 款，以及《SPS 协定》第 5 条第 6 款中的必需测试的措辞都是很相似的。

一个 WTO 成员可以采取有关健康的措施，即便基于存在争议的观点或者少数观点，只要这个观点来源是合格的和受尊重的即可。③ 并且，如果有关风险和追求的价值是基本和重要的。也就是说，风险对生命造成了威胁，构成了对公共健康和安全的清楚和迫切的威胁，那该观点就应当引起足够的重视。④ 因此，如何确定《TBT 协定》下的转基因食品可追溯能力技术标准具有相当的难度。

（二）适用范围界定困局

在乌拉圭回合有关卫生和植物卫生措施的问题上，⑤WTO 将一些功能性的

---

① Appellate Body Report, Korea-Various Measures on Beef, para. 172.

② Appellate Body Report, Korea-Various Measures on Beef, para. 178.

③ See Jenks Wilfred, *The Conflict of Law-Making Treaties*, 30 British Yearbook of International Law, 1953, p. 401.

④ See Steven P. Croley & John H. Jackson, *WTO Dispute Procedures, Standard of Review, and Deference to National Governments*, American Journal of International Law, 1996, p. 201.

⑤ DSB 在适用软法裁决转基因食品贸易争端时，由于规定本身的疏漏以及对发展中国家保护的不足，仍会引发争端当事国的分歧。其一，上述国际软法均为涉及等效资格的再评估和撤销等后续问题。进口国授予出口国等效资格后，对进口产品的检验职责便由进口国移交到了出口国或第三方。一旦出口国或第三方监管事务或疏于监管，进口国很大可能无法及时查询，从而在事实上降低了进口国所设定的转基因食品可追溯水平。在这种情况下，由于相关规则未就 TBT 措施等效资格再评估所应考虑的因素和资格撤销的条件作出规定，这就很容易造成涉及相关问题的转基因食品贸易争端只能依赖 DSB 自由裁量的局面，进一步加深争端各方的分歧。其二，出口国必须提供充分的科学证据来证明本国的转基因食品贸易限制措施已经达到进口国所要求的适当保护水平，但即使是在经济平等和往来密切的贸易伙伴之间，想要获得对方的等效认可都是很难达成的，更遑论各方面条件处于劣势的发展中国家。因此，存在相关软法的适用是否公正合理的问题。

国际组织定义为准立法机构(quasi-legislative authority)。[①] 那么,准立法机构的含义是什么呢?

上述国际组织建立的有关人类、动物和植物健康的标准,按照各自国际组织的章程,是没有法律约束力的。[②] 然而,《SPS 协定》第 3 条第 1 款这样规定:"各成员的卫生与植物卫生措施应根据现有的国际标准、指南或建议制定,除非本协定、特别是第 3 款中另有规定。"[③]

按照《SPS 协定》,WTO 成员的卫生和植物卫生措施如果与国际标准、指南或建议一致,那也被视为与《SPS 协定》和 GATT 的有关规定相一致。[④] 在欧共体荷尔蒙案中,上诉机构认为,《SPS 协定》第 3 条第 1 款中的"基于"(based on)和第 3 条第 2 款中的"一致"(in conformity with)含义不相同。"基于"的含义仅仅是起源于相关的国际标准、指南或建议,对各成员而言,具有显著的灵活性。[⑤] 同时,在撤销了专家组的主张之后,上诉机构发现《SPS 协定》第 3 条第 2 款作了上述规定,但并没有建立相反的法律上的假定。专家组的错误在于认为不符合国际标准的措施就不符合《SPS 协定》。

所以,虽然食品法典委员会、国际兽疫组织和《国际植物保护公约》秘书处并不是通常或者完全意义上的立法机构,但它们制定的文件也具有一定的效力,因为它们制定了指导各成员行为的标准。[⑥] 从这个意义而言,它们制定的标准具有如下作用:各成员的措施只要符合了上述规则,就几乎不会被认定为违反 WTO 协定。

正如上文提到的,《SPS 协定》要求各成员将其本国标准基于或者符合上述

---

① 在《SPS 协定》附件 A 有关"国际标准"的定义中,将食品法典委员会、国际兽疫组织和《国际植物保护公约》秘书处认定为准立法机构。

② See Grossman Gene M. & Elhanan Helpman, *Interest Groups and Trade Policy*, Princeton University Press, 2003. p. 390 – 392.

③ Hoekman, Bernard & Petros C. Mavroidis, *Law and Policy in Public Purchasing: The WTO Agreement on Government Procurement*, The University of Michigan Press, 1997, p. 145.

④ 参见《SPS 协定》第 3 条第 2 款。

⑤ 在欧共体荷尔蒙案中,上诉机构撤销了专家组认为的"基于"和"一致"含义相同的主张。See Appellate Body Report, *EC-Measures Concerning Meat and Meat Products* ("*EC-Hormones*"), WT/DS26/AB/R, WT/DS48/AB/R, adopted 16 January 1998, para. 165.

⑥ See Xue D Yuan & Tisdell C., *Safety and Socio-economic Issues Raised by Modern Biotechnology*, International Journal of Social Economics, 2010, p. 699 – 708.

国际组织制定的标准。但《SPS 协定》第 3 条第 3 款也规定了特定情形下的例外:在符合规定的情形下,各成员可以采用或维持更高保护水平的卫生与植物卫生措施。在大多数食品安全争端中,被告方都适用了上述条款为自己辩护。[①]总之,这是一个应用了从属原则的精妙体制,在允许成员自治的同时,也施加了一定的限制。

《TBT 协定》第 2 条第 2 款要求技术法规的实施国"考虑目标未能实现可能造成的风险",并指出"在评估此类风险时,考虑的因素特别包括可获得的科学和技术信息、有关的加工技术或产品的预期最终用途"[②]。该要求强调成员国为保护合法目的采取的措施应具有充分的依据,并尽量保证措施的实施具有预期目标上的有效性,即降低措施的实施效果偏离预定目标的风险。[③] 所以,《TBT 协定》也并不鼓励偏离国际标准。[④]

上述条款在欧共体沙丁鱼贸易标注案中得以阐释,[⑤]该案有关就防腐沙丁鱼建立的共同市场标准的欧共体法规规定,只有一种叫作皮尔查德斯(Sardina pilchardus Walbaum)的鱼类能够被称为"沙丁鱼"(sardines)。而秘鲁出产和出口一种叫作萨格斯(Sardinops sagax)的鱼类,这两种鱼类是不相同的,但有若干相似点,前者出产于大西洋的东北部和地中海,后者出产于东太平洋。食品法典委员会的沙丁鱼标准农产品标准分类第 94 号(Codex Stan 94)将前一类鱼称

---

① 由于 DSU 对举证责任没有规定,在美国羊毛衫案中,上诉机构认为主张事实的一方有义务提供证据,不管是原告还是被告,而且举证责任也适用于提出特定控告或辩护的当事人,不论是控告方还是辩护方。上述规则体现于国际法院的实践,英美法系、大陆法系国家也都这样做。See Appellate Body Report, *United States-Measures Affecting Imports of Woven Wool Shirts and Blouses*, WT/DS33/AB/R, adopted 23 May 1997, p. 14.

② See Agreement on technical barriers to trade, Article2: Preparation, Adoption and Application of Technical Regulations by Central Government Bodies, "2.2... inter alia: available scientific and technical information, related processing technology or intended end-uses of products".

③ See Agreement on technical barriers to trade, Article2: Preparation, Adoption and Application of Technical Regulations by Central Government Bodies, "2.2... Such legitimate objectives are, inter alia: national security requirements; the prevention of deceptive practices; protection of human health or safety, animal or plant life or health, or the environment".

④ 《TBT 协定》第 2 条第 4 款要求各成员使用国际标准作为其技术法规的基础,除非国际标准对达到其追求的合法目标无效或不适当。

⑤ Appellate Body Report, European Communities-Trade Description of Sardines ("EC-Sardines"), WT/DS231/AB/R, adopted 26 September 2002.

为“沙丁鱼”，但允许其他鱼类，例如萨格斯沙丁鱼，被称为“某沙丁鱼”，但以不误导消费者为前提。①

专家组认为，农产品标准分类第 94 号是《TBT 协定》第 2 条第 4 款所指的“相关的国际标准”。而欧共体认为，只有经过协商同意，一项标准才能被认定为“相关的国际标准”，而专家组并没有证明这一点。② 这个问题有关《TBT 协定》附件 1 第 2 条对“标准”的定义，定义仅要求标准应“经公认机构批准”，并没有协商一致的条件，并且该定义的解释性说明还规定：“国际标准化团体制定的标准是建立在协商一致基础之上的。本协定还涵盖不是建立在协商一致基础之上的文件。”上诉机构接受了专家组的观点，认为第 2 句话旨在说明标准不见得必须经过协商一致的程序。③ 其实，专家组和上诉机构对上述解释性说明逻辑上的自相矛盾避而不谈：如果标准必须建立在协商一致的基础上，那任何没有建立在协商一致基础上的文件就不是标准了。但为了使第 2 句话有效，也就是出于有效解释的考虑，专家组和上诉机构的结论是合适的。总之，《TBT 协定》中的“国际标准”既包括建立在协商一致基础上的国际标准，也包括没有建立在协商一致基础上的国际标准，这样定义颇为多余。

对于 WTO 的各成员来说，上述结论产生了微妙、复杂的影响。各成员将发现他们不接受的标准或者说拒绝了的标准将作为一个参考因素，按照《TBT 协定》第 2 条第 4 款，具有一定的法律后果。

《TBT 协定》第 2 条第 4 款要求各成员将相关的技术标准作为其技术法规的基础。在欧共体沙丁鱼贸易标注案中，欧共体认为本组织法规基于农产品标准分类第 94 号，因为法规中有关沙丁鱼的定义采纳了国际标准的内容。在欧共体看来，上述事实表明了技术法规与国际标准间的合理联系，符合第 2 条第 4 款的规定。

而上诉机构以《SPS 协定》第 3 条第 1 款中“基于”的含义为依据，重申了欧共体荷尔蒙案的观点，最终否定了欧共体的上述观点。首先，上诉机构对专家组引用欧共体荷尔蒙案观点的做法表示同意，该标准必须成为该法律的主要组

---

① See Josling et al. , *Food Regulation and Trade*, Institute for International Economics, 2004.

② See Appellate Body Report, Australia-Salmon, para. 223.

③ See Appellate Body Report, EC-Sardines, para. 222.

成部分、基本准则(当一项标准如果作为一项技术法规的基本要求时)。[①] 其次,上诉机构分析了秘鲁争议的措施和农产品标准分类第94号中的相关内容。《TBT协定》第2条第4款要求各成员使用国际标准或其中的相关部分作为其技术法规的基础,上诉机构认为,如果一项标准和一项法规彼此矛盾,那么前者不能成为后者的基础。农产品标准分类第94号的相关部分并没有将"沙丁鱼"仅限于皮尔查德斯沙丁鱼,允许其他鱼类在注明产地国的情况下,以"某沙丁鱼"的名称标注;而欧共体法规将"沙丁鱼"仅限于皮尔查德斯沙丁鱼。所以,欧共体法规和农产品标准分类第94号是彼此矛盾的,欧共体法规没有以农产品标准分类第94号为基础。[②]

然后上诉机构分析欧共体是否可以援引《TBT协定》第2条第4款中的例外规定。第一个问题是哪个成员承担构成例外的举证责任。在这个问题上,上诉机构重申了欧共体荷尔蒙案确立的规则:如果一个条款是例外规定,那么举证责任不见得由被告方承担,由此否定了专家组的观点。[③] 上诉机构在这个问题上的态度体现了纯粹的法律现实主义观点:上述规则并不是一般规定和例外规定的关系,而只是对各成员技术法规予以有限地规范而已。在这样的逻辑下,应当由起诉方证明对方违反了该法律规则,包括例外情形的不存在。[④]

所以,上诉机构认定《TBT协定》第2条第4款的前半部分和后半部分之间并不是一般规则和例外规定的关系,秘鲁应承担证明欧共体违反该条的责任,包括农产品标准分类第94号没有作为欧共体法规的基础、农产品标准分类第94号对于欧共体通过欧共体法规达到其所追求的合法目标是有效和适当的。由于《TBT协定》对各成员国内法规施加了诸多限制,出于平衡的考虑,由起诉方承担举证责任也在意料之中。

对于1994年以前的情势,以及《TBT协定》《SPS协定》调整范围之外的问题,应当适用GATT予以规范,而GATT并没有规定一定要适用国际标准。但

---

① See Appellate Body Report, EC-Sardines, para. 243.

② 有关这个问题的详细论述,参见王贵国:《世界贸易组织法》,法律出版社2003年版,第517~520页。

③ See Appellate Body Report, EC-Sardines, para. 274.

④ See Appellate Body Report, *United States-Import Prohibiton of Certain Shrimp and Shrimp Products* ("*US-Shrimp*"), WT/DS58/AB/R, adopted 6 November 1998, p. 141.

是,GATT 第 20 条(b)项中的对贸易限制最少的替代措施要求以及第 20 条前言中的善意要求,可能会要求成员在采取单边措施之前先考虑相应的国际标准或区域标准。在第二次美国虾和虾制品进口限制案中,上诉机构认为:

"很清楚,从长远来说,多边方式是非常合适的。GATT1994 第 20 条所允许的临时措施也以多边形式实施为宜。为了避免出现第 20 条前言中的'任意或不合理的歧视',最好也缔结多边协定。我们认为,在本案中并没有这样的要求。"①

由此可见,各成员采取的措施如果符合了相关的国际标准或区域标准,应认为符合了第 20 条的善意要求。②

(三)举证责任

只有在一项措施违反了 GATT 实体规定时,才存在适用 GATT 第 20 条例外条款的可能。《TBT 协定》和《SPS 协定》的规定与此不同,它们都直接规定了对贸易限制最少的要求,而不是在一项措施违反实体规定之后才涉及对贸易限制最少的要求。按照 GATT,被告方证明措施是 GATT 第 20 条(b)、(d)项中的对贸易限制最少的替代措施。而按照《TBT 协定》和《SPS 协定》,被告方承担同样的义务,而原告承担案件成立的义务。所以,一项措施是卫生与植物卫生措施,或者是《TBT 协定》中的技术法规、技术标准,或者是 GATT 第 20 条中的措施(如为了保护环境而采取的措施),对于原、被告而言,是不同的。③

在上诉机构看来,专家组应当仅依据争端方的主张和证据材料作出裁判,而不应自行发展出新的主张,这也可以理解为对专家组裁判职能事实上的限制。④ 上诉机构重申了欧共体荷尔蒙案的观点,认为需要在主张(claims)和观

① Appellate Body Report, *United States-Import Prohibition of Certain Shrimp and Shrimp Products-Recourse to Article* 21. 5 *of the DSU by Malaysia*["*US-Shrimp*(*Article* 21. 5 *DSU*)"], WT/DS58/AB/RW, adopted 21 November 2001, p. 124.

② See Appellate Body Report, US-Shrimp(Article 21. 5 DSU), p. 130 – 131.

③ See Robert Howse & Petros C. Mavroidis, *Europe's Evolving Regulatory Strategy for GMO-The Issue of Consistency with WTO Law*: *Of Kine and Brine*, 24 Fordham International Law Journal 317, 2000, p. 324.

④ See Robert Howse & Petros C. Mavroidis, *Europe's Evolving Regulatory Strategy for GMO-The Issue of Consistency with WTO Law*: *Of Kine and Brine*, 24 Fordham International Law Journal 317, 2000, p. 324.

点(arguments)之间作出区分:[①]

“对于专家组所拥有的参考资料范围之外的法律主张(legal claims),专家组是受到约束的。但是,DSU并没有限制专家组自由使用任何一方所提交的观点(arguments),以供法律推理之用,来支持自己的调查结果和结论。但按照DSU第11条,如果专家组的法律推理受限于争端各方所提出的观点,那专家组未必可以对所涉及的问题作出客观评估。”[②]

而WTO的司法实践越来越多地采纳专家意见[③],确保了WTO裁决的透明度、合理性与执行力。这种参考专家意见或其他外部观点的做法,即表明了争端解决的复杂性质,[④]也产生了以下影响:第一,国家间争端解决掺入非政府因素,私人经济实体(如转基因食品供应商、可追溯技术服务机构)对争端解决也将产生影响。[⑤] 第二,争端解决的内容是商业涉密的,但如今可能需要公开、透明进行分析、实验等,泄露途径增多,并具有相关的法律合理性。[⑥] 第三,WTO争端解决的中立性与DSU第13条体现的纠纷问责之间的冲突和协调问题。第四,既需迅速解决贸易背景下转基因食品可追溯争端,但同时也需要对高成

① 在WTO争端解决机制中,尽管通常情况下“违法之诉”的举证责任在申诉方,但WTO规则关于举证责任的规定尚不够明晰,如何确定相关国内措施是否符合食品安全国际软法的举证责任时常引发各国争议。在荷尔蒙案中,在裁定欧盟有关美国和加拿大输入激素牛肉的禁令不符合相关国际软法的同时,就转基因食品安全国际软法使用过程中的举证责任问题,上诉机构推翻了专家组的裁定,认为欧盟食品安全保障措施是否合乎国际标准的举证责任在于申诉方,而不在于选择和实施高于国际标准的食品安全保障措施的应诉方。由于举证责任归属的认定或多或少都会受到专家们自身价值取向和利益权衡等主观因素的影响,如果没有明确的举证责任规则,则容易导致争端方的分歧。

② Appellate Body Report, EC-Hormones, para. 156.

③ 其中,应当由专家组任命最好的专家,主要的选择标准是专业性和中立性,专家组不应当轻易接受对拟任命专家的反对;在涉及复杂科学问题的案件中,专家组中应当有科学家作为专家组成员;让相关的国际组织提供专家名单是合适的方式,或者可以让争端方各自任命一名专家,让这两名专家构成一个专家小组;专家组在需要的时候,可以任命较多的专家构成专家小组,必要的时候,可以任命经济学家作为专家。虽然WTO的条约主要规定任命专家小组,但任命个人专家还是比较合适的方式;如果任命的是专家小组,他们的工作程序应更具有灵活性。

④ 争端解决涉及一系列参与者:专家组、上诉机构、争端方和第三方、争端方任命的专家和专家组的专家、WTO内的技术实体和政治实体、法庭之友和其他国际组织。总的来说,各参与者之间的相互影响,对于争端解决有益。

⑤ See Vos. E., *Institutional Frameworks of Community Health and Safety Legislation—Committees, Agencies and Private Bodies*, Hart Publishing, 1999.

⑥ See Robert Howse & Petros C. Mavroidis, *Europe's Evolving Regulatory Strategy for GMO-The Issue of Consistency with WTO Law: of Kine and Brine*, Fordham International Law Journal, 2000, p. 324.

本的技术问题进行法律分析,这往往需要很多研究咨询与时间成本。①

DSU 中的时间限制应该予以适当延长(在寻求专家意见的情况下)。依据 DSU 第 13 条,专家组可以向其他的国际组织甚至国际裁判机构寻求意见,这也可以在一定程度上避免国际法的碎片化;专家组甚至可以依据该规定,向上诉机构寻求意见,②同样的,上诉机构可以将专门的转基因可追溯案件退回专家组,并要求专家组完成对实质问题的事实考查,以避免因事实不充分情形导致上诉机构不能对专业案件加以裁判。③

(四)例外条款之模糊性

《TBT 协定》第 2.4 条对成员国国内转基因食品可追溯能力背离国际标准更为宽容,只要相关国际标准由于涉及基本气候、地理因素或基本技术等原因而对实现合法目标来说显得无效或不当,成员国便可以不予依照。

这种例外在为转基因食品可追溯能力技术标准的适用增加不确定性的同时,各争端当事国可援引此例外条款为自己高于或低于《TBT 协定》所述国际转基因食品可追溯技术标准的转基因食品可追溯能力措施进行辩护。④ 在荷尔蒙案中,欧盟甚至拒不履行 DSB 裁决,反而执意继续研究并依据新获得的证据于 2003 年发布新禁令,美国和加拿大则继续对欧盟出口采取报复措施,并由此导致 2008 年相关当事方再度恳请 WTO 解决争端。⑤

除此之外,WTO 成员承诺消除贸易保护主义措施,倡导自由贸易。与此同

---

① Bartels, Lorand, *Article XX of GATT and the Rules of Public International Law on Extraterritorial Jurisdiction: The Case of Trade Measures for the Protection of Human Rights*, Journal of World Trade, 2002, p. 352.

② 在获取专家意见的时候,专家组应当确保争端方和专家之间的信息对称,为了做到这一点,争端方和专家都应该提交所有的研究结果和所依据的证据材料,在专家组和专家之间也应该保持知识水平的大致相等。

③ 专家组应更好地处理不一致的专家意见,即便专家意见是少数观点,但只要是确定的,那也应成为采取措施的依据,DSU 中的行为准则、选择专家和获取专家意见的方式应当确保专家组所任命的专家和专家意见的质量;并且,举证责任和审查标准在专家组处理不一致的专家意见问题上,也提供了一定的方法。

④ 例如,在相关国际标准对本国有利时将其作为本国转基因食品可追溯能力措施的制定依据,对本国不利时便找寻各种理由将其摒弃在外,这也是实践中常可看到的做法。即便 DSB 已经作出裁决,相关当事方还可以为自己不符合国际标准的转基因可追溯措施继续寻求科学依据,以获得 WTO 对其重新认可。

⑤ Blanca Salas Ferer, The European Commission's GMO Opt out for Member States A WTO Perspective, EJRR, 2016. 1.

时,WTO 也具有一定的规范国际贸易的能力,规范措施未必以保护主义为目的,在实施中却有可能对贸易造成消极影响。① 如何平衡,这是需要权衡的问题,在美国虾和虾制品进口限制案②中,上诉机构认为在自由贸易原则之外,应该允许一定的例外以维护成员主权。③ 由此可见,在组织和成员之间,WTO 作出了一定的权力分配,而且权力分配有其特点。④

二、构建《TBT 协定》转基因食品可追溯能力技术标准对策研究

(一)设置技术标准过程中的权利导向转变

1. 表决机制

相较于其他表决机制,协商一致能够在一定程度上阻止发达国家将国际组织作为更具合理性的输出其本国国际贸易政策的工具。⑤ 这具体表现为在 WTO 的协定和争端解决实践中适用的国民待遇原则、对贸易限制最少的替代措施规则、比例规则和平衡规则等一系列规则。⑥ 协调意味着同类化,而非一致化,是获取规则措施的近似值。⑦ 例如,国际食品法典委员会便采取以多数表决制为最后手段的协商一致的表决机制。

2011 年《食品法典委员会程序手册》(Codex Alimentarius Commission

---

① See Hans-Joachim Priess & Christian Pitschas, *Protection of Public Health and the Role of the Precautionary Principle under WTO Law:A Trojan Horse Before Geneva's Walls*? Fordham International Law Journal, 2000.

② United States-Import Prohibiton of Certain Shrimp and Shrimp Products, WT/DS58.

③ 有关 WTO 例外条款的详情,参见陈卫东:《WTO 例外条款解读》,对外经济贸易大学出版社 2002 年版,第 195 ~ 352 页。

④ 可以这么认为,WTO 通过争端解决机构的裁判活动,对所追求或倡导的价值予以肯定性的评价,具体表现为允许各成员基于公共健康、环境保护等原因采取或维持一定的贸易限制措施,而对它不赞成的价值予以否定性评价,表现为撤销各成员的国内措施。其实,上述为 WTO 倡导或者否定的价值未必有很大的差别,但处境却迥然不同,从这个角度而言,WTO 也带有一定的歧视或者说区分的作用。

⑤ 在协商过程中,各国可以采取欧洲开放式协调方法。在差异难以调和的情况下,不能凭借外力强行达成一致,而应当吸纳更多的主体进入政策制定过程,加强彼此间的合作,降低交易成本,进行评估和监督,逐步实现相关领域实践和程序的趋同。

⑥ See Joel P. Trachtman, *The Domain of WTO Dispute Resolution*, Harvard International Law Journal, 1999, p. 333.

⑦ 参见龚向前:《国际食品标准的法律地位——兼评我国〈食品安全法〉相关条款》,WTO 法与中国论坛暨中国法学会世界贸易组织法研究会 2009 年年会论文。

Procedural Manual)第二十版第一章规则七第2条规定：食典委应为通过或修订标准达成协议作最大努力。只有当协商一致的努力不能奏效时，才可以投票方式决定标准是否通过或修订。[①]

此外，为确保技术标准国际软法(例如，《TBT 协定》下有关转基因食品可追溯能力技术标准)之公正性，透明度原则应当作为评审专家参与制定转基因食品可追溯能力标准相关国际软法的基本指导原则。

2. 事后救济

对《国际食品法典》条文中所提到两点：一、成员国参与制定国际标准(例如，《TBT 协定》下有关转基因食品可追溯能力技术标准)并不代表其在国际标准制定完成后必须表决通过以遵守它；二、各会员国通过其相关国内措施来体现意志的协调，参照国际标准(例如，《TBT 协定》下有关转基因食品可追溯能力技术标准)的程度取决于各国不同的国情。这也是考虑到发达国家凭借其在转基因食品贸易领域技术、资金等方面的巨大优势，力促高水平食品安全保障标准的生成，提升其在转基因食品出口因可追溯能力技术标准而提升的出口竞争力[②](反言之，发展中国家受制于经济、技术水平，若照搬发达国家国内的转基因食品可追溯国际标准则会导致出口锐减)，同时提高门槛，限制对发展中国家转基因食品的进口；[③]由此可见，国际贸易背景下的转基因食品贸易需要更多的资金来平衡各国转基因食品可追溯能力技术标准的建设。[④]

3. 各国对国际软法造法的权力比重

2003年，国际粮农组织与市委组织部为参与发电项目和法典信托基金

---

① 参见张浚：《"开放式协调方法"和欧盟推进全球治理的方式：以援助政策为例》，载《欧洲研究》2010年第2期。

② See George M. Chryssochoidis, Olga C. Kehagia & Polymeros E. Chrysochou, *Traceability: Eauopean Consumers' Perceptions Regarding its Definition, Expectations and Differences by Product Types and Importance of Label Schemes. 98th EAAE Seminar "Marketing Dynamics within the Global Trading System*, New Perspectives" China, Crete, Greece as in 2006.

③ See Xue D Yuan & Tisdell C., *Safety and Socio-economic Issues Raised by Modern Biotechnology*, International Journal of Social Economics, 2010, p. 699 – 708.

④ See Peel Jacqueline, Nelson Rebecca & Godden, *Lee: GMO Trade Wars: The Submissions in the EC-GMO Dispute in the WTO*, Melbourne Journal of International Law, Vol. 6:1, p. 141 – 166(2005).

(Codex Trust Fund),向符合条件的国家提供诸多技术与法律支持,[①]并致力于提升发展中国家对国际软法造法功能的实际参与。[②]《TBT 协定》第 12.5 条鼓励和促进发展中国家积极参与有关国际组织规则的制定。[③]《与实施 WTO 协定有关的问题和关注的决定》第 14 条强调提升发展中国家更有效的参与与未来多边贸易谈判的能力。[④] 在这个方面,中国也迈出了积极主动的一步,2007 年中国取代荷兰(1963~2006 年)担任国际食品法典农药残留委员会(CCPR)[⑤]的主席国,今后还将继续努力争取引领转基因食品安全国际标准制定的方向,并组织发起有关转基因食品可追溯能力安全议题。因此,转基因食品可追溯能力技术标准应在国际软法造法中建立。

(一)技术合作

1. 技术援助

发达国家之间转基因食品可追溯能力技术措施的等效性认定相对成熟,面对发展中国家对等效判定制度法律实施可能产生的质疑,需要进一步调动各方面力量确保等效性规则的实施效果。[⑥] 并且,不能简单地以技术本身去衡量国

---

① 向符合条件的国家提供以下支持:为加入法典委员会做准备并参加相关会议;参加法典培训课程以更好地参与法典会议,并提交相关数据。

② 参见廖丽:《"一带一路"争端解决机制创新研究——国际法与比较法的视角》,载《法学评论》2018 年第 2 期。

③ 参见陈亚芸:《转基因食品国际法律冲突协调——试析国际组织"软法"的作用》,载《西部法学评论》2014 年第 5 期。

④ 参见国际食品安全当局网络(INFOSAN),INFOSAN 2009 年 3 号情况说明——《WHO 全球食品安全战略》的实施,参见 http://www.who.int/topics/food_safety/infosan_archives/zh/,最后访问日期:2018 年 9 月。

⑤ 参见 http://www.fao.org/fao-who-codexalimentarius/meetings-reports/en/,国际食品法典农药残留委员会(Codex Committee on Pesticide Resicues,CCPR)是国际食品法典委员会(Codex Alimentarius Commission,CAC)下属的 10 个综合主题委员会之一,也是 CAC 重点关注的委员会。CCPR 制定的农药残留限量法典标准几乎涉及所有种植、养殖农产品及其加工制品,经 CAC 审议通过后,成为被世界贸易组织认可的涉及农药残留问题的国际农产品及食品贸易的仲裁依据,对全球农产品及食品贸易产生着重大的影响。

⑥ See G. Lewis & J. Abraham, *The Creation of Neo-liberal Corporate Bias in Transnational Medicines Control; The Industrial Shaping and Interests Dynamics of the European Regulatory State*, European Journal of Political Research, 2001, p. 53 - 80.

内措施与国际标准吻合程度。[①]世界卫生组织的《全球食品安全战略》(2002 年发布)也提及世界卫生组织将对发展中国家提供技术和科技知识培训,协助他们获得用于危险性评价分析所需的资料。[②③] 同时,国际组织还鼓励各国达成关于 SPS 措施等效制度的双边或多边协议。[④]

2. 第三方之举证权限

除了技术援助之外,《TBT 协定》并没有对证据问题作出任何特别规定,也没有涉及如何处理科学证据不充分情形的问题。但《TBT 协定》第 2 条第 2 款要求措施产生的限制作用不得超过必需限度,表明确实存在必需性的问题,即科学证据事宜或可从该规定找到依据。但也有可能发生科学证据不充分或者没有的情形,对此问题的处理和《SPS 协定》规定相似。[⑤]

在 WTO 争端解决机制中,适用国际软法来处理转基因可追溯能力技术标准分歧时,也有赖于包括专家审议小组与法庭之友在内的第三方举证权限。[⑥]如欧共体沙丁鱼贸易标准案中,上诉机构支持专家组所认定的、秘鲁提供的充分的证据和法律意见来证明联合国标准并非对实现欧共体规则的合法目标是"无效的或不适当的"。[⑦] 从对专家审议小组职权范围的分析可以看出,WTO 贸易争端中某些问题的解决依循"专家治理"。该路径的执行必须以专家选任的中立性、代表性、广泛性为前提,明确专家的举证责任与权限,并在必要时赋

① 《与实施 WTO 协定有关的问题和关注的决定》第 3.5 条。这说明相关分歧的弥合不仅依靠发达国家对外技术援助,还应充分重视国际组织在相关领域所能发挥的积极作用。第 3.6 条则强调了国际组织和金融机构以及发达国家对发展中国家有关转基因生物安全的技术和财政援助。

② 参见世界卫生组织:全球视频安全战略(2002)。

③ See S. Krapohl, *EU's Risk Regulation between Interests and Expertise: The Case of BSE*, Journal of European Public Policy, 2003, p. 189 - 207.

④ 美洲农业合作机构(Inter-American Institute for Cooperation on Agriculture, IICA)于 2009 年发布《对发展食品检验卫生等效措施技术援助》(Technical Assistance for Developing Equivalent Sanitary Measures for Food Inspection),目的在于帮助一些国家和公司达到产品进口国转基因食品安全保障措施的等效性标准。

⑤ 参见那力、何志鹏、王彦志:《WTO 与公共健康:一个世界性的前沿话题》,载《中州学刊》2006 年第 1 期。

⑥ See Perdikis et al., *Reforming the WTO to Defuse Potential Trade Conflicts in Genetically Modified Goods*, World Economy, Vol. 24. Blackwell Publishers Ltd. (2001), p. 379 - 398.

⑦ 参见余敏友、席晶:《论 WTO 争端解决机制中的证据规则》(下),载《法学评论》2003 年第 6 期。

予其实质性判决的权力。① 尤其应当注意的是,DSB 应保证此一系列过程的透明度,其有义务阐明专家选任及专家意见被采纳的理由,并专家审议小组承担答复争端各方直接质询的义务。②

对于非政府间组织(NGO)等法庭之友是否可以介入 WTO 有关转基因可追溯能力技术标准的争端解决,其出具的意见是否可以被 DSB 采信并作为裁判的依据,国际社会各执一词。赞成派认为:NGO 的参与将强化 WTO 的决策能力,增强 WTO 的合法性和公众参与性,增强对跨国利益的关切程度。③ 反对派则认为:NGO 的参与可能导致决策制定过程被特殊利益集团控制,许多 NGO 缺乏合作性,大多数关注环境或劳工等议题的 NGO 可能损害发展中国家的利益,违反了 DSU 规则中关于争端解决诉讼过程的保密性要求等,给国家造成额外的诉讼负担,降低案件的裁决效力。④

虽然 WTO 协定未对法庭之友在争端解决中的地位和作用作出明确规定,但从司法实践来看,从荷尔蒙牛肉案到海虾/海龟案件,再到钢铁公司补贴案等案件中不难发现,DSB 对法庭之友介入 WTO 争端解决机制的态度从完全拒绝到有权予以考虑接受再到甚至允许国内 NGO 提交法庭之友陈述之转变。⑤ 在履行保密等义务的前提下,DSB 初步开放法庭之友参与争端解决的态度是显而易见的,也有其合理性。⑥ 特别就科技领域较强的转基因食品可追溯能力技术标准等问题而言,DSB 应当有条件的允许法庭之友向其提供不同于成员

---

① 参见余敏友、席晶:《论 WTO 争端解决机制中的证据规则》(上),载《法学评论》2003 年第 5 期。

② See *WTO Dispute* (*Request for Consultations*) *Involving SPS*, *Other official Documents*, http://www.wto.org/english/tratoP_e/sPs_e/s Ps_e.htin#docements.

③ See Perdikis et al., *Reforming the WTO to Defuse Potential Trade Conflicts in Genetically Modified Goods*, World Economy, Vol. 24, Blackwell Publishers Ltd. (2001), p. 379 – 398.

④ 参见黛布拉·斯蒂格主编:《世界贸易组织的制度再设计》,汤蓓译,上海人民出版社 2011 年版,第 302 ~ 304 页;Daniel Pruzin, *WTO Members Charge Link Between Amicus Brief*, *Confidentiality Breach*, World Trade Report, 2001, p. 567.

⑤ 参见方媛:《WTO"法庭之友"陈述证据可采性规则研究》,安徽财经大学 2018 年硕士学位论文,第 13 ~ 31 页。

⑥ 参见杜玉琼:《论 WTO 争端解决机制的透明度——以"法庭之友"制度为视角》,载《社会科学研究》2013 年第 2 期。

政府的事实证据或法律分析，[①]增加调查转基因食品可追溯问题的资源，加强WTO争端解决机制民主性基础，避免贸易法庭对有关科技问题作出草率裁决。[②]

例如，在欧共体石棉案中，加拿大对法国有关石棉产品的禁令起诉，专家组支持了法国的做法，上诉机构维持了专家组的裁决。[③] 具体而言，上诉机构认为加拿大的主张是对专家组评估和掂量证据的自由裁量权的质疑，并认为专家组在对证据的理解上仍然在合理的范围内。[④]

第二节 WTO争端解决与转基因食品可追溯国际软法研究

转基因食品安全国际软法在WTO争端解决机制中的适用促进了转基因食品安全案件的快速处理，也强化了转基因食品安全国际软法的效力。当然，其也存在一些难以逾越的障碍。

一、WTO争端解决中适用转基因食品可追溯能力国际软法之成效

转基因食品安全国际软法通过在WTO框架下的适用，特别是WTO争端解决机制中的适用，产生了如下突出的成效：

第一，强化了转基因食品安全国际软法的约束力。[⑤] 转基因食品安全国际

---

① 在此基础上，DSB有必要制定一套法庭之友的认证程序，将可接受的法庭之友的陈述来源限定为经过WTO认证的符合公正性和独立性要求的国际组织，而非国内组织，并且DSB应将是否接受法庭之友陈述的理由公之于众。

② See Ernesto Hernandez-Lopez, *Recent Trends and Perspective for NON-State Actor Participation in World Trade Organization*, Journal of World Trade, Vol. 35, 2001, p. 495.

③ 鼓励法庭之友为发展中国家提供举证援助，协助其在应对食品贸易争端时收集并及时提交有力证据，以避免因争端方经济、科技实力悬殊造成发达国家国内产业利益对DSB裁决公正性的干扰。对发展中国家而言，应当认清WTO争端解决机制逐步接纳法庭之友意见的现实，扶持NGO、产业联盟或专家学者等，以期其在WTO转基因食品贸易争端解决中发挥法庭之友的积极功效，促进争端的公正性解决。

④ See Elizabeth McLeod, *The Difficulty with Traceability and GMO Labeling in the Soybean Industry*, feedandgrain. com; Fort Atkinson, Jun. 7, 2013.

⑤ See Xue Dayuan, Lin Yanmei & Tisdell C., *Conflicts abouts Global Trad in GMOs: General Issues and Chinese Case Studies*, in Tisdell C., Sen RK, Economic Globalisation: Social Conflicts, Labour and Environmental Issues, Edward Elgar, UK, USA, 2004, p. 314 - 335.

软法通过在 WTO 争端解决中的援引，形成具有约束力的裁决报告，从而强化了转基因食品可追溯能力国际软法的效力，迫使各个主权国家对食品安全国际软法采取更加严格和认真的态度。①

第二，提高了争端解决的效率。因为转基因食品可追溯能力国际软法规定了许多 WTO 法律框架和其他国际组织没有规定的内容。② 专家小组认为依据国际标准的措施等同于符合标准的措施，即转基因食品安全国际软法，从而快速解决当事方的贸易争端，保障了国际贸易的顺利进行。③

第三，助推了 WTO 转基因食品可追溯能力案件裁决的公信力。作为一个贸易组织，WTO 法律框架多为保障贸易便利化的规定，缺少专业化的规则。④ 然而，由于转基因食品可追溯问题的复杂性和专业性，WTO 在处理转基因食品安全案件中大量援引国际软法中有关转基因食品安全的专业性、技术性的标准或规范，将大大提升其裁决的公信力，便于其裁决的执行。⑤

二、WTO 争端解决中适用转基因食品可追溯能力国际软法之不足

WTO 争端解决机制在适用转基因食品可追溯国际软法的过程中，还存在

---

① 自美国影响酒类饮料的措施案以来，在美国汽车税案（GATT Panel Report, United States-Taxation on Automobiles, DS31/R, 11 October 1994）中，提出了著名的“目标和影响”措辞，但并没有通过专家组报告。在日本酒类税案（Appellate Body Report, Japan-Taxes on Alcoholic Beverages, WT/DS8/AB/R, WT/DS10/AB/R, WT/DS11/AB/R, adopted 4 October 1996）中，上诉机构否定了“目标和影响”的分析方式，声称将不考虑立法的目的。虽然日本酒类税案是按照 GATT 第 3 条第 2 款作出裁决的，但在第三次欧共体香蕉案中，在分析 GATT 第 3 条第 4 款的时候，上诉机构看起来不再分析所谓的“监管目的”问题，认为在分析 GATT 第 3 条第 4 款时，不再分析 GATT 第 3 条第 1 款的“提供保护”的问题。在智利酒类税案中，却又重新分析“监管目的”问题。欧共体石棉案延续了智利酒类税案的做法。总之，“同类产品”和“监管目的”问题是相当复杂的。因此，可追溯问题将试图避免此类理念的差异而达到各国对待转基因食品立场相互平衡之目的。

② See Perdikis et al., *Reforming the WTO to Defuse Potential Trade Conflicts in Genetically Modified Goods*, World Economy, Vol. 24, Blackwell Publishers Ltd. (2001), p. 379 – 398.

③ See WTO Agreements and Public Health, A Joint Study by the WHO and the WTO Secretariat, Printed by the WTO Secretariat, 2002.

④ 参见田丰：《中国与世界贸易组织争端解决机制：评估和展望》，载《世界经济与政治》2012 年第 1 期。

⑤ See Perdikis et al., *Forming the WTO to Defuse Potential Trade Conflicts in Genetically Modified Goods*, World Economy, Vol. 24, Blackwell Publishers Ltd. (2001), p. 379 – 398.

以下问题,导致人们对 WTO 争端解决机构及其判决产生疑虑。①

第一,转基因食品可追溯相关的国际软法数量庞大,导致 WTO 争端解决机构任务繁重。由于各个国际组织制定了大量的转基因食品安全国际软法,而且这些转基因食品安全国际软法的表现形式各异,导致 WTO 争端解决机构在援引相关转基因食品安全国际软法的过程中,工作量巨大,给饱受诉累的 DSB 增加了更严峻的负担,这将延长其在判决案件过程中的时间性和准确性。②

第二,转基因食品安全国际软法的援引程序不透明。③ WTO 争端解决机制有严格的程序规定,这也是 WTO 争端解决机制获得较高国际认可度的原因。④但是,在 WTO 争端解决机制处理案件过程中,并没有适用相关国际软法明确的程序性规定,这也导致法律选择"黑箱操作"的可能性,进而影响案件判决结果的公信力与公正性。⑤

第三,转基因食品可追溯能力国际软法的援用存在选择性。WTO 争端解决机制处理案件的过程中,是否会选择转基因食品相关国际软法、选择哪个国际组织制定的国际软法以及选择的程度、是严格执行还是参照实施,这些问题直接关系到 WTO 判决的结果。

第四,援引国际软法消减了 WTO 争端解决的权威性。基于以上分析可知,WTO 争端解决机制中适用国际软法面临的最大问题是 WTO 判决公信力下降。试论,一个国际机构在不透明的情况下,运用不透明的程序、援引不透明的规

---

① See Jaye Ellis, *Shade of Grey: Soft Law and the Validity of Public International Law*, Leiden Journal of International Law, 2012, p. 313 – 334.

② 按照 DSU 第 12 条第 9 款,自成立专家组到散发报告,最长的期间是 9 个月。9 个月的期间包括争端解决机构成立专家组、指定专家组成员、各方评论中期报告、将最终报告翻译成 WTO 的 3 种官方语言等行为所需要的期间。实践中,专家组一般需要 5 个月的时间完成上述工作。在这方面,欧共体石棉案的专家组打破了纪录,争端解决机构在 1998 年 11 月 25 日成立了专家组,在 1999 年 3 月 20 日指定了专家组成员,在 2000 年 7 月 25 日发布最终报告给争端各方,在 2000 年 9 月 18 日散发报告给所有的 WTO 成员,期间约为 2 年。目前,专家组、上诉机构报告延期发布的情形日益增多。

③ See Xue D. Yuan & Tisdell C., *Safety and Socio-economic Issues Raised by Modern Biotechnology*, International Journal of Social Economics, 2010. p. 699 – 708.

④ 参见张湘兰、田辽:《WTO 争端解决机制中透明度问题研究》,载《武汉大学学报(哲学社会科学版)》2013 年第 3 期。

⑤ See Spencer Hensonl & Julie Casewell, *Food Safety Regulation: An Overview of Contemporary Issues*, Food Policy, 2002, p. 589 – 603.

则,其判决结果如何能够得到争端当事方的信服与遵守? 总之,在 WTO 争端解决机制中适用转基因食品可追溯能力国际软法,关键在于明确 WTO 适用转基因食品可追溯能力国际软法的程序、增强 WTO 争端解决机制透明度与判决案件的公信力。这样既有利于转基因食品可追溯能力贸易争端的解决,又有利于 WTO 的健康发展,同时还能够为国际软法的发展提供广阔空间。[①]

如前文所列举的,在 TBT 协定下构建转基因 IP 可追溯技术标准的难点在于:国际标准与各国国内法之差异,适用范围界定困局、举证责任、设置技术标准过程中的权利导向转变、技术援助、第三方之举证权限、国际组织的多形式合作等诸多方面。平衡这些国家有关转基因 IP 可追溯能力技术标准的差异、困局、技术援助、第三方举证、合作机制等各方面问题的主要途径在于构建一套成体系的国际转基因食品可追溯能力基金与制定相关公约,力图为转基因可追溯能力建设提供足够的经济支持与技术支持。同时就相关转基因食品可追溯制度下的赔偿责任机制进行研究,确定责任主体、赔偿主体。就相关问题,下一章节将进行进一步研究。

① See John,H. Jacksonect, *The Future of the WTO*, Published by WTO, 2002.

第五章 《TBT 协定》下转基因食品可追溯能力相关责任赔偿机制研究

在《TBT 协定》中构建转基因食品可追溯能力标准条款后，就会产生如何适用、争端解决与赔偿问题。如前所述，应用转基因食品可追溯问题的关键点在于成本与技术两个方面问题，通过基金解决成本与技术问题无疑是国际上通行的常用做法。① 除此之外，在适用上，如若产生了遵循转基因食品可追溯能力国际标准，但仍然导致损害赔偿的问题，也应一并在国际基金中得以解决。② 因此，构建转基因食品可追溯能力相对应的国际基金赔偿机制是突破转基因食品可追溯能力标准的根本问题所在。本章将就转基因食品可追溯能力构建与适用所需的国际基金赔偿机制作进一步研究。

转基因食品可追溯制度的研究具有绝对的中立性，在分析因转基因食品可追溯能力不健全所导致的财产损害赔偿问题时，总是涉及财产责任和自由市场之间的关系。如果给予高额

---

① See Kristian Høyer Toft. GMOs & Global Justice, *Applying Global Justice Theory to the Case of Genetically Modified Crops and Food*, Journal of Agricultural and Environmental Ethics, 2012, p. 223 – 237.

② See Perdikis Nicholas Shelburne, William A. Kerr & Hobbs Jill E, *Reforming the WTO to Defuse Potential Trade Conflicts in Genetically Modified Goods*, World Economy, Vol. 24, Blackwell Publishers Ltd., p. 379 – 398.

赔偿,就可能妨碍共同市场的顺利发展。① 具体到转基因食品领域,相应的财产责任规则反映了立法者试图平衡产品自由流通和财产赔偿间的关系。② 一方面,有观点认为转基因食品可追溯能力财产责任赔偿阻碍了转基因食品的研究、开发,并且各国在赔偿问题上规定的不同也可能削弱竞争,影响产品的自由流通,导致了不同的消费者保护水平;另一方面,使用转基因食品的消费者也要求转基因食品是安全的。③ 总之,这是两难选择。

第一节 转基因食品可追溯能力之财产损害赔偿机制

转基因食品可追溯能力出现瑕疵或断裂导致的无法追溯问责源头,而这又会产生进一步的不能及时召回存在问题的转基因食品、转基因可追溯能力不及所产生的环境与财产问题等。例如,一例转基因食品原本应该被强制识别,但由于不具备转基因可追溯能力而使这些本应标签而未标签的转基因食品下落不明或无法及时召回再次标签所产生的财产责任的情况。这些问题之责任主体一般为经营者或国家。④ 尤其在具备转基因可追溯能力技术贸易壁垒和国际相关基金的情况下,无论是否达到《TBT 协定》所设之标准,责任主体都为国家或经营者。但与此同时,赔偿主体却又区分为两种情况:一种是一国的转基因食品可追溯能力已经达到《TBT 协定》所设置的可追溯标准;另一种是一国的转基因食品可追溯能力未能达到《TBT 协定》所设置的可追溯标准。本章将就转基因食品可追溯制度下的责任主体和赔偿主体作进一步分析。

---

① See Dodge & William S., *Corporate Liability under Customary International Law*, Georgetown Journal of International Law, Vol. 43:4, p. 1045 – 1052(2012).

② See C. Joerges et al., *European Product Safety, Internal Market Policy and the New Approach to Technical Approximation and Standards*, EUI Working Papers, Department of Law, 1991, p. 39 – 42.

③ See C. Joerges et al., *European Product Safety, Internal Market Policy and the New Approach to Technical Approximation and Standards*, EUI Working Papers, Department of Law, 1991, p. 39 – 42.

④ See Fern Wickson, *Do We Care About Synbiodiversity? Questions Arising from an Investigation into Whether There Are GM Crops in the Svalbard Global Seed Vault*, Journal of Agricultural and Environmental Ethics, 2016, p. 787 – 811.

一、责任主体

责任和财产损害赔偿是国际转基因食品安全法律交易中最为薄弱的环节。转基因食品可追溯能力国际法体系并未完全成型,[①]甚至在以何种方式立法的问题上,国际社会目前尚未达成一致。但是,责任和财产损害赔偿无疑是国际食品安全法体系中最为重要的内容之一。[②] 因为缺少了责任和损害赔偿制度安排,其他机制的实施和受害人的食品安全权益将失去最关键的保障。[③]

如前所述,一旦在国际贸易领域,如《TBT 协定》中设置了有关转基因食品可追溯能力的标准后,出口国如果没有遵守《TBT 协定》中相关的 IP 可追溯或可追溯数据库要求,即会自动生成技术贸易壁垒。若出口国仍然进行出口所导致的损害则构成国际不当行为。[④]

(一)国际法律责任

1. 国际法律责任主体

国际法律责任是指国际法主体对其国际不当行为或损害行为所应承担的法律责任,[⑤]或者是指当国际法主体的行为违反国际法上的义务,或者给其他国际法主体的利益造成损害性后果时所必须承担的国际法上的责任。[⑥]

国际法律责任具有以下三方面特征:第一,国际法律责任的主体与国际法主体基本上是相同的。[⑦] 第二,国际法律责任的起因是国际不当行为或者损害行为。国际法律责任的概念较之传统的国际责任概念有了变化,将一般国际责任(不当行为的责任,也成为国家责任)和损害性后果的国际责任(国际损害行

---

① See Friedhelm Taube et al. ,*The Booklet "Genetically Modified Crops", Published from the German Research Foundation, Does Not Meet the Given Claim-Discussion Article*, Environmental Sciences Europe, 2011, p. 23.

② See Christopher P. Rogers, *Liability for the Release of GMOs into the Enviornment: Exploring the Boundaries of Nuisance*, Cambridge Law Juornal, 2003, p. 371 – 402.

③ See IISD, Earth Negotiation Bulletin, Vol. 9, p. 10.

④ See Lukas Kleppin, Gunther Schmidt & Winfried Schröder, *Cultivation of GMO in Germany: Support of Monitoring and Coexistence Issues by WebGIS Technology*, Environmental Sciences Europe, 2011, p. 23.

⑤ 参见梁西主编:《国际法》(第 2 版),武汉大学出版社 2000 年版,第 127 页。

⑥ 参见慕亚平等:《当代国际法论》,法律出版社 1998 年版,第 164 页。

⑦ See Zgaga Sabina, *Intoxication and Criminal Liability in International Criminal Law*, Journal of the Higher School of Economics, Vol. 2, p. 149 – 161(2014).

为的责任,也称国际损害责任)并列为国际法律责任,反映了国际责任理论和事件的发展。[①] 第三,国际法律责任的目的是要确定国际不当行为或损害行为所产生的法律后果。法律责任是一种以法律原则和规范为依据且具有强制执行性质的责任,国际法律责任要求国际责任主体从法律上承担起应承受的国际责任。[②]

国际法律责任的内容和规则经过了漫长复杂的发展过程。[③] 在较为早期的国际法理中,国际责任仅仅以国家责任的形式表现出来且主要限于国家违反有关外国人待遇方面的义务而产生的法律后果,如1930年海牙国际法编撰会议给国家责任下的定义:

"如果由于国家机关未能履行国家的国际义务,而在其领土内造成对外国人的人身或财产的损害,则引起了该国的国家责任。"[④]

联合国成立后,国际法委员会摆脱了传统国家责任的束缚,把国际责任扩展到一切国际不法行为的国际责任,包括一切国际罪行。1979年,国际法委员会拟定了《关于国家责任的条款草案》(第一部分的草案),[⑤]1980年国际法委员会第32届会议通过了第一部分,增加了三个条款。之后又陆续暂时通过了第二部分的条文草案,[⑥]并于1993年第45届会议上完成了第二部分的11个条文草案,全面规定了国家违反其所承担的国际义务时应承担的责任。但是,该条

---

① See Sundell Jordan, *Ill-Gotten Gains: The Case for International Corporate Criminal Liability*, Minnesota Journal of International Law, Vol. 20:2, p. 648-680(2011).

② See Van Sliedregt, *Elies the Curious Case of International Criminal Liability*, Journal of International Criminal Justice, Vol. 10:5, p. 1171-1188(2012).

③ See Kazemi Hamid, Mahmoudi Hadi & Golroo Ali Akbar, *Towards a New International Space Liability Regime Alongside the Liability Convention* 1971 55th *Colloquium on the Law of Outer Space*, Session 2: The Interaction between International Private Law and Space Law and its Impact on Commercial Space Activities,2012.

④ See Kazemi Hamid, Mahmoudi Hadi & Golroo Ali Akbar, *Towards a New International Space Liability Regime Alongside the Liability Convention* 1971 55th *Colloquium on the Law of Outer Space*, Session 2: The Interaction between International Private Law and Space Law and Its Impact on Commercial Space Activities,2012,p.166;梁西主编:《国际法》(第2版),武汉大学出版社2000年版,第129页。

⑤ 参见王铁崖、田如萱编:《国际法资料选编》,法律出版社1982年版,第47~55页。转引自慕亚平等:《当代国际法论》,法律出版社1998年版,第167页。

⑥ 参见中国国际法学会主编:《中国国际法年刊》(第1994年卷),法律出版社1994年版,第327页。转引自慕亚平等:《当代国际法论》,法律出版社1998年版,第167页。

文草案并非生效的国际公约,仅是对国际习惯规则的确认,有关国家责任的规定主要是通过国际法的形式表现,散见于相关的国际实践。[①]

第二次世界大战以来,国际社会经济和科学技术的快速发展,一方面给人类带来了巨大利益,另一方面也隐藏着高度的危险,如生物技术的发展及其运用、原子能的利用、航空航天、远洋石油运输、界河的开发利用、海洋资源的勘探和开采等活动,都可能对其他国家的国民生命、财产以及环境造成意外损害,引起国家之间的争端,这就要求国际法对有关问题作出新的规定。[②] 对此,国际法上发展出一种新的责任制度,即国际法未加禁止之行为引起损害性后果的国际责任——国际损害责任。[③] 联合国国际法委员会于20世纪70年代后期将"国际赔偿责任公约草案"列为编撰议程,经过十几年的艰苦工作,于1996年通过《国际法未加禁止之行为引起有害后果之国际责任条款草案》。[④] 之后,国际法委员会对该草案的"预防跨界损害"部分进行了进一步的修改和编撰,于1998年通过《国际法未加禁止之行为引起有害后果之国际责任条款草案(预防跨界损害部分)》。[⑤]

因此,可以就一国本应遵守而未遵守《TBT协定》下转基因食品可追溯能力技术标准时的强行出口,并导致损害的问题进行国际法律责任种类和财产责任赔偿的探讨。

2. 国际法律责任种类

由以上国际法律责任的历史发展过程可见,当今国际法上,国际法律责任

---

① See G. Norman & Joel P. Trachtman, *The Customary International Law Game*, 99 American Journal of International Law 541, 2005, p. 542.

② See Xue Dayuan, Lin Yanmei & Tisdell C., *Conflicts abouts Global Trad in GMOs: General Issues and Chinese case Studies*, in Tisdell C and Sen RK, Economic Globalisation: Social Conflicts, Labour and Environmental Issues, Edward Elgar, UK, USA, 2004, p. 314 - 335.

③ See *Van Sliedregt, Elies The Curious Case of International Criminal Liability*, Journal of International Criminal Justice, Vol. 10:5, p. 1171 - 1188(2012).

④ See Hariharan Arya, *India's Nuclear Civil Liability Bill and Supplier's Liability: One Step towards Modernizing the Outdated International Nuclear Liability Regime*, William & Mary Environmental Law and Policy Review, Vol. 36:1, p. 223 - 256(2011).

⑤ 参见王曦:《论"国际法未加禁止之行为引起有害后果之国际责任"》,载《社会科学》2006年第4期。

包括国际不当行为责任(或国家责任)和国际损害责任两种。[①] 国际不当行为责任是指国际法律责任主体所做的国际不当行为所引起的国际责任。[②] 某一行为是否构成国际不当行为,应视该行为是否具备两个要件,即主观要件和客观要件。[③] 具备主观要件和客观要件的行为构成国际不当行为,从而引起国际责任。国际不当行为的主观要件是指某一行为可归因于国家而构成该国的国家行为,一般包括国家本身的行为和可归因于国家的行为。[④] 国际不当行为的客观要件是指该行为违背了该国所承担的国际义务。[⑤] 所谓违背国际义务,是指一国的行为不符合国际义务对他的要求,该义务的来源可以是国际习惯法,也可以是国际条约或者其他国际法渊源。[⑥] 一般认为国际不当行为可分为一般的国际不当行为和国际罪行。[⑦] 在国际不当行为责任中,某国只要违反其国际义务即被认为存在客观上的过错,也就引起国际不当行为责任,[⑧]除非由于某些客观原因使行为的不当性被排除。[⑨]

国际损害责任,是指国际法主体从事国际法不加禁止的行为并产生损害性后果所承担的国际责任。[⑩] 国际法不加禁止的行为并不等于合法行为,这也是

---

① Smith, *Emerald:Lord of the Files: International Secondary Liability for Internet Service Providers Washington and Lee Law Review*, Vol. 68, Issue 3 (Summer 2011), p. 1555 – 1588

② 参见梁西主编:《国际法》(第 2 版),武汉大学出版社 2000 年版,第 130 页。

③ 有学者认为国际不当行为由两个要素构成,即可归因性和行为违背国际义务。参见王铁崖主编:《国际法》,法律出版社 1981 年版,第 124 页;1995 年版,第 139 页。

④ See Sundell Jordan, *Ill-Gotten Gains: The Case for International Corporate Criminal Liability*, Minnesota Journal of International Law, Vol. 20:2, p. 648 – 680(2011).

⑤ See Kazemi Hamid, Mahmoudi Hadi & Golroo Ali Akbar: *Towards a New International Space Liability Regime Alongside the Liability Convention* 1971 55th *Colloquium on the Law of Outer Space*, Session 2: The Interaction between International Private Law and Space Law and its Impact on Commercial Space Activities(2012).

⑥ See Zgaga Sabina:*Intoxication and Criminal Liability in International Criminal Law*, Journal of the Higher School of Economics, Vol. 2014: 2, p. 149 – 161 (2014).

⑦ See Sundell Jordan, *Ill-Gotten Gains: The Case for International Corporate Criminal Liability*, Minnesota Journal of International Law, Vol. 20:2, p. 648 – 680(2011).

⑧ 联合国国际法委员会《关于国家责任的条文草案》第三条"国际不当行为的要素":一国的国际不当行为在下列情况下发生:(1)由于某一行为或不行动而构成的行为按国际法规定可归囚于该国;(2)该行为构成违背该国的国际义务。

⑨ 联合国国际法委员会《关于国家责任的条文草案》第 5 章第 29 ~ 32 条规定:同意、对抗措施和自卫行为、不可抗力和偶然事故、危难和紧急状态下可排除行为不当性。

⑩ 参见吉敏丽:《国际法学》,兰州大学出版社 2006 年版,第 69 页。

国际法委员会所持的观点。委员会在编撰《国际法未加禁止之行为引起有害后果之国际责任条款草案》时,对该种责任的定义有各种主张,其中有人主张"合法行为责任",国际法委员会未采纳此种建议。① 因为造成域外损害的国际法不加禁止的行为是否合法是有争议的,而且一种行为是否合法往往不是固定不变的。② 同时,国家在从事此种行为时,如果造成了跨国性损害后果,行为本身就含有违法的成分,而不可能是合法行为责任,只是这种行为的违法性没有不当行为责任那么直接、明显。③ 也就是说,追究国际损害责任时,直接针对的是"损害结果"而非行为的"违法性"。④ 因此,就未达到《TBT 协定》下转基因食品可追溯能力技术标准而进行的强行出口的行为应被视为国际损害责任。

(二)国际法律责任立法

根据相关国际法律文件的规定,国际损害责任依照其承担主体的不同,可以分为以下三种体制:

(1)国家专属责任体制。责任主体是国家,主要涉及由国家本身或其他国家实体从事的活动,有些情况下也包括非政府团体和私营实体从事的活动,它们所引起的国际责任完全由国家来承担。⑤ 例如,1972 年《空间物体造成损害的国际责任公约》规定,国家对无论是国家机关还是非政府团体发射的空间物体造成的损害均承担绝对的赔偿责任。⑥

---

① See Hariharan Arya, *India's Nuclear Civil Liability Bill and Supplier's Liability: One Step towards Modernizing the Outdated International Nuclear Liability Regime*, William & Mary Environmental Law and Policy Review, Vol. 36:1, p. 223 – 256(2011).

② See Kim Jung-Eun, *Implications of Current Developments in International Liability for the Practice of Marine Geo-Engineering Activities*, Asian Journal of International Law, Vol. 4:2 p. 235 – 260(2014).

③ See Smith, Emerald: Lord of the Files: International Secondary liability for Internet Service Providers Washington and Lee Law Review, Vol. 68, Issue 3 (Summer 2011), p. 1555 – 1588.

④ 参见慕亚平、郑艳:《国际损害责任的性质和法理基础》,载《法学评论》1998 年第 2 期。

⑤ See Kazemi Hamid, Mahmoudi Hadi & Golroo Ali Akbar, *Towards a New International Space Liability Regime Alongside the Liability Convention* 1971 55th *Colloquium on the Law of Outer Space*, Session 2: The Interaction between International Private Law and Space Law and its Impact on Commercial Space Activities(2012).

⑥ See Saxler Barbara, Siegfried Jule & Proelss Alexander, *International Liability for Transboundary Damage Arising from Stratospheric Aerosol Injections Law*, Innovation and Technology, Vol. 7:1, p. 112 – 147(2015).

(2)双重责任体制。[①] 国家与经营者共同承担赔偿责任,主要见于民用核活动领域。[②] 由于核或用核造成的损害性后果往往会特别严重,仅仅由经营者来承担损害赔偿责任不足以补偿实际损害,因此,有必要由经营者及其所属国共同对损害承担赔偿责任[③]。例如,1963 年《关于核损害民事赔偿责任的维也纳公约》规定了核活动造成的损害原则上由经营者承担赔偿责任,但实际损害超出经营者责任限度时,则由国家承担剩余赔偿责任。[④]

(3)经营者专属责任体制[⑤],即由经营者直接单独承担有限赔偿责任,如 1969 年《国际油污损害民事责任公约》、1967 年《关于开采海底矿物资源的民事责任公约》等。[⑥]

国际不当行为责任与国际损害责任既有联系又有区别,[⑦]两者都旨在确定国际对其行为的后果所应承担的国际责任。[⑧] 这两种责任作为两个方面统一于国际责任这个大体系中,构成国际责任的两大分支,相互补充,相互促进。[⑨] 国际损害责任是国际不当行为责任的补充和完善,它的出现促进了国际责任制度

---

① See Dodge & William S. , *Corporate Liability under Customary International Law*, Georgetown Journal of International Law, Vol. 43:4, p. 1045 - 1052(2012).

② See Barnidge & Robert P. Jr. , *The 2008 United States-India Nuclear Co-operation Agreement and the Work of the International Law Commission on International Liability for Injurious Consequences Arising out of Acts Not Prohibited by International Law*, Asian Journal of International Law, Vol. 2:1, p. 1 - 20(2012).

③ See Hariharan & Arya, *India's Nuclear Civil Liability Bill and Supplier's Liability: One Step towards Modernizing the Outdated International Nuclear Liability Regime*, William & Mary Environmental Law and Policy Review, Vol. 36:1, p. 223 - 256(2011).

④ See Kazemi et al. , Ali Akbar: Towards a New International Space Liability Regime Alongside the Liability Convention 1971 55th Colloquium on the Law of Outer Space, *Session 2: The Interaction between International Private Law and Space Law and Its Impact on Commercial Space Activities*(2012).

⑤ See Howells & G, *The Relationship Between Product Liability and Product Safety—Understanding a Necessary Element in European Product Liability Through a Comparison with the U. S. Position*, Washburn Law Journal p. 305(2000).

⑥ See Kim & Jung-Eun, *Implications of Current Developments in International Liability for the Practice of Marine Geo-Engineering Activities*, Asian Journal of International Law, Vol. 4:2, p. 235 - 260(2014).

⑦ 参见慕亚平等:《当代国际法论》,法律出版社 1998 年版,第 190 页。

⑧ 参见周晓林:《合法活动造成域外损害的国际责任》,载《中国法学》1988 年第 5 期。

⑨ See Hariharan & Arya, *India's Nuclear Civil Liability Bill and Supplier's Liability: One Step towards Modernizing the Outdated International Nuclear Liability Regime*, William & Mary Environmental Law and Policy Review, Vol. 36:1, p. 223 - 256(2011).

的进一步发展。[①]

国际不当行为责任与国际损害责任的区别在于：

(1)归责原则不同。国际不当行为责任以过错责任原则为归责标准，责任的产生以过错为必要条件，否则，无过错即无责任，而大量国际实践及国际法学者的学说表明，国际损害责任是以无过错责任原则为归责原则的。[②]

(2)损害事实不同。国际不当行为责任的产生并不以损害事实为存在的前提；相反，国际损害责任的存在却需要损害事实的存在。[③] 也就是说，必须有人身伤害、财产损失或生态环境损害的存在。无损害，即无损害责任。[④]

(3)在国际不当行为责任中，如果国家或其他主体能够证明自己已经采取了可以采取的合理措施来阻止违反义务行为的实施和结果的发生，即使其努力失败，也可免除其责任；[⑤]但在国际损害责任中，一般而言，只要行为造成了损害性后果，行为国就负有赔偿责任或其他国际责任。[⑥]

(4)在国际不当行为责任中，即使行为国对违背其义务的行为采取了补救措施，包括给予赔偿，行为国也无继续该行为的自由，因为该行为为国际法所禁止；[⑦]而在国际损害赔偿责任中，只要行为国对其所造成的损害给予合理适当的赔偿，行为国即可继续该行为。[⑧]

---

① See Chuang & C, *Is There a Doctor in the House? Using Failure to Warn Liability to Enhance the Safety of Online Prescribing*, New York University Law Review(2000), Vol. 75, p. 1452 - 1488.

② See Dodge & William S., *Corporate Liability under Customary International Law*, Georgetown Journal of International Law, Vol. 43:4, p. 1045 - 1052. (2012).

③ See Sundell & Jordan, *Ill-Gotten Gains: The Case for International Corporate Criminal Liability*, Minnesota Journal of International Law, Vol. 20:2, p. 648 - 680. (2011).

④ 参见管征峰：《论国际法不加禁止行为造成损害性后果的国际责任》，2015 年版，第 32 ~ 38 页。

⑤ See Barnidge & Robert P. Jr., *The 2008 United States-India Nuclear Co-operation Agreement and the Work of the International Law Commission on International Liability for Injurious Consequences Arising out of Acts Not Prohibited by International Law*, Asian Journal of International Law, Vol. 2:1, p. 1 - 20. (2012).

⑥ See Kazemi Hamid, Mahmoudi Hadi & Golroo Ali Akbar, *Towards a New International Space Liability Regime Alongside the Liability Convention* 1971 55*th Colloquium on the Law of Outer Space: Session* 2, The Interaction between International Private Law and Space Law and its Impact on Commercial Space Activities(2012).

⑦ See Smith Emerald, *Lord of the Files: International Secondary liability for Internet Service Providers*, Washington and Lee Law Review, Vol. 68:3, p. 1555 - 1588(2011).

⑧ 参见慕亚平等：《当代国际法论》，法律出版社 1998 年版，第 190 页。

因此，笔者认为，应专门设置如《关于转基因食品可追溯能力民事责任国际公约》等对转基因食品可追溯问题进行民事责任赔偿机制进行详细规定的国际公约。笔者将在本章第三节进行进一步论述。

二、赔偿主体

转基因食品可追溯能力标准的构建对于财产赔偿责任主体具有根本意义。如果转基因食品可追溯能力达到《TBT 协定》所述之国际标准，则应该由国际转基因食品可追溯基金会进行相关财产赔偿；如若出口商的转基因食品可追溯能力未达《TBT 协定》所述国际标准，则采用由民事赔偿为主、国家赔偿为辅助的赔偿责任模式。

（一）达到《TBT 协定》所述国际标准

借鉴油污损害赔偿制度，建立一个强制性的国际基金作为一种辅助转基因可追溯能力不及所产生的财产责任赔偿救济手段。[①] 国际基金的设立一方面有利于避免因赔偿金额过高而实质性地影响现代生物技术产业的健康、可持续发展；另一方面也有利于财产损失方获得充分、全面的赔偿。[②] 在特设工作组第五次会议通过的一项文件中还安排了一个补充性的集体赔偿机制，即由议定书缔约方和其他各国政府以及私人部门自愿捐款，设立一个自愿性的信托基金。但在联合主席之友小组第二次会议上通过的补充赔偿计划中删除了此项规定。[③]

但对于达到《TBT 协定》有关转基因食品可追溯能力标准的相关企业，应通过设立国际转基因食品可追溯基金进行财产责任赔偿。[④]

（二）未达到《TBT 协定》所述国际标准

责任的归属是指由谁来承担责任。如前所述，大多数赔偿责任相关国际法

---

① See Xue Dayuan, Lin Yanmei & Tisdell C., *Conflicts abouts Global Trad in GMOs: General Issues and Chinese Case Studies*, in Tisdell C. and Sen R. K., Economic Globalisation: Social Conflicts, Labour and Environmental Issues, Edward Elgar, UK, USA, 2004. p. 314 – 335.

② See Michael Fauce & Andri Wibisana, *Liability for Damage Caused by GMO: An Economic Perspective*, Geogetown International Environmental Law Review, Vol. 23 (2010), p. 1 – 52.

③ See Lekha Laxman, Abdul Haseeb Ansari & GMOs, *Safety Concerns and International Trade: Developing Countries' Perspective*, Journal of International Trade Law and Policy, Vol. 10:3, (2011).

④ See Moravcsik, A., *The Choice for Europe. Social Purpose and State Power from Messina to Maastricht*, UCL Press, 1998.

律文件都使用了民事赔偿责任制度,将赔偿责任归于引起损害行为的经营者(Operator),实行由经营者直接承担有限赔偿责任,这最通常的赔偿责任方式。[①] 少数国际法律文件则实行双重责任制度,国家与经营者共同承担赔偿责任,国家赔偿责任是补充性的。[②] 而实行国家专属赔偿责任制度的国际法律文件,目前只有 1972 年的《空间物体造成损害的国际责任公约》。[③]

在确定未达到《TBT 协定》下转基因食品可追溯技术标准所导致的财产损害责任归属时,应该以责任制度的宗旨为指导。这里需要分开讨论:如果责任制度的宗旨是防止损害的发生,那么责任就应该由最能防止损害发生的人来承担;[④]如果是赔偿损害,那么责任就应该由最容易被查明并有财力支付赔偿的人来承担。[⑤] 针对转基因食品跨境转移但不具备转基因可追溯能力所产生的财产损害,其潜在的责任人包括引起损害的行为的经营者这一点没有异议。[⑥] 争论的焦点在于,缔约方在全面履行《卡塔赫纳生物安全议定书》规定义务的情况下,国家是否应承担赔偿责任(国家是否尽到了完善本国转基因食品可追溯能力技术标准的责任),是承担主要赔偿责任,还是剩余赔偿责任。[⑦] 目前有两个备选方案:一是承担剩余的国家赔偿责任,连同经营者的主要赔偿责任;二是国家不承担赔偿责任。[⑧] 第一种方案的支持者认为国家有义务采取措施预防跨境

① 参见钱国强:《卡塔赫纳生物安全议定书与 WTO 制度——冲突及其协调途径》,载《环境资源法论丛》2006(00)。

② See Kazemi et al. , *Ali Akbar*: *Towards a New International Space Liability Regime Alongside the Liability Convention* 1971 55*th Colloquium on the Law of Outer Space*: *Session* 2:The Interaction between International Private Law and Space Law and its Impact on Commercial Space Activities,2012.

③ 参见黄嘉珍:《国际环境法上风险预防原则评述——以〈卡塔赫纳生物安全议定书〉为视角》,载《法治论丛(上海政法学院学报)》2009 年第 4 期。

④ See Cupp. R. *Rethinking Conscious Design Liability for Prescription Drugs*:*The Restatement* (*Third*) *Standard Versus A Negligence Approach*,George Washington Law Review, 1994.

⑤ See Ruth Mampuys & Frans W. A. Brom,*Ethics of Dissent*: *A Plea for Restraint in the Scientific Debate About the Safety of GM Crops*,Journal of Agricultural and Environmental Ethics,2015,p. 903 – 924.

⑥ 参见袁绍义:《转基因生物越境转移事先知情同意制度解读——以〈卡塔赫纳生物安全议定书〉为视角》,载《法学杂志》2011 年第 11 期。

⑦ Strydom & Hennie, *International Liability Regime for Biodiversity Damage*: *The Nagoya-Kuala Lumpur Supplementary Protocol*, South African Yearbook of International Law, Vol. 38(2014), p. 294 – 297.

⑧ 参见钱国强:《卡塔赫纳生物安全议定书与 WTO 制度——冲突及其协调途径》,载《环境资源法论丛》2006 年第 1 期。

转移损害的发生，当损害发生时国家要对转基因食品可追溯能力不及所产生的财产损害进行补救。① 即使经营者以他们的个人名义造成了财产损害，国家仍然有义务采取适当措施防止此类财产损害的产生。同时，缔约方应给予充分的注意和采取适当的措施，确保国民或其管辖的人所从事的转基因食品的跨境转移、运输、处理、销售方式等符合《卡塔赫纳生物安全议定书》或《TBT 协定》的规定。② 进口方事前同意，并不能免除出口方对转基因食品跨境转移、运输、处理和销售，包括其非法转移造成的损害赔偿责任。缔约方还应确保在其管辖下发生紧急情况或事故时，任何实际控制转基因食品的人均须实施特批的有关风险管理计划。③ 第二种方案的支持者认为，素有行动必须按照谁污染谁付费的原则内部消化所有费用，与转基因食品跨境转移相关的活动也不例外。因此，财产损害赔偿责任应该由造成转基因食品直接或间接损害的经营者来承担。④

目前，有关国家责任方面，专家工作组的意见已趋于一致，即《卡塔赫纳生物安全议定书》项下的责任与赔偿机制不得影响各缔约方根据一般国际法中有关国家责任方面的规则所享有的权利和承担所致损害的责任，赔偿机制采用的是剩余的国家责任，即民事赔偿责任为主，国家责任为辅助，集体赔偿为补充的制度。⑤

第二节 转基因食品可追溯与跨境转移环境损害赔偿责任

转基因食品跨境转移所导致的环境责任和赔偿，最富有争议性。⑥ 发展中

---

① 参见万霞：《生物安全的国际法律管制——〈卡塔赫纳生物安全议定书〉的视角》，载《外交学院学报》2003 年第 1 期。

② 参见朱星华：《预防原则与科学依据在多边协定下的协调——以〈生物安全议定书〉与〈实施卫生与植物卫生措施协定〉为例》，载《科技与法律》2006 年第 4 期。

③ See Strydom & Hennie, *International Liability Regime for Biodiversity Damage: The Nagoya-Kuala Lumpur Supplementary Protocol*, South African Yearbook of International Law, Vol. 38, p. 294 – 297.

④ See Clapp, J. *Illegal GMO Releases and corporate responsibility: Questioning the effectiveness of voluntary measures*, Ecologlcal Economic, Vol. 66(2008), p. 348 – 358.

⑤ See Michael Fauce & Andri Wibisana, *Liability for Damage Caused by GMO: An Economic Perspective*, Geogetown International Environmental Law Review, Vol. 23(2010), p. 1 – 32.

⑥ Ingo Potrykus, "*Golden Rice*", *a GMO-product for Public Good, and the Consequences of GE-regulation*, Journal of Plant Biochemistry and Biotechnology, 2012, p. 68 – 75.

国家,尤其是非洲国家,敦促采取一个强有力的国际机制。他们要求,为了应对LMOs损害农作物或人类健康或者环境的偶然事件,应当建立一个具有法律约束力的机制以确定赔偿或补偿的责任主体以及程序。[①] MOP-1 最终成立了一个责任和赔偿专家工作组,分析各种潜在和实际的损害情形以及各种国际责任和赔偿规则和程序如何应用这些情形。[②] 该工作组将会考虑各种规则和程序的选项,包括:损害的定义、性质和范围,对生物多样性和人类健康损害的评估,损害的门槛,因果关系,责任的分配,责任的标准,经济担保机制以诉权等。[③]

此外,《生物多样性公约》第14条包含有关评估生物多样性被破坏的责任与生物多样性被破坏后的补救之规定。缔约方大会自第四届以来采取了若干行动,并在第六届会议上通过了经科学咨询机构审议与提交的有关影响评估的准备。[④] 根据该准则,环境影响应顾及相关人类健康不利影响之进程。[⑤] 由此可见,国际社会(例如,多边国际机构如联合国、世界银行、WTO、[⑥]联合国粮农组织、国际劳工组织、[⑦]世界卫生组织;[⑧]非政府组织如地球之友)对转基因生物及其制品所导致的环境保护与相关责任赔偿问题持续之关注。本节将就以转基因食品可追溯能力背景下相关财产责任赔偿问题进行研究。

一、转基因食品跨境转移环境损害赔偿责任的发展现状

转基因生物跨境转移损害赔偿的问题,《卡塔赫纳生物安全议定书》政府间委员会以及议定书缔约方会议的缔约方大会(Conference of the parties serving

---

① 参见袁绍义:《转基因生物越境转移事先知情同意制度解读——以〈卡塔赫纳生物安全议定书〉为视角》,载《法学杂志》2011年第11期。

② 参见黄嘉珍:《国际环境法上风险预防原则评述——以〈卡塔赫纳生物安全议定书〉为视角》,载《法治论丛(上海政法学院学报)》2009年第4期。

③ 参见史晓丽:《转基因技术及其产品的法律管制》,载《比较法研究》2003年第4期。

④ 缔约方大会在科学机构第VII/10号建议基础上通过,关于将生物多样性有关问题纳入环境影响评估立法/战略环境评估进程的准则的第VI/7A号决定。

⑤ 参见第VI/7A号决定,附件1(a)段。

⑥ 参见《卫生和植物检疫措施协定》,第5.3款。

⑦ 参见国际劳工组织公约169,第13.1条;国际劳工组织公约169,第7.3条。

⑧ Food and Agricultural Organization and World Health Organization, Rules of Procedure of the Codex Alimentarius Commission, Procedural Manual Rule Ⅵ.2, 11th ed., 2000.

as the meeting of the parties to the protocol, COP-MOP)做了大量工作。① 2004 年 2 月 23 日至 27 日, COP-MOP1 在马来西亚的吉隆坡举行。②③ 此外, WTO 在以加强贸易与环境相互支持的《多哈宣言》中,④明确将 WTO 中的环境保护内容与《卡塔赫纳生物安全议定书》进行相互协调。⑤

二、转基因食品跨境转移环境损害赔偿责任相关问题分析

(一)法律文书的选择

由于转基因可追溯能力不及所导致的转基因食品跨境转移损害和赔偿问题,可以依据现有的有关跨境损害责任与赔偿的国际和国内立法来调整,也可以针对问题制定一项单独的、有法律约束力的国际法文件,或者制定一项指导性的、无法律约束力的国际文件。⑥ 但是现有的相关国际或国内立法中的赔偿责任规则针对的是广泛的有关转基因生物的活动所致损害,并没有专门调整转基因食品跨境转移所导致的污染的损害赔偿的内容。⑦ 同时,各国用以规范有关转基因食品所导致损害的责任和赔偿问题所采取的方法也不相同。有些国家采取了行业办法,在遗传或生物技术行业现有立法中加入有关责任与赔偿的内容,或在考虑转基因食品具体特点的基础上对相关的责任与赔偿内容进行适

① 参见明莉:《转基因生物的国际立法——浅析〈生物安全议定书〉》,载《法制与社会》2007 年第 2 期,第 241 ~ 243 页。

② 会议通过第 BS - 1/8 号决议,决定设立不限成员名额的赔偿责任和补救法律和技术专家特设工作组(an Open-ended Ad Hoc Working Group of Legal and Technical Experts on Liability and Redress),负责详细拟定因转基因生物跨境转移所导致的损害赔偿与补救措施的国际规则和程序,并争取在 4 年时间内完成这一进程。

③ 参见陈亚芸:《后多哈时代〈卡塔赫纳生物安全议定书〉对 WTO 体制的挑战》,载《河北法学》2014 年第 5 期。

④ 参见《多哈宣言》第 32 段"我们指示贸易与换机油委员会在致力于其现有的权限范围内议程上的所有事项时特别要关注:(1)市场准入方面采取环境措施的影响;(2)与贸易有关知识产权的影响;(3)为环境保护列明的要求,如生态标签要求等。"

⑤ 参见 http://www sipogov. cn/sipo/fts/ggikipcq/gjws/200709/t20070920 - 202675. htm。

⑥ 参见高晓露:《国际环境条约遵约机制研究——以〈卡塔赫纳生物安全议定书〉为例》,载《当代法学》2008 年第 2 期。

⑦ 参见郑婷:《危险废物跨境转移及其处置的法律控制研究——以〈巴塞尔公约〉为视角》,复旦大学 2012 年硕士学位论文,第 31 ~ 35 页。

当调整。[①] 有些国家采取了横向办法,并不对转基因生物赔偿责任与其他相关领域赔偿进行责任区分。[②]

就《卡塔赫纳生物安全议定书》缔约方而言,制定一项单独的、有法律约束力的有关责任与赔偿的国际法文件意义重大。[③] 但对于《卡塔赫纳生物安全议定书》的非缔约方来说,该文书没有任何约束力,而目前转基因食品的主要出口国如美国,因未签署 CBD 公约,不是《卡塔赫纳生物安全议定书》的缔约方。[④] 这就意味着即使针对转基因食品跨境转移所导致的损害的责任和赔偿问题制定一项单独的、有法律约束力的国际法文件,对于转基因食品的主要出口国来说,意义似乎并不明显。[⑤] 同时,一项单独的、有法律约束力的国际法律文件的制定通常需要漫长的、复杂的谈判过程,不大可能在《卡塔赫纳生物安全议定书》所规定的 4 年时间内完成;[⑥]相反,一项指导性的、无法律约束力的文书的制定可能会在较短时间内完成,而且可以在内容方面采取更加灵活的方法,为未来的国内立法以及有约束力的相关国际立法奠定基础。[⑦] 而且,因为其不具有约束力,只是起指导作用,会鼓励更多的国家参与其中。然而,因为其具有法律不确

---

① See Ho P & Xue DY, *Farmer's Perceptions and Risks of Agro-biotechnological Innovations in China: Ecological Change in Bt cotton*? International Journal of Environment and Sistainable Development, 2008, p. 396 - 417.

② See Marion Desquilbet & Sylvaine Poret, *How Do GM/non GM Coexistence Regulations Affect Markets and Welfare*? European Journal of Law and Economics, 2014, p. 37.

③ See Michael Fauce & Andri Wibisana, *Liability for Damage Caused by GMO: An Economic Perspective*, Geogetown International Environmental Law Review, Vol. 23, Fall, 2010.

④ See Strydom & Hennie, *International Liability Regime for Biodiversity Damage: The Nagoya-Kuala Lumpur Supplementary Protocol*, South African Yearbook of International Law, Vol. 38(2016), p. 294 - 297.

⑤ See Zaeelli S, *International Trade in GMOs and Mltilateral Negotiations: A New Dilemma for Developing Countries*, in: Francioni F. Enviornment, Human Right and International Trade, Oxford and Portland, Oregon: Hart Publishing, 2001. p. 39 - 86.

⑥ 参见乔雄兵、连俊雅:《论转基因食品标识的国际法规制——以〈卡塔赫纳生物安全议定书〉为视角》,载《河北法学》2014 年第 1 期。

⑦ See Strydom & Hennie, *International Liability Regime for Biodiversity Damage: The Nagoya-Kuala Lumpur Supplementary Protocol*, South African Yearbook of International Law, Vol. 38(2014), p. 294 - 297.

定性,对减轻、补偿转基因食品跨境转移所造成的损害来说意义似乎也不大。①

根据 BS-V 号决议草案,转基因生物跨境转移所导致的损害责任赔偿立法采用有法律约束力的文书形式,即"《卡塔赫纳生物安全议定书》范围内的有关转基因生物跨境转移所致损害赔偿责任和补救问题的补充议定书"。②

(二)适用范围

《卡塔赫纳生物安全议定书》第 27 条仅仅要求缔约方会议就"因转基因生物体的跨境转移而造成损害"的责任和赔偿拟定一个国际规则和程序,并未对该责任和赔偿机制应规范的活动范围进行界定。③ 一般认为,《卡塔赫纳生物安全议定书》项下的责任和赔偿机制的适用范围应该与《卡塔赫纳生物安全议定书》的适用范围一致,应适用于转基因活生物体的跨境转移、过境、处理和使用所造成的损害。④ 因为转基因活生物体对生态环境以及人类健康所产生的不利影响可能要经过很长一段时间才能显现。⑤ 因此,应该对《卡塔赫纳生物安全议定书》第 27 条中的跨境转移做扩大解释,转基因活生物体的过境、处理和使用也应包含在内。⑥

根据补充协议的规定,议定书的适用范围包括对生物多样性的保护和持续利用所造成的损害,同时也顾及对人类健康所构成的风险。⑦ 适用于改性活生物体及其产品的跨境转移的运输、过境、处理和使用,但条件是这些活动是源于跨境转移。⑧

(三)损害的界定与损害赔偿的范围

目前,大多数有关跨境转移损害的国际法律文件都认为损害应包含:环境

---

① See Strydom & Hennie, *International Liability Regime for Biodiversity Damage: The Nagoya-Kuala Lumpur Supplementary Protocol*, South African Yearbook of International Law, Vol. 38(2014), p. 294 - 297.

② Ismail Lahlou & Patrick Navatte, *Director Compensation Incentives and Acquisition Performance*, International Review of Financial Analysis, 2017, p. 53.

③ See UNEP/CBD/BS/WS-L&R/1/3, 14 Dec. 2002. p. 7.

④ See UNEP/CBD/BS/GF-L&R/2/3, 14 February. 2010. p. 10.

⑤ 参见曾文革、孙健:《WHO 食品安全事故管理制度探析》,载《重庆大学学报(社会科学版)》2017 年第 3 期。

⑥ See Marion Desquilbet & Sylvaine Poret, *How do GM/non GM Coexistence Regulations Affect Markets and Welfare?* European Journal of Law and Economics, 2014, p. 37.

⑦ See UNEP/CBD/BS/GF-L&R/2/3, 14 February. 2010. p. 17.

⑧ 补充议定书第三条。UNEP/CBD/BS/GF-L&R/2/3, 14 page9. http://www.cbd.int/doc/meetings/bs/bsgflr-02/official/bsgflr-02-03-en.pdf.

损害与财产损失。[①] 因此,转基因生物跨境损害责任与赔偿制度在涉及环境损害和财产损失的赔偿方面已经不存在问题。但是,如何界定对生物多样性的保护和可持续利用的损害以及确定损害赔偿的范围,对于转基因生物跨境损害责任与赔偿制度来说是一个全新的课题。《卡塔赫纳生物安全议定书》第27条没有对损害进行界定,也未涉及损害赔偿的范围。[②]

对转基因生物跨境转移造成的损害进行估值赔偿时,应考虑以下各项因素:[③]第一,根据国内法或程序所采取的应对措施的费用。第二,恢复期间或直至提供赔偿前的与损害有关的收入损失的费用。[④] 第三,对环境造成损害而产生的费用和开支。第四,对文化、社会和精神价值观造成损害而产生的费用和开支。[⑤]

(四)因果关系的证明

在"民事(财产)赔偿责任与补救准则"中,损害与有关活动之间的因果关

---

① 例如,1997年《维也纳核损害民事责任公约修正议定书》第2条将损害界定为,包括:人身伤害或财产损害引起的经济损失;采取恢复受破坏环境措施的费用;由于环境受到重大破坏,致使以任何方式适用和享用环境而带来的经济利益的损失;《巴塞尔公约责任和赔偿议定书》第3条将"损害"延伸至从出口方国家管辖范围内某一地区的运输工具开始……越境转移及其处置过程中发生的事件所造成的损害。

② See Howells & G. ,*The Relationship Between Product Liability and Product Safety—Understanding a Necessary Element in European Product Liability Through a Comparison with the U. S. Position*, Washburn Law Journal, 2000,p. 305.

③ See UNEP/CBD/BS/GF-L&R/2/3,14 February,2010. p. 17.

④ See Ho P & Xue DY. , *Farmer's Perceptions and Risks of Agro-biotechnological Innovations in China:Ecological Change in Bt Cotton*? International Journal of Environment and Sistainable Development, 2008,p. 396 –417.

⑤ 根据补充议定书的规定,"损害"是指由于转基因生物的跨境转移对生物多样性的保护和持续利用产生的不利影响,同时也包含给人类健康造成的风险。此种不利影响,只要可能,应在考虑国家主管当局科学确定的、顾及自然变异和人为变异的基线条件的情况下,是可以"衡量的"(Measurable)或者"可观测到的"(Observable)以及重大的(Significant)。而在确定是否为重大的不利影响时,应根据以下各项因素:(1)长期或永久性变化,这种变化可理解为在一合理时间之内经自然恢复不会得到纠正的变化;(2)对生物多样性的组成部分产生不利影响而导致其质量上的变化程度;(3)生物多样性的组成部分提供货物与服务的潜力的减少;(4)《卡塔赫纳生物安全议定书》范围内人类健康的不利影响程度。根据"民事赔偿责任与补救准则",转基因越境损害责任与赔偿制度所涉"损害"除其他外,应包括下列各项:(1)未通过行政方式补救的、对生物多样性的保护和持续利用的损害;(2)对人类健康的损害,包括生命的丧失和人身损害;(3)对财产的损害,财产的使用受到影响或丧失;(4)源于生物多样性的保护和持续利用受损而导致的收入和其他经济损失;(5)文化、社会和精神价值观的丧失或损害,或者其他对土著和地方社区造成的损失或损害,或者粮食安全的丧失或减损。

系以及举证责任是归于索赔者还是答辩人，必须根据国内法确立。① 由于国内法律各不相同，该准则如此规定，实际上并没有告知当事方他们在因果关系的证明中将来可能承担的责任。②

由于转基因生物跨境转移所致环境损害具有过程复杂、后果长期潜伏等特点，使受害方很难确定损害的原因。③ 因此，转基因食品跨境转移损害责任与赔偿制度应借鉴核损害责任制度的规定，即受害方只需证明损害与事件之间具有因果关系，而无须证明对方存在过错。可见，在与转基因食品相关的环境领域等一般采用无过错责任原则。④ 无过错原则因此也几乎取代过错原则成为环境责任立法中的一种基本趋势。转基因生物环境损害具有缓慢性、持续性和广泛性特征。与传统环境损害相比，其损害后果更具不确定性和不可控性。因此，在转基因生物环境损害赔偿责任机制中适用无过错责任能更好地确保转基因生物安全。⑤ 从适用因果关系推定标准上看，由于环境损害发生方式的间接性、积累性、复合性特征，⑥环境损害时间上的缓慢性、滞后性等特点以及过错方可能以商业秘密为理由阻止调查，因此受害人承担对因果关系的严格证明责任极为困难，但转基因可追溯能力恰好可以解决这一矛盾，使其因果关系的推定成为一种法律上的技术性方法在环境案件中和环境立法中得到运用和承认。⑦ 因此，建议转基因食品跨境转移损害责任与赔偿制度能确立一个更清晰、更明确

① See Xue Dayuan, Lin Yanmei & Tisdell C., *Conflicts abouts Global Trad in GMOs: General Issues and Chinese Case Studies*, in Tisdell C. and Sen RK. Economic Globalisation: Social Conflicts, Labour and Environmental Issues, Edward Elgar, UK, USA, 2004. p. 314 – 335.

② See UNEP/CBD/BS/GF-L&R/2/3, 14 February, 2010. p. 18.

③ See Zaeelli S. International Trade in GMOs and Mltilateral Negotiations: A New Dilemma for Developing Countries, in Francioni F. Enviornment, Human Right and International Trade, Oxford and Portland, Oregon: Hart Publishing, 2001. p. 39 – 86.

④ 参见王明远：《环境侵权救济法律制度》，中国法制出版社2001年版，第143页。

⑤ See Strydom & Hennie, *International Liability Regime for Biodiversity Damage: The Nagoya-Kuala Lumpur Supplementary Protocol*, South African Yearbook of International Law, Vol. 38(2014), p. 294 – 297.

⑥ See Strydom & Hennie, *International Liability Regime for Biodiversity Damage: The Nagoya-Kuala Lumpur Supplementary Protocol*, South African Yearbook of International Law, Vol. 38(2014), p. 294 – 297.

⑦ 参见王明远：《环境侵权救济法律制度》，中国法制出版社2001年版，第143页。

的因果关系图,这样才能使该制度更容易获得缔约方的签署和批准。[①]

(五)赔偿责任的标准

针对转基因生物越境转移所导致损害的责任标准,目前有三种备选方案,[②]即严格的赔偿责任、减轻的严格赔偿责任以及基于过失的赔偿责任。[③] 同时,严格责任标准要以限额赔偿为基础,而过错责任标准要与无限额赔偿相配套。[④]严格责任标准下的限额赔偿既可以防止生物技术产业成为安全的保险人,又可以为受害者提供一定的补偿。而过错责任标准下的无限额赔偿可极大的激励当事方遵守《卡塔赫纳生物安全议定书》的相关规定,适当履行其义务。[⑤] 此处需要澄清的是,严格责任并非绝对责任。[⑥] 行为人仍然可以不可抗力作为抗辩事由而不承担责任。[⑦] 因此,针对转基因食品跨境转移所致损害的赔偿责任也应该存在一切豁免或减轻的例外情况,如天灾或不可抗力、战争行为或内乱、第三方的干涉,[⑧]由于为遵守国家主管当局发布的措施而进行的活动造成的损害以及造成损害的活动得到了国家法律的明确授权等。[⑨] 根据进行活动时的科学技术水平无法理智地预见损害发生的情况,是否应属于豁免或减轻赔偿责任的

---

① See Christine Wieck, *Trade Impacts of Administrative Food Import Regulations: Evaluating the U. S. Bioterrorism Act, Presented at the International Agricultural Traded Research Consortium Symposium on Food Regulation and Trade*, Bonn, Germany, 2006.

② See UNEP/CBD/BS/WG-L&R/5/3, 14 March 2008, p. 28 – 29.

③ 笔者倾向于减轻的严格赔偿责任,即《巴塞尔公约责任和赔偿议定书》所确立的责任标准:以严格责任为主,过失责任为辅的责任标准。因为通常情况下,转基因食品跨境转移所致损害,诸如以外的漂移等都是在当事人疏忽、无意识的情况下发生的。同时,转基因生物所致的损害与普通民事侵权的损害有很大区别,具有过程复杂、涉及面广、专业性强的特征,且具有隐蔽性、长期滞后性以及具体责任人难以确定等特点。严格责任标准的采用,可免除原告必须证明对方存在过错的责任。

④ See Xue Dayuan, Lin Yanmei & Tisdell C, *Conflicts abouts Global Trad in GMOs: General Issues and Chinese case Studies*, in Tisdell C. and Sen R. K. Economic Globalisation: Social Conflicts, Labour and Environmental Issues, Edward Elgar, UK, USA, 2004. p. 314 – 335.

⑤ See Katharine E Kohm, *Shortcomings of the Cartagena Protocol: Resolving the Liability Loophole at an International Level*, UCLA J. Envtl. L. & Pol'y. 2009.

⑥ See Manyuan Long & J. J. Emerson, *Meiotic Sex Chromosome Inactivation: Compensation by Gene Traffic*, Current Biology, 2017, p. 659 – 661.

⑦ 参见王金利:《论船载有毒有害物质污染损害赔偿的民事责任》,复旦大学 2011 年硕士学位论文,第 21 ~ 30 页。

⑧ See Ingo Potrykus, *Unjustified Regulation Prevents Use of GMO Technology for Public Good.* Trends in Biotechnology, 2013, p. 131 – 133.

⑨ See UNEP/CBD/BS/WG-L&R/4/3, p. 33 – 34.

例外情况？这是一个争议较大的问题。[①] 笔者认为，不应当将此种情况囊括在豁免或减轻赔偿责任的例外情况之内，因为生物技术是一种新型的技术，其发展历史并不长，其对环境及人类所带来的影响本来就无法准确预测，因此，如果将根据进行活动时的科学技术水平无法理智地预见损害发生的情况也囊括在豁免或减轻赔偿责任的例外情况之内，该责任与赔偿机制也就失去了其应有的作用。[②]

第三节 国际转基因食品可追溯能力基金研究

一、设置国际转基因食品可追溯能力基金基本要点

损害赔偿基金是转基因食品可追溯损害赔偿金融保障机制的重要内容，对于保障受害者获得全面充分的赔偿、受到损害的生态环境得以全面恢复及无过错责任原则在生物安全领域得到彻底贯彻都具有重要意义。而建立转基因食品可追溯能力制度基金制度是有效解决责任分配的途径之一。[③]

发达国家构建转基因可追溯能力制度，实现可追溯标准总体而言是相对容易的。但对于发展中国家或不发达国家而言，其实现本国的转基因食品可追溯能力，保障食品安全可追溯，必须承担较高的经济负担。[④] 如果想要在国际领域中实现转基因食品的全球治理，那么必须建设一个类似于核基金，或船舶油污基金相类似的基金公约。这尤其对于本国在国际贸易领域所承担的产品责任进行进一步的归责具有重要意义。[⑤] 这些基金有些以全额赔偿，或作为

---

① See Manyuan Long & J. J. Emerson, *Meiotic Sex Chromosome Inactivation: Compensation by Gene Traffic*, Current Biology, 2017, p. 659 – 661.

② 参见孙静:《我国转基因食品损害赔偿法律问题》，载《河北联合大学学报（社会科学版）》2014年第1期。

③ See Cullet. *Liability and Redressin Biotechnology: Toward a Development of Rules at the National and International Level*, COP/MOP – 1 Biosafety Protocol, Bachkground Paper, International Environmental La Research Centre, Geneva, p. 2004.

④ See Núria Vàzquez-Salat et al., *The Current State of GMO Governance: Are We Ready for GM animals?* Biotechnology Advances, Vol. 30 (2012), p. 6.

⑤ See Ariaeipour, *Al: Products Liability in International Trade Law*, International Studies Journal (ISJ), Vol. 12:1, p. 43 – 66 (2015).

求偿的补充基金出现,又或者说这些基金本身就存在发展和完善的问题。[①][②] 但就转基因食品可追溯能力而言,构建一个为了让世界上更多国家实现转基因食品可追溯能力的公约。本身而言,《TBT 协定》的目的在于消除技术壁垒,就转基因食品可追溯技术壁垒而言,为了能够消除这些壁垒,可构建一个基金,让更多国家学习、完善本国的转基因可追溯能力。[③]

(一)国际转基因食品可追溯能力基金设立的目的

1. 为各国实现转基因可追溯能力提供资金与技术支持

设置国际转基因食品可追溯能力基金可以为发展中国家、不发达国家提供实现转基因可追溯能力的技术与资金支持。[④] 如此一来,可以最大限度地消除可追溯能力技术壁垒、促进转基因食品贸易。

(1)基金来源

由各国承担相应的费用,各国按各自发展程度进行比例性的注资捐助。

(2)基金的使用与管理

按照国际转基因食品可追溯能力基金公约,对国际转基因食品可追溯进行基金的使用与管理。

2. 对可追溯能力进行相关损害赔偿

当发生转基因食品因为可追溯能力而产生的溯源不及或延迟,而导致财产、环境损害时,相关受损害的当事人可以向基金提出赔偿申请。这里需要分两种情况来讨论:

(1)当国家或经营者已经按照《TBT 协定》所规定的可追溯技术标准对本国产品进行设定,则该国或经营者可以获得基金赔偿。

(2)当国家或经营者未按照《TBT 协定》所规定的可追溯技术标准对本国产品进行设定,则该国或经营者不可以获得基金赔偿。

---

① 参见孙超:《我国船舶油污损害民事责任主体的法律问题研究》,西南政法大学 2015 年硕士学位论文,第 25~34 页。

② 参见张红:《船舶油污损害赔偿基金使用法律问题比较研究——兼论对我国油污基金使用的完善建议》,大连海事大学 2013 年硕士学位论文。

③ 参见孙南翔:《TBT 协定下的贸易自由与国家安全关切——基于中国网络安全和信息化措施的应用》,载《北方法学》2017 年第 5 期。

④ See Obed Adonteng-Kissi, *Poverty and Mine's Compensation Package: Experiences of Local Farmers in Prestea Mining Community*, Resources Policy, 2017, p. 52.

尤其在这里需要注意的是,有关转基因可追溯能力不及或延迟所导致的财产、环境损害与因为食品质量而导致的财产、环境损害是不相同的。[①] 由于产品质量而导致的损害部分应该由生产经营者进行赔偿。[②] 但产品质量存在纰漏而导致损害的生产经营者,在完全遵守了食品可追溯标准时应该也可以获得少部分的资金支持,以此鼓励各国参与这样的基金中。因此,可以获得转基因食品可追溯能力基金赔偿的类型应包含以下两种。

情形一:当国家或经营者已经按照《TBT协定》所规定的可追溯技术标准对本国产品进行设定,但仍然发生了因为可追溯能力而产生的溯源不及或延迟,而导致的财产、环境损害时,该国或经营者可以获得全额的基金赔偿。

情形二:当国家或经营者已经按照《TBT协定》所规定的可追溯技术标准对本国产品进行设定,但仍然因为食品质量问题而产生财产、环境损害时,该国或经营者可以获得少量的基金赔偿。

(二)赔偿原则、赔偿顺序及限额

1. 赔偿原则

一般而言,各国侵权损害赔偿的最高原则几乎是全部赔偿之原则,具体而言,是指侵权行为人根据其侵权行为所造成的实际财产的损失的大小来承担赔偿责任,[③]但是海上侵权行为法律制度并没有采取这一全面赔偿原则,还是将赔偿责任限制作为其特殊的一种机制。[④] 换言之,对相关海上侵权行为所造成的损害后果法律上规定了最高赔偿限额,对于超出限额的部分,海上侵权行为加害人不承担赔偿责任,海上侵权行为采取的赔偿原则是优先的赔偿原则,这是由其特殊性决定的。[⑤] 其特殊性就在于海上侵权行为与陆上侵权行为相比具有

---

① See Joerges et al., *European Product Safety, Internal Market Policy and the New Approach to Technical Approximation and Standards*, EUI Working Papers, Department of Law, Nos. 91/10 - 14, Florence, 1991.

② See Zaeelli S., *International Trade in GMOs and Mltilateral Negotiations: A New Dilemma for Developing Countries*, in: Francioni F. Enviornment, Human Right and International Trade, Oxford and Portland, Oregon: Hart Publishing, 2001, p. 39 - 86.

③ 参见殷鑫:《生态正义视野下的生态损害赔偿法律制度研究》,华中师范大学2013年博士学位论文,第120~138页。

④ 参见蒋琳:《船舶油污损害的国际法研究》,华东政法大学2014年博士学位论文,第81~161页。

⑤ 参见张春叶:《船舶油污损害赔偿范围问题研究》,哈尔滨工程大学2014年硕士学位论文,第30~35页。

海上运输所导致的特殊风险性。海上侵权加害人承担有限责任,也从另一方面体现出对航运企业的保护。[①]

国际和国外大多数国家船舶油污基金的赔偿原则是补偿原则。[②] 当船东、保赔协会或保险公司不能给予油污受害人足够的赔偿时,油污基金提供补偿,承担第二位的责任,以使污染受害人得到补偿。[③] 但我国关于基金使用办法中体现的是补偿、赔偿原则,如在找不到污染船舶的情况下,我国基金承担的是第一位的责任。[④]

2. 赔偿顺序及限额

如前所述,对于赔偿顺序而言,首先应赔偿因为可追溯能力而产生的溯源不及或延迟所产生的财产、环境损害,其次为因转基因食品质量问题而产生的财产、环境损害赔偿。[⑤] 一般而言,赔偿限额不超过实际损害大小。[⑥]

二、《国际转基因食品可追溯能力基金公约》之构建

《国际转基因食品可追溯能力基金公约》应涵盖以下主要内容。

1. 基金来源

对于任何一个基金而言,其最重要最需要讨论的问题就是资金的来源。[⑦] 一般而言,国际基金的来源主要是由各国政府、国际组织、非政府组织、大型跨国公司、企业个人等进行的多种形式的联合出资。

---

① 参见李桢:《海运有毒有害物质污染损害赔偿法律制度研究》,大连海事大学 2015 年博士学位论文,第 65 ~ 70 页。

② Xue Dayuan, Lin Yanmei & Tisdell C., *Conflicts abouts Global Trad in GMOs: General Issues and Chinese Case Studies*, in Tisdell C. and Sen R. K., Economic Globalisation: Social Conflicts, Labour and Environmental Issues, Edward Elgar, UK, USA, 2004, p. 314 – 335.

③ 参见张海涛:《论我国海洋油污生态损害赔偿范围》,厦门大学 2014 年硕士学位论文,第 37 ~ 47 页。

④ 参见王婷婷:《中国海洋油污基金法律制度研究》,大连海事大学 2016 年博士学位论文,第 47 ~ 68 页。

⑤ 参见李葶:《海洋油污损害国家索赔的范围问题研究》,西南政法大学 2016 年硕士学位论文。

⑥ 例如,1971 年《设立国际油污损害赔偿基金公约》第 4 条、第 5 条;1978 年《邮轮所有人自愿承担油污责任协定》第 7 条;1999 年《关于危险废弃物越境转移及其处置所造成损害的责任和赔偿问题议定书》的相关规定。

⑦ Xue D Yuan & Tisdell C., *Safety and Socio-economic Issues Raised by Modern Biotechnology*, International Journal of Social Economics, 2010, p. 699 – 708.

2. 基金的使用条件

各国、各相关转基因食品的跨国企业一旦按照相关的转基因食品 IP 可追溯能力技术标准成为转基因食品生产、加工、监管的主体,都有权对基金进行款项的申请和使用。

3. 转基因可追溯能力基金赔偿原则

赔偿原则规定了国际转基因食品可追溯能力基金的赔偿原则。如前所述,《国际转基因食品可追溯能力基金公约》的赔偿原则可依照前述的相对严格责任原则。对情形一(当国家或经营者已经按照《TBT 协定》所规定的可追溯技术标准对本国产品进行设定,但仍然发生了因为可追溯能力而产生的溯源不及或延迟,而导致的财产、环境损害时)采取全额赔偿原则;对情形二(当国家或经营者已经按照《TBT 协定》所规定的可追溯技术标准对本国产品进行设定,但仍然因为转基因食品质量问题而产生财产、环境损害时)采取补偿性赔偿原则。

第六章　转基因食品可追溯能力之中国标准

转基因食品可追溯能力标准既是制度标准,又是技术标准。因为转基因食品可追溯的技术标准包括一系列的标准化操作标准,而法律所明确规定的转基因食品可追溯能力的具体做法就包括可追溯能力的各项内容标准。各发达国家和地区进行转基因立法目标着眼于保护消费者与环境、创造和支持转基因技术及市场,对于可追溯能力进行立法。① 例如,欧盟 EC1830/2003 制定 EAN/UCC 编码;日本采用安全证书与安全代码双重认证的食品安全可追溯方式;美国转基因可追溯制度分布于从国家安全到食品安全和食品市场管理等方面的法律法规中,这只是为实施食品安全风险管理的溯源而制定,而非提供给消费者的信息,但美国食品药品监督管理局与食品安全与检察署(FSIS②)会定期举行联席会议,并请求 IFT(食品科技协会③)进

---

① See Europeans and Biotechnology in 2002, Eurobarometer 58. 0, A report to the EC Diretorate General for Research from the Project "Life Sciences in european society" QLG7 - CT - 1999 - 00286.

② 食品安全检验局(Food Safety and Inspection Service, FSIS)。FSIS 是美国农业部下属负责公众健康的机构,主要负责保证美国国内生产和进口消费的肉类、禽肉及蛋类产品供给的安全、有益,标签、标示真实,包装适当。该部门下发的各种标准文件也被中国的相关机构作为进行食品安全程序性工作的参照文件。

③ 美国食品技术协会(IFT)1939 年成立,总部设在美国的芝加哥,是非营利的科学研究机构,22, 000 名员工致力于食品科学,食品技术和工业、科学、政府的相关工作。

行转基因食品可追溯系统评价指标体系的项目研究,就宽度、深度、准确度、可实施度这些关键问题进行评估,并进行试点可追溯模拟(主要分为较易的可追溯调查与较复杂的可追溯调查);[①]加拿大、巴西、澳大利亚等国通过立法与技术对转基因食品溯源管理体系进行管理。[②] 此外,诸多跨国公司(如沃尔玛等)、电商(如京东等)等追求转基因食品可追溯及透明度,专门成立食品安全协作中心,并采用区块链、分布式计算、网络 CDN 技术和[③]人工智能风控、大数据舆情等模式对食品(包括转基因食品)进行追溯。

中国的转基因农作物溯源管理体系必须采取最为严格的编码管理和审查登记制度,同时吸纳日本与欧洲的做法,于采用编码管理的同时,进行严密的文书管理,使中国的转基因溯源管理体系与国际接轨。中国正在稳步推进转基因商业化种植,建立严格的转基因作物可追溯制度,保障民众的知情权和选择权。我国转基因农作物的溯源管理体系的建立必须符合国际转基因法律规制的各项要求,力求在 GATT、《SPS 协定》、《TBT 协定》、仲裁等国际转基因贸易各环节都能确保我国转基因食品的安全。

第一节 中国转基因食品可追溯能力相关制度梳理

一、中国转基因食品可追溯能力立法框架

(一)转基因食品管理制度

2015 年的《食品安全法》(该法于 2021 年修正)被称为中国史上最严格的

---

① 美国的可追溯制度可理解为政府可追溯,而非消费者可追溯。但无疑,美国的可追溯制度也是相当完备的。美国对转基因食品采取实质等同原则,并强调事后监管,是源于其完备而又赔偿金额高昂的侵权法体系。参见《侵权法重述第二版》第 402A 节评注 k。有关中文译文,参见[美]肯尼斯·S. 亚伯拉罕、[美]阿尔伯特·C. 泰特选编:《侵权法重述——纲要》,许传玺、石宏等译,法律出版社 2006 年版,第 117 页。

② Tim Josling, Donna Roberts, David Orden, *Food Regulation and Trade*, 21Institute for International Economics(2004).

③ CDN 的全称是 Content Delivery Network,即内容分发网络。CDN 是构建在网络之上的内容分发网络,依靠部署在各地的边缘服务器,通过中心平台的负载均衡、内容分发、调度等功能模块,使用户就近获取所需内容,降低网络拥塞,提高用户访问响应速度和命中率。CDN 的关键技术主要有内容存储和分发技术。

食品安全法,该法明确规定了转基因食品的强制、定性标识等要求,并且对违反转基因食品识别要求的行为,规定赔偿金额为食品市场价格的 5 倍以上。① 此外,该法还确立了下列确保食品安全的制度:(1)风险。第 17 条提出了风险评估制度,在对转基因食品安全风险监测信息数据的依照下,对食品的物理性、化学性、生物性进行风险评估。并且风险评估结果应当向消费者及中间商集团进行披露,食品药品安全监管机构等应依据消费者知情权予以告知。② (2)许可。食品药品监督管理部门受理转基因食品的许可申请。其中,采用新型原料生产转基因食品或食品添加剂的生产商应向国务院行政部门申请许可,该项许可的审查适用实质等同原则。并依法建立转基因食品可追溯能力。③ (3)召回。第 63 条规定了转基因食品的召回制度。《食品召回管理办法》第 13 条将食品召回分为三级。④

(二) 转基因食品的现有相关立法

2007 年发布的《新资源食品管理办法》(已废止)是中国有关转基因食品管理的部门规章。第 5 条规定:"转基因食品的食用安全性和营养质量不得低于对应的原有食品。"第 8 条明确指出,转基因食品食用安全性和营养质量评价遵循实质等同原则和个案处理原则,将"实质等同"⑤。在标识方面,原来的管理办法采取定性标识要求,即只要含有转基因生物成分的就要标注。这种定性标识相较于欧盟的定量标识、美国的自愿标识都更为严格。《食品安全法》也是采用这种定性标识的监管措施。由此可见,2002 年制定的《转基因食品卫生管理办法》(已废止)尝试引入的"实质等同"的安全性评价指导原则,也仅仅是原则,并不是具体的评价标准。⑥

从 2013 年 10 月 1 日起,《新食品原料安全性审查管理办法》取代了 2007 年的《新资源食品管理办法》。《新食品原料安全性审查管理办法》明确提出了

---

① 参见信春鹰主编:《中华人民共和国食品安全法解读》,中国法制出版社 2015 年版,第 172 页。

② 参见信春鹰主编:《中华人民共和国食品安全法解读》,中国法制出版社 2015 年版,第 39 ~ 62 页。

③ 参见信春鹰主编:《中华人民共和国食品安全法解读》,中国法制出版社 2015 年版,第 82 ~ 205 页。

④ 参见信春鹰主编:《中华人民共和国食品安全法解读》,中国法制出版社 2015 年版,第 160 页。

⑤ Charles M. Tiebout, *A Pure Theory of Local Expenditures*, 64 Journal of Political Economy 416 (1956).

⑥ 参见胡加祥:《我国转基因生物、食品规制体系完善研究》,载《贵州省党校学报》2018 年第 1 期。

实质等同的定义,即"某个新申报的食品原料与食品或者已公布的新食品原料在种属、来源、生物学特征、主要成分、食用部位、使用量、使用范围和应用人群等方面相同,所采用工艺和质量要求基本一致,可以视为它们是同等安全的,具有实质等同性"。第 16 条规定,在适用实质等同原则时,对具有实质等同性的食品和已公告的食品原料应当作出终止审查的决定,并书面告知申请人。卫生监督中心还应当及时向社会公开"终止审查"和"准予许可"的新食品原料情况,以便公众查阅。

《新食品原料安全性审查管理办法》第 23 条明确规定:"本办法所称的新食品原料不包括转基因食品、保健食品、食品添加剂新品种。转基因食品、保健食品、食品添加剂新品种的管理依照国家有关法律法规执行。"《转基因食品卫生管理办法》废止后,《新资源食品管理办法》及其后续的《新食品原料安全性审查管理办法》均无法适用转基因食品,这使得专门管制转基因食品的法律法规目前仍付之阙如。

二、中国转基因食品可追溯能力标准之组织规制对接

按照《农业转基因生物安全管理条例》规定,转基因生物在中国测试、生产、营销需要得到政府批准。涉及安全等级三级和四级的转基因生物研究必须向农业农村部报告。目前,我国已经构建起以农业农村部为主的管理体系基本框架。中国转基因食品可追溯能力主管部门包括:

1. 农业农村部

农业农村部是国家负责生物安全管理的主管部门,因此也是转基因可追溯能力监管的主管部门。《农业转基因生物安全管理条例》第 4 条赋予其"负责全国农业转基因生物安全的监督管理工作"的职责,县级以上农业行政主管部门负责本行政区域内的农业转基因生物安全监管工作。国务院其他各职能部门在其权属范围内负责生物安全管理工作。县级以上政府有关部门,依照《食品安全法》规定,负责本行政区域内转基因食品的监管工作。

2. 转基因生物安全委员会

为了给转基因生物与转基因食品的安全性有个权威定论,国家成立了"农

业转基因生物安全委员会”，评估和审批转基因生物安全证书的申请。①② 委员会成员来自农业、医学、卫生、食品、环境、检测检验等领域。农业农村部下设的农业转基因生物安全管理办公室负责具体的安全评价管理工作，其中也包括转基因可追溯能力监管工作。

3. 转基因食品监管机关及监管环节

转基因食品在我国实行多头监管。除涉及进出口贸易外，农业农村部是目前我国转基因生物的主管机关，负责审批农产品上市。对于初级农产品以外的食品，市场监督管理总局是主要监管机关，负责食品生产经营许可证的发放。卫生行政部门主要发挥其综合协调的职能，同时负责新食品原料的安全性评价及审批，但是不包括转基因食品、保健食品、食品添加剂新品种的审批。因此可以认为，转基因食品可追溯也存在多层级与交叉监管。

转基生物测试阶段就属于转基因食品可追溯能力的源头部分，这也是转基因食品可追溯区别于普通食品可追溯的最大区别。

三、中国转基因食品可追溯能力法律规制存在的问题

（一）转基因食品可追溯标签识别范围需进一步明确

目前，我国并未对转基因食品进行明确定义。《食品安全法》《农业转基因生物安全管理条例》《农业转基因生物标识管理办法》中都未见有关转基因食品的定义，这造成了中国市场上转基因食品标识范围的极不明确。《农业转基因生物安全管理条例》第 3 条表述的转基因生物的定义包含了动植物、微生物及其制品。《农业转基因生物标识管理办法》第 3 条规定，凡是列入转基因生物标识目录的农业转基因生物，都需要进行标识，而《农业转基因生物标识管理办法》中的《第一批实施标识管理的农业转基因生物目录》附件仅规定了 17 种产品。转基因生物目录的范围与转基因生物定义的范围的差异性（相对较窄）直

---

① 参见刘欣、钟舟、朱莺：《国内外转基因饲料标准法规研究》，载《饲料研究》2013 年第 1 期。

② 该安全委员会成员为来自转基因研究、生产、加工、检查、防疫、卫生、环境保护方面的专家，任期 5 年。

接导致市场上出现转基因生物标识目录之外的产品。①

(二)健全转基因食品生产全过程可追溯标识的制度保障

《农业转基因生物标识管理办法》第6条第3项规定,用转基因生物或用含有转基因生物成分的产品加工制成的产品,但最终销售产品中已不再含有或检测不出转基因成分的产品,标注为"本产品为转基因××加工制成,但本产品中已不再含有转基因成分"。由此可见,在制度选择上,我国的标识制度更偏向于欧盟的过程标识,②但是,我国却没有欧盟《可追溯性和标识法案》所规定的转基因食品生产全过程追溯制度。虽然2021《食品安全法》提到建立食品追溯和信息保留制度,但是考虑到转基因食品成分检测追溯的特殊性,其需要建立专门制度。有学者建议中国应采取美国那样的"终端产品"标识方法。鉴于美国的标识制度已经引发不满,这种方法目前在中国并不太可取。③

(三)转基因可追溯能力与转基因食品风险原则

自20世纪90年代以来,发达国家食品安全法规集中关注以下几个问题:认为确保公共健康是食品安全法规的主要目标,并在国内法中贯彻了预防原则,例如美国《2011年食品安全现代法》就贯彻了预防原则;④要求食品法规建立在风险分析和科学证据基础上,暗示了《SPS协定》对成员国内法的影响;⑤规定了更为严格的食品安全标准,制定了一系列针对转基因食品新型风险的法律。⑥

---

① 参见孟彦辰、周超:《我国转基因食品标识制度相关法律问题研究》,载《医学与社会》2017年第1期。

② See George M. Chryssochoidis, Olga C Kehagia & Polymeros E. Chrysochou, *Traceabiliy: European Consumers' Perceptions Regarding its Definition, Expectation and Differences by Product Types and Importance of Label Schemes*, (Mar. 3, 2018), http://www.researchgate.net/publication/23510171.

③ 参见谢雯琦:《转基因食品检测和标识标准化研究》,第十一届中国标准化论坛2014年论文。

④ 参见《〈食品安全现代化法〉:重在预防》,美国食品药品监督管理局网,http://www.fda.gov/Food/FoodSafety/FSMA/ucm242980.htm,最后访问日期:2018年6月27日。

⑤ 在食品安全风险问题上,认为有必要采取"从农场到餐叉"方式,对食品生产全过程实施监管;在食品病原体法规问题上,强调以危害分析与关键控制点体系[Hazard Analysis and Critical Control Point, HACCP, 危害分析与关键控制点体系确认容易发生食品污染的阶段,并在这些阶段采取纠正措施维护食品安全。该方式其实关注食品的工艺特点(proccss attributcs),似乎属于生产工艺和生产方法问题]为基础。

⑥ See Donna Roberts & Laurian Unnevehr, *Trends in Food Safety Regulation and Their Impact on Trade Disputes*, in J. Buzby, ed., International Trade and Food Safety, Agricultural Economic Report 828, Economic Research Scrvicc, US Dcpartment of Agriculture, 2002, p. 198 – 253.

而欧洲法院认为,新的诱变技术带来的风险可能与旧式转基因方法带来的风险一样巨大,并已经并明确指出,真正重要的是如何监管有可能永久改变生态系统的新兴技术。① 欧盟国家普遍认为,基因组比人类以前认为的要复杂得多——它更像是一个生物超级计算机,所有的基因工程技术都会带来意想不到的改变和无法预测的现实影响。② 我们很高兴区分的立法将确保它们若用于我们的田地里和食品中,将受到详细的安全检查、监控并具有可追溯性。因此,从这些新技术中获得的生物体必须服从于转基因监管体系。欧盟的立法维护了欧盟的食品安全和可追溯性标准,如果立法中有任何含糊不清之处,这些标准将受到威胁。③

从现有的转基因食品标识制度看,我国更倾向于欧盟的风险预防原则。④ 然而从鼓励转基因技术发展的角度来看,我国还不能轻易对转基因食品作"有罪推定"。⑤ 对于转基因食品态度不明确,也造成我国迟迟不能设立一套合理的阈值制度。迄今为止,我国仍然坚持零阈值,造成我国的转基因食品标识制度最严,执法也最困难的现状。我们从美国转基因食品强制标识制度对实质等同原则的冲击中得到启示:在确定转基因食品风险预防原则的同时,也需要对转基因食品设定合理的阈值标准,以便于执法部门监管。⑥

(四)转基因可追溯能力与消费者知情权保护

我们从美国转基因食品标识制度的不识别到部分强制识别看到了消费者

---

① See Donna Roberts & Laurian Unnevehr, *Trends in Food Safety Regulation and Their Impact on Trade Disputes*, in J. Buzby, ed., International Trade and Food Safety, Agricultural Economic Report 828, Economic Research Service, US Department of Agriculture(2002).

② See Donna Roberts, *Preliminary Assessment of the Effects of the WTO Agreement on Sanitary and Phytosanitary Trade Regulations*, 380Journal of International Economic Law 377(1998).

③ See European Communities-Measures Affecting Asbestos and Asbestos-Containing Products ("EC-Asbestos"), WT/DS135.

④ See Julia E. Painter et al., *Exploring Evidence for Behavioral Risk Compensation among Participants in an HIV Vaccine Clinical Trial*, 28Vaccine35(2017).

⑤ 参见胡加祥:《转基因食品安全性的法律思辨——"无罪推定"还是"有罪推定"》,载《法学》2015年第12期。

⑥ See D Castle, Labelling of Genetically Modified Foods, 2011.

的推动作用。[①] 美国州法和联邦法之间冲突的根源在于联邦立法者长期忽视消费者的呼吁。[②] 我国消费者的自我保护意识正在迅速崛起,特别是在互联网等新媒体兴起的今天,掩盖信息会给造谣者提供可乘之机。网上关于转基因食品的负面消息比比皆是,“转基因阴谋论”“转基因吃不得”等言论充斥不少网站,美国转基因食品标识制度的转变可能又会给一些蛊惑人心者一个难得的机会。[③] 为了防止市场受这一转变的影响,我国的转基因食品标识制度首先要完善的是加强对消费者知情权的保护,这也应该是我国采取转基因食品强制标识的基石。[④]

我国法律虽然要求对转基因食品进行显著标识,但是对于如何“显著标识”却没有明确规定。消费者经常碰到不标识或标识小而难找的商品。这种现象出现的原因之一是我国没有对转基因食品标识订立一个明确的技术标准,如字体大小、颜色、标识的位置等。[⑤] 商家可以自由裁量“显著”标识,导致市场上各种转基因食品标识“躲猫猫”现象,加大了消费者获取信息的难度。还有一些商家对根本不存在转基因成分的产品进行否定性标识,以招徕消费者。[⑥]

针对目前转基因食品标识存在的问题,我们有必要制定专门的《转基因生物安全法》来规范标识做法,对以上问题作出制度上的回应。农业农村部以现有的《农业转基因生物安全管理条例》以及 5 部配套的办法可以较好地规制转基因食品为由,没有考虑制定新的条例和办法。美国的转基因食品标识危机就是由联邦政府长期忽视消费者的知情权所致。以这次警示为契机,以保护消费者知情权为出发点,重新检视我国的转基因食品标识制度,这已经是一个刻不容缓的议题。[⑦] 因此,我国转基因生物/食品法律规制体系完善的路径是:以“转

---

① 参见唐力、陈超、谭涛:《美国转基因生物安全管理法规修订及对我国启示》,载《科技与经济》2010 年第 6 期。

② 参见赵建春、张鹏:《转基因食品安全管理技术研究和发展》,载《食品与机械》2013 年第 2 期。

③ 参见陈童、孟彦辰:《比较法视野下我国转基因食品标识制度研究》(下),载《中国卫生法制》2017 年第 2 期。

④ 参见施云:《健康传播中新闻失实的原因分析——以部分转基因的新闻报道为例》,第八届中国健康传播大会 2013 年论文。

⑤ 参见陈童、孟彦辰:《比较法视野下我国转基因食品标识制度研究》(下),载《中国卫生法制》2017 年第 2 期。

⑥ 参见刘柳:《转基因作物产业化的政府决策价值理念探析》,载《四川行政学院学报》2016 年第 6 期。

⑦ See Ariaeipour, Al: *Products Liability in International Trade Law*, 43International Studies Journal (ISJ) 12(2015). 文中提到以消费者的视角来检验产品法律制度之重要性。

基因生物安全法”为基础，结合配套的法规和规章，构筑起一道完整的法律屏障。具体内容包括对转基因食品定义以及对需要标识的范围作出明确规定；更新《转基因标识目录》，且规定目录仅作为参考，标识的范围不限于目录规定；明确中国转基因食品标识以风险预防原则为指导，并在此基础上制定合理的阈值；建立符合我国转基因食品特点的全面信息追溯和保存机制，以确保对转基因食品进行生产全过程监管和标识，及时应对可能发生的转基因食品安全问题；对转基因食品显著标识的字体、图标等作出可以量化的标准，禁止采用容易误导消费者的否定式标识方式。①

第二节　建构中国转基因食品可追溯能力标准

一国的法律制度必然是为一国的国家及人民根本利益而服务的，这里我们所讨论的根本利益即是关乎根本的食品、卫生、农业安全利益。② 中国历朝历代都在皇家内设有自己的试验田，足见中国从古至今对农业和食品安全的重视程度。③

而当今，我国对于转基因的立法目标是建立最为严格的转基因监管制度，并明确了将要建设严格的转基因可追溯制度。尤其食品安全拥有最广泛的利益相关者，例如，《食品安全法》不仅扩大了法律调整范围，加重了违反法律的惩

---

① 参见黄文昊、刘祖云：《我国“转基因作物技术与产业化”：政策框架与价值诉求》，载《南京农业大学学报（社会科学版）》2010 年第 4 期。

② See Xue Dayuan, Lin Yanmei & Tisdell C. *Conflicts abouts Global Trad in GMOs: General Issues and Chinese Case Studies*, in Tisdell C. and Sen R. K. , *Economic Globalisation: Social Conflicts*, Labour and Environmental Issues, Edward Elgar, UK, USA, p. 314 – 335(2004.)

③ 我国按照全球公认的评价准则，借鉴欧美普遍做法，结合我国国情，建立了涵盖 1 个国务院条例、5 个部门规章的法律法规体系，覆盖转基因研究、试验、生产、加工、经营、进口许可审批和产品强制标识等各环节。组建了由 64 名专家院士等组成的国家农业转基因生物安全委员会、47 名专家组成的全国农业转基因生物安全管理标准化技术委员会、42 个第三方检验测试机构负责转基因安全评价、标准制定、检验检测。国务院建立了由农业、科技、环保、卫生、质检、食药等 12 个部门组成的农业转基因生物安全管理部际联席会议制度，研究、协调农业转基因生物安全管理工作中的重大问题；农业农村部设立了农业转基因生物安全管理办公室，负责全国农业转基因生物安全的日常管理工作；县级以上农业行政主管部门负责本行政区域转基因安全监督管理工作。

罚力度,并且目前我国是世界上唯一采用定性按目录强制标识方法[①]的国家。具有极强的转基因可追溯能力,对外而言对进口国具有更大的进口吸引力,对内而言在可以明确权责、打消消费者疑虑的同时又能够及时地保护消费者。[②]诚然,转基因可追溯制度并不能保证转基因食品本身更加安全(食品安全本身是科学技术问题,而目前中国也已经明确了通过审批即等同于传统食品的基本原则[③]),但却在一定程度上具备绝对的管控和问责能力。

一、中国转基因食品可追溯能力技术标准与国际标准的对接

目前,我国分别在《农业转基因生物安全管理条例》第 26 条、第 38 条规定了可追溯制度。并声明经过安全性评价后审批上市的转基因食品的安全性是有保障的,等同于传统食品。[④] 由此可见,中国目前已经采纳了实质等同原则。我国的转基因立法管理是相当严格的,例如,按照国务院颁布的《农业转基因生物安全管理条例》及相应配套制度的规定,我国实行严格的分阶段评价制度,这在国际上也是独一无二的转基因管制立法创新。由此可见,中国对转基因产品管理,无论是从技术标准上或者是程序上都力求是世界上最严格的体系。因此,借鉴欧洲国家和日本等世界上采用最严格转基因可追溯制度的国家,笔者认为,中国建立转基因产品可追溯制度的关键点可归纳为以下几项。

(一)转基因可追溯制度体系法定化

如前所述,欧盟国家与日本等在转基因食品可追溯制度世界领先的国家一

---

① 根据《农业转基因生物标识管理办法》规定,我国转基因产品的标识方法如下:转基因动植物(含种子、种畜禽、水产苗种)和微生物,转基因动植物、微生物产品,含有转基因动植物、微生物或者其产品成份的种子、种畜禽、水产苗种、农药、兽药、肥料和添加剂等产品,直接标注"转基因××"。转基因农产品的直接加工品,标注为"转基因××加工品(制成品)"或者"加工原料为转基因××"。同时要求农业转基因生物标识应当醒目,并和产品的包装、标签同时设计和印制,使用规范的中文汉字进行标注。难以在原有包装、标签上标注农业转基因生物标识的,可采用在原有包装、标签的基础上附加转基因生物标识的办法进行标注,但附加标识应当牢固、持久。

② See Cyrus Martin, *The Psychology of GMO*, Current Biology23(2013).

③ See J. Davison & Y. Bertheau, *Diffculties of Compliance with European Traceability Regulations for Genetically Modified Food and Feed*, Aspects of Applied Biology 2008 – green the food chain.

④ 政府部门已经确认:转基因安不安全有明确的权威结论,即转基因作为一项技术是中性的,这个中性的技术研发出来的产品需要对它进行一系列的安全性评价。只有经过安全性评价的转基因产品才能上市,上市的转基因食品的安全性和传统食品是等同的。

般都在其转基因生物安全法中设有专门的条款进行转基因食品可追溯制度的立法化。[①] 而在《TBT 协定》中所述的国际标准中援引国际软法或通行的专业技术标准中经常比对这些发达国家的转基因可追溯技术标准。而前文已论证得采取最严格的转基因可追溯制度的国家具有法律工具的选择权，因此，中国应对接这种国际标准对我国转基因食品的可追溯制度进行法定化。

1. 转基因食品可追溯制度立法名称与位阶

目前，我国对转基因产品的规制主要涉及《农业转基因生物安全管理条例》《农业转基因生物安全评价管理办法》《农业法》《食品安全法》《消费者保护法》《刑法》等法律及相关规定，其中农产品一般受到《农业转基因生物安全管理条例》的强制约束，而转基因食品一般适用《食品安全法》和相关法律、行政法规规定。具体规定见表 8：

表 8　中国转基因食品一般适用法

《农业转基因生物安全管理条例》	第 16 条第 1 款规定了国务院农业行政主管部门颁发的农业转基因生物安全证书；第 19 条第 1 款规定了生产转基因植物种子、种畜禽、水产苗种，应当取得国务院农业行政主管部门颁发的种子、种畜禽、水产苗种生产许可证；第 26 条规定了经营转基因植物种子、种畜禽、水产苗种的单位和个人，应当建立经营档案，载明种子、种畜禽、水产苗种的来源、贮存、运输和销售去向等内容
《农业转基因生物安全评价管理办法》(2017 年修订)	第 6 条第 2 款规定了从事农业转基因生物研究与试验的单位，应当制定农业转基因生物试验操作规程，加强农业转基因生物试验的可追溯管理
《农业转基因生物进口安全管理办法》(2017 年修订)	第 4 章第 13 条第 2 款规定农业部收到申请后，应当组织农业转基因生物安全委员会进行安全评价，并委托具备检测条件和能力的技术检测机构进行检测；安全评价合格的，经农业部批准后，方可颁发农业转基因生物安全证书
《农业法》	第 64 条第 2 款规定了农业转基因生物的研究、试验、生产、加工、经营及其他应用，必须依照国家规定严格实行各项安全控制措施
《食品安全法》(2021 年修正)	第 69 条转基因食品强制识别的简单规定和第 151 条的补充规定

① See Francescon & Silvia, *The New Directive* 2001/18/*EC on the Deliberate Release of Genetically Modified Organisms into the Environment*: *Changes and Perspectives*, Review of European Community & International Environmental Law(2001).

一般而言,较低位阶的转基因生物安全立法经常让位于不利于转基因生物安全管理的上位立法。由于转基因生物安全问题在中国出现和受到关注较晚,从而导致了时间较后而位阶较低的转基因生物安全立法的效力低于时间较早位阶较高的立法,继而出现了上位位阶立法无法有效进行转基因生物安全管理,同时下位位阶的转基因生物安全立法又缺乏足够的法律效力。[①]

有关转基因食品可追溯制度的立法名称直接体现了其调整范围、主要内容、立法层次及其他相关立法。一般而言,中国将综合性转基因生物安全立法的名称确定为《转基因生物安全法》。这是根据立法层次和立法内容两方面确定了该项法的名称。就目前而言,转基因食品可追溯制度作为《食品安全法》的特殊内容应命名为"转基因食品可追溯制度",作为单独一节。因为在现行《食品安全法》的诸多章节中,如第5条食品安全监管体系,第20条卫生、农业部门信息共享,第29条食品安全标准的公布,第32条食品安全标准的跟踪评价,第59条食品添加剂生产者的出厂检验记录制度,第60条食品添加剂经营者的进货查验记录制度,第69条转基因食品的标示,第132条食品贮存、运输和装卸违法行为的法律责任等诸多条款中都有与转基因食品可追溯制度相关的内容。[②] 从立法命名的角度而言,应在第69条转基因食品的标示中专门增设"转基因食品可追溯标示"这一段落,明确表示转基因食品可追溯能力应具备何种形式的可追溯标示、标示的内容、立法、监管机构、风险等诸多内容。[③]

此外,在《转基因生物安全法》中应增加转基因生物可追溯制度作为转基因食品可追溯制度的支撑,但依然应以《食品安全法》的转基因食品可追溯条文内容作为主要的参照标准。

2. 中国转基因可追溯制度立法内容

《农业转基因生物安全管理条例》对于安全证书,并没有将其贯通于所有转基因产品的研发、试验、申请、授权、产生、加工、运输、销售的所有环节,此外也

① 参见环境保护部编著:《中国转基因生物安全性研究与风险管理》,中国环境科学出版社2008年版,第208、223页。

② 参见吴景明:《新〈食品安全法〉如何影响你我生活》,人民出版社2015年版,第80~120页。

③ See Francescon & Silvia, *The New Directive* 2001/18/*EC on the Deliberate Release of Genetically Modified Organisms into the Environment*: *Changes and Perspectives*, Review of European Community & International Environmental Law, 2001.

只规定了建立流程档案,并没有规定具体的、唯一的、可识别的独特代码,另外也并没有明确覆盖所有的转基因产品;2016 年修订的《农业转基因生物安全评价管理办法》只提及了可追溯管理,但并未就转基因可追溯管理制度进行详细规定;《农业法》中只是提到了各项安全控制措施,也没有明确规定可追溯制度;虽然《食品安全法》没有对传统食品的可追溯制度规定,但对于转基因食品也没有特殊的规定,只是重申了强制标签的原则和兜底规定。因此,这些主要的规制转基因产品的法律并未对转基因产品的可追溯制度进行明确规定。而对于转基因产品,我国的立法目标却是构建全程的、动态的、全覆盖的转基因产品安全监管模式。① 因此,有必要增加转基因产品可追溯制度法律条款,对转基因产品的可追溯制度进行详细规定。

其中基本原则应包括:全过程管理原则、与国际规则相协调原则、谨慎原则、以科学证据为标准的风险预防原则等。

而在基本制度中,应具体表现为:(1)明确可追溯制度全部覆盖所有转基因产品(全覆盖)。在法律条文中必须明确可追溯能力的要求是全部覆盖,即所有含有转基因成分的转基因产品必须强制纳入可追溯范围。② (2)明确每一个环节都进行检测评级且在通过之后录入可追溯数据系统,并获得安全证书(全程的、动态的)。应明确规定所有转基因产品研发、试验、申请、授权、产生、加工、运输、销售各个环节都应颁发各个环节的安全证书,并将该产品进行独特代码/IP(QR 码)处理,录取其包括从农场、生产、运输、加工及分销的每一阶段测评结果,并经第三方确认其进行过 IP 处理。③ 并规定"如过程中某一环节没有做到登记备案就获得安全证书"为违法行为。同时,在某一环节没有通过检测评级也要录入系统,而非简单的使用召回制度。没有获得通过检测评级及安全证书就进入下一环节的,也属于违法行为,并实行举证责任倒置。此外,对依法登记

---

① 参见孙强、赵明超:《我国转基因食品管理体系在世界影响下的发展》,载《安徽农业科学》2014 年第 9 期。

② See Francescon & Silvia, *The New Directive* 2001/18/*EC on the Deliberate Release of Genetically Modified Organisms into the Environment*: *Changes and Perspectives*, Review of European Community & International Environmental Law(2001).

③ See Detlef Bartsch, *GMO Regulatory Challenges and Science*: *A European Perspective*, Journal für Verbraucherschutz und Lebensmittelsicherheit 9(2014).

可追溯企业部门可以实行优惠政策，以促进统一的可追溯制度管理。例如优惠的贷款政策、税收优惠等。①

（二）转基因可追溯监管机构体系与国际标准对接

我国目前对于进口转基因产品的管制流程是：一般先由国家出入境检验检疫部门作为行政执法机构，对当时事件进行调查，并采取相应措施。一旦在国内市场上出现问题，首先由国内各级食品药品监督管理部门进行管理，同时通知国家出入境检验检疫部门并负责对进口商及境外食品进行调查。进入我国境内之后的食品、药品、农产品，其安全问题一般由当地（各级）的食品、药品、农业管理监管部门进行接手监管。具体的法定监管机构设置如表 9 所示。

表 9　转基因食品监管机构法定主要条文

《农业转基因生物安全管理条例》	第 5 条规定国务院建立农业转基因生物安全管理部际联席会议制度，农业转基因生物安全管理部际联席会议由农业、科技、环境保护、卫生、外经贸、检验检疫等有关部门的负责人组成。第 9 条第 1 款规定了国务院农业行政主管部门应当设立农业转基因生物安全委员会，负责农业转基因生物的安全评价工作。第 10 条规定国务院农业行政主管部门可以委托具备检测条件和能力的技术检测机构对农业转基因生物进行检测。第 11 条规定从事农业转基因生物研究与试验的单位应成立农业转基因生物安全小组，负责本单位农业转基因生物研究与试验的安全工作。
《食品安全法》（2021 年修正）	第 5 条第 1、2、3 款规定了国务院设立食品安全委员会，其职责由国务院规定。国务院食品药品监督管理部门对食品生产经营活动实施监督管理。国务院卫生行政部门组织开展食品安全风险监测和风险评估，会同国务院食品药品监督管理部门制定并公布食品安全国家标准。第 6 条第 1、2 款规定了县级以上地方人民政府对本行政区域的食品安全监督管理工作负责，并确定本级食品药品监督管理、卫生行政部门和其他有关部门的职责。第 7 条规定了县级以上地方人民政府实行食品安全监督管理责任制。上级人民政府负责对下一级人民政府的食品安全监督管理工作进行评议、考核。县级以上地方人民政府负责对本级食品药品监督管理部门和其他有关部门的食品安全监督管理工作进行评议、考核。

由表 9 可见，我国目前对于转基因产品的监管机构相对比较健全，其构建模式与世界各国的转基因食品监管机构基本一致，如委员会、工作小组等规定。

① 参见李响：《中国转基因食品立法的困境与出路》，载《华南师范大学学报（社会科学版）》2015 年第 1 期。

但值得注意的是,我国并没有有关转基因可追溯管理的法定监管机构。如前所述,转基因可追溯管理机构设置是实现转基因可追溯制度的实质性一步,是进行统一化的集中强制管理模式,[①]并应呈现伞状多级化。[②] 因此,有必要在部门、地方各级转基因食品监管部门中增设专门的可追溯法定管理部门,并规定其必须由当地区域的食品卫生管理局为直接责任机构并承担赔偿责任。[③] 例如,对于转基因进口食品的可追溯制度,一般先由国家出入境检验检疫部门作为行政执法机构对转基因食品的可追溯能力进行调查。但进入我国境内之后的转基因食品的可追溯问题,一般由当地的食品管理监管部门进行接手监管。

在有关转基因生物综合治理体制与协调机制中,采用联席会议模式的综合监督管理与专业监督管理相结合的管理体系已被广泛应用。[④]

此外,还应注意与《卡塔赫纳生物安全议定书》相关的机构设置,《卡塔赫纳生物安全议定书》要求各缔约国履行议定书的要求设定国家联络处、国家主管部门,并建立国家生物安全信息交换机制,以便与国际履约行动接轨。

根据议定书要求,生态环境部、农业农村部、科技部、国家林业和草原局、商务部、国家市场监督管理总局、国家卫生健康委员会等指定为国家主管部门,并设立国家生物安全信息交换所,作为《卡塔赫纳生物安全议定书》的联络处。[⑤] 这些政府部门的政府职能中部门的实际工作能力,依照国家立法框架所提出的转基因生物安全管理的国家法规框架、政策框架、风险评估与风险管理指南等。

---

① See Europeans and Biotechnology in 2002, Eurobarometer 58.0, A Report to the EC Diretorate General for Research from the Project "Life Sciences in European Society" QLG7 - CT - 1999 - 00286.

② See G. Garrett & B. R. Weingast, *Ibideas, Interests, and Institutions: Constructing the European Community's Internal Market*, in J. Goldstein and R. O. Keohane, eds., Ideas and Foreign Policy: Believes, Institutions and Political Change, UCL Press, 1993, p. 173 - 206.

③ See George M. Chryssochoidis, Olga C Kehagia & Polymeros E. Chrysochou, *Traceabiliy: European Consumers' Perceptions Regarding Its Definition*, Expectation and Differences by Product Types and Importance of Label Schemes (Mar. 3, 2018), http://www.researchgate.net/publication/23510171.

④ 例如,中国自然保护区的管理一直采用综合监督管理和专业监督管理相结合的体系,另一个成功的例子是国务院于2003年批准建立的生物物种资源保护部际联席会议,该联席会议由国家环保总局牵头,发展改革、财政、农业、林业、科技、建设、商务、卫生、质检检疫、海关、工商、食品药品、知识产权、海洋、中科院、中医药等17个部门组成,各部门都有责任与分工、国家环保总局主要负责综合、协调、监督、相互分配等职责,较成功地处理了各部门之间的责任和利益关系,转基因生物安全管理也可采用这种模式。

⑤ See Xue Dayuan & C. Tisdell, *Global Trade in GM Food and the Cartagena Protocol on Biosafety: Consequences for China*, 337Journal of Agricultural and Environment Ethics15 (2002).

(三)转基因可追溯制度相关技术能级与国际标准

如前所述,世界最严格的转基因可追溯载体一般包括 QR 编码与安全证书两种类型。此外,与转基因可追溯制度相关的技术准备一般包括独特代码系统与可追溯数据库两种技术手段。[①] 中国力求最严格的可追溯制度,应该采取这两种追溯类型的双重认证制。对进入中国境内的转基因产品在检测后进行安全证书与安全代码双重认证,并确保可追溯能力与质量保证挂钩;可追溯标志的形式,建议统一使用二维码(QR 码),并法定化。[②] 同时对转基因可追溯二维码的真伪进行监管,保证其透明度,让消费者能看懂且操作简便。如果卖家使用虚假二维码,产生的问题就不仅是欺诈的责任赔偿,而必须与传统的食品药品管理相似,采取严格责任模式。[③] 同样,可追溯数据库由各级相关行政部门监管。[④]

转基因检测能力与转基因可追溯能力密切相关,是转基因食品可追溯管制的重要手段,而各地区的生物监测能力分布不平衡,有必要打破各部门界限从而形成全国性的生物安全监测体系,为风险管理和可追溯提供决策依据。[⑤]

二、中国转基因食品可追溯能力财产赔偿与国际标准的对接

(一)转基因食品可追溯环境损害赔偿的主要原则及其机制

一般而言,参考《对公海上发生油污事故进行干预的国际公约》《国际油污损害民事责任公约》《设立国际油污损害赔偿基金公约》《邮轮油污责任暂行补充协定》《空间物体造成损害的国际责任公约》《联合国海洋法公约》《关于核损害的民事责任的维也纳公约》《关于危险废弃物越境转移及其处置所造成损害

---

① See René Köppel et al. , *Two Quantitative Multiplex Real-time PCR Systems for the Efficient GMO Screening of Food Products*, European Food Research and Technology, Vol. 239, (2014), p. 653 - 659.

② See Regulation(EC)1830/2003 of the European Parliament and of the Council of 22 September 2003 Concerning the Traceability and Labeling of GMO and Traceability of Food and Feed Products Produced from the GMO and Amending Directive 2001/18/EC. http://ec/europa. eu.

③ See Illegal Genetically Engineered Starlink Corn Contaminate Food Aid, Press Release from Genetically Engineered Food Alert, 10 June 2012.

④ 参见郑火国:《食品安全可追溯系统研究》,中国农业科学院 2012 年博士学位论文,第七章。

⑤ See Regulation(EC)1830/2003 of the European Parliament and of the Council of 22 September 2003 concerning the Traceability and labeling of GMO and Traceability of Food and Feed Products Produced from the GMO and Amending Directive 2001/18/EC. http://ec/europa. eu.

的责任和赔偿问题议定书》等公约,可归纳出目前国际环境损害赔偿的主要归责原则是非歧视原则、无过错责任原则与过错责任相结合原则、责任分担原则及国家责任原则等。① 而其责任赔偿机制可归纳为责任赔偿主体、限额赔偿、责任限制机制及资金支持机制等。②

如本文第 5 章所述,中国的转基因食品可追溯环境损害赔偿应参考国际相应的做法,对符合即达到转基因可追溯能力技术标准的相关方进行一定的保险及作出相应的赔偿。从而对达到转基因食品可追溯国际标准的相关方提供高水平的法律救济。而这些措施的实施办法应由国务院生物安全管理部门或市场监督管理部门制定。在法律文本中,从立法角度而言,损害赔偿制度无疑与应急处理制度具有诸多相似点,因此必须专门设立有关转基因食品可追溯环境损害赔偿的章节进行进一步阐述。

(二)建立中国转基因食品可追溯财产损害赔偿制度

如前所述,美国、欧盟、加拿大、挪威对转基因生物安全损害赔偿的规定较为详细,体现了各国对转基因生物赔偿责任机制的重视,并可整理得:将赔偿机制纳入法律条文或专门设立法案、③构建整体的赔偿责任制度、无过错责任原则等。④

中国转基因食品可追溯财产赔偿制度中必须包括:归责原则、损害赔偿的范围、⑤因果关系证明、赔偿责任标准、赔偿金来源、免责条件等。⑥

---

① See Zoë Robaey, *Gone with the Wind: Conceiving of Moral Responsibility in the Case of GMO Contamination*, Science and Engineering Ethics22, (2016).

② See Gillan DC Danis B & Pernet P & Jolt G and Dubois P. *Structure of Sediment-associated Microbial Communities Along a Heavy-netal Contmination Gradient in the Marine Enviornment*, 670 Applied and Environment Microbiology71 (2005).

③ 例如,美国《转基因生物责任法案》(2002)对生物技术公司的责任作出一般性规定,该法案规定,损害赔偿责任包括任何人根据联邦法律或其他法律,因使用转基因生物而负有的责任。

④ See Strydom & Hennie, *International Liability Regime for Biodiversity Damage: The Nagoya-Kuala Lumpur Supplementary Protocol*, 294 South African Yearbook of International Law38 (2013).

⑤ 例如,1971 年《设立国际油污损害赔偿基金公约》第 4 条。该条规定,如油污损害是由战争、敌对行为、内战或武装暴动而造成,或是由从战舰中或从在事故发生期间某一国家拥有或经营的用于政府的非商业目的的船舶溢出或排放的油类而造成,索赔人不能证明损害是由一艘或一艘以上的船舶事件造成,油污损害是全部或部分由于受害人有意造成的损害行为或不为,或由该人的过失而造成,均可构成免责事由。

⑥ See Ho P & Xue DY. *Farmer's Perceptions and Risks of Agro-biotechnological Innovations in China: Ecological Change in Bt cotton?* 396 International Journal of Environment and Sistainable Development7 (2008).

其中归责原则作为财产赔偿制度的基本内容之一，应采用无过错责任原则。[①] 通过要求各方均应尽到足够的转基因食品可追溯相应责任来分担相应的损害赔偿责任，至于是分别承担责任还是连带责任，则需要根据事实上的相关性而确定。[②] 损害赔偿的范围即免责制度是无过错责任原则的重要内容之一，一般包括不可抗力、第三人致害或自我致害等情形。被免除的责任并不包括其他形式的补救责任，如恢复原状的责任等。[③]

（三）设置中国转基因食品可追溯能力基金

损害赔偿基金是转基因食品可追溯损害赔偿金融保障机制的重要内容，对于保证受害者获得全面充分的赔偿、受到损害的生态环境得以全面恢复及无过错责任原则在生物安全领域得到彻底贯彻都具有重要意义。[④] 我国目前的转基因生物安全法中尚未对基金机制作出任何规定，加之基金机制本身的复杂性，所以我国在进一步生物安全专门立法中对基金机制作出具体规定并不现实。而建立转基因食品可追溯制度基金制度是有效解决这一难题的途径之一。[⑤]

尤其在转基因食品可追溯基金来源、基金使用条件、基金赔偿原则等方面应结合该领域国际通行的做法。欧盟国家对这一基金问题的探讨较为深入和先进，[⑥]一般都采用基金立法的形式固定转基因生物产品的安全性以保障其商

---

① 无过错责任原则本身是一个学理概念，并在学术界普遍存在争议。事实上，这也是大陆法系的概念法学普遍存在的现象。为了避免学理争论对法律制定和实施产生不必要的影响，建议在法律文本中不采用无过错责任原则这一术语，而是通过对其内涵的确切表述来体现无过错责任原则的实质内容。因此，一般表述为造成转基因生物安全危害的单位或个人，有责任排除危害，并对直接遭受损害的单位或个人赔偿损失。

② See Cullet P. ,*Liability and Redressin Biotechnology*：*Toward a Development of Rules at the National and International Level*. COP/MOP－1 Biosafety Protocol，Bachkground Paper，International Environmental La Research Centre，Geneva 2004.

③ 如环境刑事责任等。

④ See Zaeelli S. 2001. International Trade in GMOs and Mltilateral Negotiations：A New Dilemma for Developing Countries, in Francioni F. Enviornment, Human Right and International Trade, Oxford and Portland, Oregon：Hart Publishing, 2001，p. 39－86.

⑤ See Ho P & Xue DY. ，*Farmer's Perceptions and Risks of Agro-biotechnological Innovations in China*：*Ecological Change in Bt cotton*? 396 International Journal of Environment and Sistainable Development7（2008）.

⑥ See Xue Dayuan，Lin Yanmei，*Tisdell C*. 2004. *Conflicts abouts Global Trad in GMOs*：*General Issues and Chinese Case Studies*, in Tisdell C and Sen RK. Economic Globalisation：Social Conflicts, Labour and Environmental Issues，Edward Elgar, UK，USA，p. 314－335.

业发展。[①]

第三节 中国转基因食品可追溯能力之制度创新

目前,中国将构建最严格的转基因食品可追溯制度作为立法目标。中国转基因食品可追溯制度建设可归纳为五点:立法化、最严格、智能化、社会化、专业化。法律渊源方面,应在《食品安全法》中设置转基因食品可追溯的专门章节,并与其他转基因生物法律同时适用,进行多层级的法律管辖。法律条文方面,中国转基因食品可追溯制度的法律条文应囊括:(1)最严格的"标准化"(全程、动态、全覆盖的可追溯管理体系)与成本相关的国家支持。(2)专业化的转基因食品安全追溯大数据及其立法。(3)智能化的区块链技术与转基因食品可追溯及其立法。(4)社会化的转基因可追溯管理机构相关立法。

一、最严格的标准化

我国对转基因食品可追溯能力的技术与规制将定位在最严格的标准化上。吸纳欧美国家的先进做法并创立自己的最严格标准,即"转基因食品可追溯能力中国标准",为国际社会的食品安全全球治理作出中国贡献。一国政府理应对本国的转基因食品安全担负责任。[②] 中国的最严格标准化如前所述,一般体现在IP管理、立法管理、机构管理等方面。但除此之外,在全球范围内制定本国的"中国标准",也将是中国食品安全发展战略之重要举措。任何理智的国家都会为本国的国际竞争部署相应的国家战略规划与战略布局。[③] 中国目前仍然与世界许多发达国家存在科技领域的差距。因此,中国掌握对转基因食品可追溯能力标准的话语权、主导权非常重要,从国家战略与本国切身利益出发,制定

---

① See Zoë Robaey, *Gone with the Wind: Conceiving of Moral Responsibility in the Case of GMO Contamination*, Science and Engineering Ethics 22(2016).

② See Chelsea Chuck et al., *Awakening to the Politics of Food: Politicized Diet as Social Identity*, 107Appetite(2016).

③ See C. Pelosi & J. Römbke, *Are Enchytraeidae (Oligochaeta, Annelida) Good Indicators of Agricultural Management Practices?* 100Soil Biology and Biochemistry(2016).

出中国关于转基因食品可追溯能力技术与法律的标准和版本是我国未来在该领域的重要任务之一。①

二、大数据透明:与 IP 相关的大数据立法

世界上许多先进国家都采用了大数据的处理模式来管理转基因产品可追溯的问题。② 可追溯能力大数据主要由三个重要因素组成:③

(1)编码(IP):为转基因食品可追溯追溯各方分配全球唯一认证标识;

(2)整合:开发专业数据库收纳编码及所载荷信息;

(3)共享:可追溯链各方通过数据库实现信息共享。

在数据资源建设方面,我国拥有全球最大的商品基础信息数据库(其中也包括转基因食品数据库)。④ 因此,有必要对 IP 与相关大数据进行立法,以确保 IP 的唯一性、真实性与大数据的不可篡改性。⑤

转基因食品安全可追溯能力离不开大数据的使用,⑥利用大数据可以将有关转基因可追溯 IP 编码中的信息进行有效整合,因此也有必要对转基因可追

---

① See Xue Dayuan, Lin Yanmei, Tisdell C, *Conflicts abouts Global Trad in GMOs: General Issues and Chinese Case Studies*, in Tisdell C and Sen RK. Economic Globalisation: Social Conflicts, Labour and Environmental Issues, Edward Elgar, UK, USA, p. 314 – 335(2004).

② See H. -U. Waiblinger & N. Graf & D. Mäde & K. Woll & U. Busch & B. Holland & H. Pilsl & G. Naeumann & R. Reiting & B. Ehrentreich & M. Schulze & B. Tschirdewahn & C. Brünen-Nieweler & G. Hempel & M. Weidner & A. R. Winterstein, "*Technically Unavoidable*" *in Terms of Genetically Modified Organisms-an Approach for Food Control*, Journal für Verbraucherschutz und Lebensmittelsicherheit2(2007).

③ 我国食品追溯始于 2003 年,主要由中国物品编码中心跟踪研究,并由其将此概念引入国内。

④ 该数据库中,现有超过 30 万家条码企业,超过 7000 万种源头数据,且数据量每天增长 4 万条以上。通过国际 GDSN 认证(Global Data Synchronization Network,即全球数据同步网络,是数据池系统、数流媒体和全球注册中心基于互联网发布组成的信息系统同步化网络),我国的基础信息数据库与全球 34 个标准数据池进行商品的数据同步,与全球 600 多家零售商、25,000 多家制造商同步标准化产品信息和参与方信息;商品数据集中分布于社会大众日常消费的商品品类中(基于可追溯标准、技术方案和数据资源,物品编码中心还开发出了国家级食品安全追溯平台,为企业、政府、监管部门提供服务,实现了与新疆、四川、山东、安徽、黑龙江 5 个省级可追溯平台及蜂类产品可追溯平台等行业追溯系统的对接。通过网页与条码追溯手机客户端,向消费者提供可追溯数据查询服务)。

⑤ See Kazumi Kitta, *Research Activities for the Monitoring of GMO in Japan*, 136 Journal of Biotechnol-ogy(2008).

⑥ 国家食品安全风险评估中心风险监测部副主任肖革新发表的"食品安全可追溯大数据与社会共治"的演讲中,明确介绍了基于大数据的食品安全共治的必要性、食品安全大数据在未来食品安全治理中的作用、如何架构食品安全平台及平台建成后的应用。

溯大数据之间的信息管理进行相关立法,从而建立起政府、社会团体、消费者、执法机构多层次数据整合,使转基因食品可追溯大数据朝着智能化、社会化、专业化、法制化的方向发展。

架构转基因食品安全共治平台需要考虑到多方面对接的问题,因为越全方位的数据信息就会发挥越大的威力。面对如此威力巨大的数据,法律有必要保障其真实性和透明性。[①]因此有必要对这些大数据资源库进行安全性、真实性、透明性的相关立法,且主要条文可纳入转基因食品可追溯能力标准的具体章节。

三、链上治理:与转基因可追溯能力相关的区块链立法

(一)IP 可追溯技术与区块链技术

2018 年 5 月中国食品行业发展史上拥有里程碑式意义的中国区块链食品安全高峰论坛暨中食链产业联盟成立大会召开。[②] 在转基因食品安全质量追溯方面,中国转基因食品可追溯链基于区块链技术构建食品安全技术壁垒,致力于建立中国食品企业智能大数据,建立食品安全信用机制,推动行业生态的共治、共享、共建,推进中国食品行业走出国门与全球接轨。中国转基因食品链旨在以"共治、共享、共建"的理念,建立食品行业防伪溯源,重建信任的生态网络,由转基因食品区块链行业企业提供区块链技术服务,以开放、便利的转基因食品防伪溯源网络为基础,建立从田地到餐桌的产地直供网络,补足政府监管和舆论监督不易覆盖的一些盲区。

转基因食品安全生产事件常发生的重要原因包括了转基因食品市场中的信息不对称。[③] 区块链技术的分布式记账、不可篡改等技术特性,天然吻合于转

---

① 我国目前建立了四大资源库:(1)基础的数据编码库(食物、疾病、病理);(2)全链条的食品安全风险监测库(从农田到餐桌涉及的相关部门数据);(3)以人体健康为中心的食源性疾病监测数据库(包括病理、膳食消费量、爆发数据、分子溯源数据等);(4)互联网监测数据(舆情监测、消费者的投诉和举报)。收集数据后,利用同时空统计技术、人工挖掘的技术等对数据进行分析和利用。更好地辅助转基因食品预警机制,全链条的、科学的风险评估。

② 参见《2018 年区块链食品安全质量追溯高峰论坛召开》,载《人民日报》海外版网,http://m.haiwainet.cn/middle/457137/2018/0525/content_31322975_1.html。

③ See Maria W., *Risk Regulation and Deliberation in EU Administrative Governance—GMO Regulation and Its Reform*, European Law Journal 5(2015).

基因食品服务范畴。SPGS[①] 开创性地将区块链技术应用于转基因食品行业，其安食链项目已经获得北京市经济信息委员会的批准，成为北京市区块链应用的参照项目。[②][③]

分布式组织技术能够调动社会各层级技术与管理能力，在现有规则下督促各层级与部门诚信执行转基因食品的可追溯技术标准，与区块链的中心化强监管协同，实现全覆盖的多中心微弱监管，使得造假欺诈行为无所遁形。[④] 这些链上治理的实体，都将成为参与转基因食品可追溯能力管制的全方位监管主体，在底层规则的框架下严格执行转基因食品可追溯技术标准，促进转基因食品安全生产和经营、消费体系的安全、有效发展。

区块链技术具有去中心化、去霸权化等特点，一定程度上解决了人与人的信任问题。区块链技术一般指互联网多个备份，互相验证，无法窜改与不遗失。[⑤] 基本原理是分布式，一旦触及则更改所有备份。[⑥] 其核心优势在于不可篡改性。安全、快速、智能的区块不属于单一机构是超级透明公开的平台，而非数字霸权。[⑦] 因此，同样能提升转基因食品供应链的追根溯源性与安全可靠性，进而保障转基因食品安全。许多跨国公司，如 IBM 十几年前就在做多种形式的供应链追溯，其

---

① SPGS 将“消费者参与责任”这一重要因素全面引入全球安全食品标准体系并落实到整个安全食品产业链，用以重建信息秩序，催生信任体系，解决食品安全问题。

② SPGS 责任体系推出的安食链项目，在食品场景下应用区块链技术，使各类 PGS 小组、消费者社群、农场和企业能够“上链”，存储并奖励真实的生产和消费行为，甄别优劣，驱逐食品体系中的“李鬼”，助力食品安全的有效治理。

③ 具体来说，安食链项目基于区块链底层协议、安食数字资产、分布式社群、工作量证明、影响力证明等，开创出基于消费者参与的“社群—社群”的全新食物体系。安食链结合公链与联盟链的双重优势，为生态农业各参与方提供区块链应用化平台，推出“数字资产”作为整个体系的通证（token），让各方参与者进行点对点支付，支持生产、流通、交易、技术升级；分布式 PGS 社群是安食链的关键节点，采用联盟方式准入，对接公链连接消费者。

④ 目前，国内已有 2000 多家生态农场、生态餐厅、有机超市、消费者社群等“上链”SPGS 的安食链，遍布 20 个省 29 个市的 200 多个城市。预计未来三年内，将有超过 10 万家企业、50 万个消费者社群，1500 万个家庭上链，依托生态食品生产，将带来 1 亿亩以上耕地的生态修复。

⑤ 参见吴燕妮：《金融科技前沿应用的法律挑战与监管——区块链和监管科技的视角》，载《大连理工大学学报（社会科学版）》2018 年第 3 期。

⑥ 参见郑戈：《区块链与未来法治》，载《东方法学》2018 年第 3 期。

⑦ 参见吴健：《去中心化数字版权保护技术初探》，载《西部广播电视》2016 年第 12 期。

中就包括转基因食品可追溯领域。① 可追溯区块链技术体系在转基因食品安全领域的应用,可实现对转基因食品较为精准的信息录入、定位、追溯等显示功能。将区块链引入转基因食品可追溯能力体系是因为区块链等新技术的出现保证了数据的真实性。因此,区块链技术可减少不法分子可能作案的环节并杜绝篡改。②

除了转基因食品可追溯数据的不可篡改、去中心化、大数据密集整合、透明度、可视化外等特性外,更关键的是区块链本身蕴含着开放、合作理念的技术与转基因食品本身所蕴含的现代科技商业理念与国际食品技术趋势具有一致性。区块链技术为传统供应链体系理论带来了很多创新变化及其商业领域的广阔前景。而转基因食品可追溯性的供应链技术与区块链技术必将带来转基因食品供应链运行模式与安全监管形式的转型。③ 只有通过立法建设以区块链技术为技术根基的转基因食品可追溯能力,才能达到国际标准下的转基因食品信息的透明性,让消费者深知这种转基因食品可追溯性的科学性和真实可靠性,并第一时间明晰该食品的开发商、运输过程、生产日期、生产商,还能让消费者看到整个物流流程以此提高认知与信任。

(二)转基因食品可追溯区块链相关立法

区块链是一项具有变革性的基础技术,与机械、电力、互联网一样,也是一项足以影响世界的基础科学技术。本质上来讲,区块链和法律都是信任机制,两者关系的不确定性导致对区块链两极分化的评价。区块链利用分布式分类账、共识和智能合约等特征实现避免对中央机关的依赖以及建立普遍诚信的价值主张。传统的防伪溯源系统是中心化系统,数据极容易被管理员或黑客篡改,而基于区块链技术的防伪溯源系统是多中心化的,分布式存储,兼有公开、透明和可追溯的特性,相较于传统防伪溯源的体系,中国转基因食品可追溯链更符合防伪溯源的本质。

---

① 参见姚景贤:《美国跨国公司的转基因战争与中国粮食主权和安全保卫战》,载《赤峰学院学报(自然科学版)》2014 年第 2 期。

② 传统的召回方法至少需要 24 小时,而区块链技术的应用可在 2 秒钟内实现召回,既减少了损失还降低了不合格产品对人体的危害。

③ 参见杨东、潘曙东:《区块链带来金融与法律优化》,载《中国金融》2016 年第 8 期。

在《智能制造 2025》《数字中国》规划战略中，部署全面推进制造强国战略，规划战略均把科技创新摆在国家发展全局的核心位置，利用技术优势谋划新的发展模式。而中国食品链的诞生，就是利用高新科技区块链与食品行业的结合，推动传统食品行业品质转型升级。未来，中国食品链将建立一个面向全球的安全可信、可追溯、共治的食品生产和流通体系，推进中国食品行业走出国门与全球接轨，实现产业全球化。

但区块链信任系统并非无懈可击，分类账、智能合约、边缘服务提供商以及代币销售各层次各有风险，网络解放和政府架空无异于天方夜谭，法律和监管介入的需求毋庸置疑。监管可能抑制创新并引起管辖权竞争问题，但并非无解之局。区块链可以补充法律，与之互补甚至取而代之，两者分别有其治理局限性，融合治理方为解决之道，而这可以通过法律代码化与代码法律化两种模式实现。[①]

转基因食品可追溯区块链技术的最大弊病之一乃是其治理机制的基本规则的不可变性。[②] 但若想真正融合区块链和法律，传统法律制度必须作出相应改变。[③] 现在应当以法律和代码的融合作为主要任务。链上治理系统令区块链的运行向人性化法律或治理体制靠近，监管者、立法者和法院可采取措施，为实验创造明确的空间。区块链开发者同样需要发掘二者的共同之处。因此，未来对转基因食品可追溯能力相关的区块链技术进行立法实属必然。因此，笔者认为：除了应在《食品安全法》第 69 条转基因食品的标示中专门增设“转基因食品可追溯标示”这一段落（其内容应该包括立法目的、适用范围、管理对象、基本政策、基本原则、基本制度）之外，应详细规定转基因食品可追溯能力使用区块链技术的法定性。一般而言食品区块链技术会使用类似 RFID 技术，[④]这项技术与转基因食品区块链的技术密切相关。因此，与区块链相关的技术也应进行法

---

① 参见［美］凯文·沃巴赫、林少伟：《信任，但需要验证：论区块链为何需要法律》，载《东方法学》2018 年第 4 期。

② 参见蒋余浩、贾开：《区块链技术路径下基于大数据的公共决策责任机制变革研究》，载《电子政务》2018 年第 2 期。

③ See Jun WANG et al., *The Outlook of Blockchain Technology for Construction Engineering Management*, 67Frontiers of Engineering Management4（2017）.

④ 射频识别，RFID（Radio Frequency Identification）技术，又称无线射频识别，是一种通信技术，可通过无线电讯号识别特定目标并读写相关数据，而无须识别系统与特定目标之间建立机械或光学接触。

定化。中国转基因食品可追溯链的形成不仅保证了食品的来源清晰可查,相对国内知名电商平台,更是降低了平台费和广告费,让消费者可以得到性价比更高的原产地食品。从而转基因食品区块链技术的法定化更能使中国转基因食品可追溯技术实现乘数级增长。

如前所述,转基因食品可追溯能力标准即是制度标准,又是技术标准。因为,转基因食品可追溯的技术标准包括一系列的标准化操作标准,而法律所明确规定的转基因食品可追溯能力的具体做法就包括可追溯能力的各项内容标准。因此,有关转基因食品可追溯能力区块链的技术标准也应明确被纳入转基因食品的立法中,可以明确表示于《食品安全法》第69条转基因食品的标示中专门增设的"转基因食品可追溯标示"这一段落中,也可以在中国综合性转基因生物安全立法"转基因生物安全法"中明确表示转基因食品可追溯能力区块链技术的法定化。

四、社会共治:《SPGS全球安全食品责任信用体系指导文件》

食品安全治理的社会参与,是一种集体行动。世界首个以消费者责任驱动为核心的安全食品责任信用框架——《SPGS全球安全食品责任信用体系指导文件》(以下简称《SPGS指导文件》),于2017年10月在中国北京召开首次专家论证会。《SPGS指导文件》是全球首个立足责任驱动、以消费者参与为核心,以$(N+n)+(1x6^n)$为基本架构,从重构信息秩序出发,以构建信任链为基础,以大数据为技术支撑,推动整个安全食品六大产业领域健康发展的全新安全食品机制。主张以共建共益的精神、协同合作的方式从根本上解决食品安全、雾霾治理及环境建设等问题。全球安全食品生态建设协同中心作为SPGS体系开发部门,①尽其所能保证了资金来源、专业化管理、公益性等。② SPGS

---

① SPGS体系发起部门——全球安全食品生态建设协同中心,是在北京共仁公益基金会和安全食品共益基金会的管理下运行的。

② SPGS体系下设有如下组织:专业委员会、消费者委员会、SPGS指导委员会、安全食品消费者教育学院(已经举办四期培训)和30个地方分中心(已经在青海、云南、甘肃、北京、山东等地建立分中心),这些机构分别发挥各自专长,在自身机构边界内运行,彼此间定期开展交流。专业委员会下设生产、加工、服务、休闲旅游、文化教育、历史传承和其他分委员会,负责把传统的优秀标准和有效措施内化于SPGS体系之中,并设置合理的利益分配机制,最大限度地汇集各方智慧、调动各方力量。

责任体系①中的集体行动常常面临搭便车困境，如何化解这一困境？SPGS 责任体系在组织架构设计上，首先确定了各类共治主体的角色和位置，明晰责任、发挥专长、束缚权力。食品安全管理十分复杂，不仅在行动上参与主体众多，在专业需求上也包含了自然科学专业和社会科学专业，如何在发挥各类主体优势的同时，厘清责任边界和权力边界，是设计组织架构时必须考虑的问题。②

"数字资产"是权益数字化的基本工具，③也是衡量 SPGS 责任体系中经济行为的重要载体，更是整个食品体系中价值流通的基础媒介。④ 可直接获得全球众多物理资产、环境资产、质量资产的所有权。对于政府来说，社会力量的参与，形成了一种分布在各个角落的天罗地网式的全包围"弱监管"，与政府的中心化"强监管"形成优势互补，增强了食品安全治理的总能量。⑤ 对于市场来说，社会力量的参与，特别是消费群体的参与，促进了市场的优胜劣汰机制，好的企业被识别出来，坏的企业也曝光出来，区块链技术的不可篡改性增强了这一优劣甄别机制的制度信任属性，促进食品市场健康有序发展。对于社会力量本身来说，无论是消费者、公益机构还是行业专家，都有了更广阔的施展空间，

---

① 主要从以下三个方面来推动食品安全治理的社会参与：一是从组织架构上，确定共治主体的责任边界和权力边界；二是使用区块链技术实现分布式组织、多中心弱监管与中心化强监管协同，督促各类群体忠实执行 SPGS 责任体系；三是重塑消费者责任意识，通过消费者来倒逼食品行业革新。

② 消费者群体是食品产业链的最后环节，SPGS 强调重塑消费者的责任意识。引导消费者从物美价廉的理念转向优质优价的公平贸易理念。通过消费者"用脚投票"，推动优胜劣汰的市场机制发挥决定作用，倒逼行业革新，保证食品安全。SPGS 鼓励消费自发组织成立多种形式的消费者 PGS 小组，包括有机农夫市集、消费者合作社、PGS 小组等。经合规审核委员会审核，符合要求的消费者参与式保障组织可获得见证资格，并有权出具 SPGS 见证报告。消费者将基于 SPGS 体系，通过实地见证来履行消费者责任，对参与其中的产业链各相关方进行综合评分，形成一个总 SPGS 保障评分和三个子评分的结果，淘汰劣质企业，让优质企业能够获得优质的资源配置，倒逼食品行业革新。

③ "数字资产"代表了安食链的使用权和所有权，数字化的权益使得所有持有"数字资产"的个人或企业都成为安食链的股东，参与安食链的治理。

④ "数字资产" 作为重要的价值流通媒介，可用于安食链上的所有交易，如订单、手续费、服务费等。另外，随着安食链对全球农业生产基地、全球城市安食提货点、全球安食应用、全球环境资产数字化的推进，通过 ICO 发行。ICO（Initial Coin Offering），首次币发行，源自股票市场的首次公开发行（IPO）概念，是区块链项目首次发行代币，募集比特币、以太坊等通用数字货币的行为。

⑤ Luc Bodiguel *GMO*, *Conventional and Organic Crops*: *From Coexistence to Local Governance*. 8Agriculture and Agricultural Science Procedia（2016）. 这篇文章中，作者 Luc Bodiguel 提到了转基因产品的分区管制概念。

在食物体系中凸显了自身话语权。安食链项目的利益分配机制,实现了“当好人,做好事,得好报”。各类群体在 SPGS 这一体系的指引下,共享一个更加健康的食物体系,营造更加协同、和谐的社会共治格局。①

SPGS 为促进社会力量参与食品安全社会共治提供了一种可能的探索途径,在督促转基因食品可追溯技术标准的严格执行、焕发消费者维权意识与主体责任、促进区块链技术应用于转基因食品等方面提供了可能的法律管理文本。SPGS 共治共益体系的调研与政策关注技术创新应用型立法。社会参与需要监管但同样也需要以市场为机制的自动调控机制,在政府、市场和社会等诸多监管机构的权责边界作为原则的基础上,才可能协同推进转基因食品可追溯监管机制,实现转基因食品可追溯能力的社会共治。

转基因食品可追溯链条的复杂性与重合性导致了单一的可追溯系统或技术根本无法解决所有掺假、造假问题,只有将众多转基因食品可追溯链条整合起来才能厘清问题点的多发环节,并同时为取证提供可能的概率参数,从而实现全面的转基因食品可追溯能力。为此,许多跨国公司与科研单位进行了多方位的合作。② 例如,IBM、清华大学等单位建立了转基因食品安全区块链溯源技术联盟,并同时进行管理经验上的共享。

由此可见,中国转基因食品可追溯制度的构建必将是大数据、区块链、消费者多方参与的法律制度与技术标准。各层级机构间的协同工作与统一的技术标准相结合是转基因食品安全监管的必然趋势。

---

① 例如,上海市人民政府与原国家食品药品监督管理总局签署《关于加强食品药品安全监管战略合作协议》。原国家食药监总局局长毕井泉、上海市原市长杨雄代表双方签署协议并进行工作会谈。

② Kai Uwe Priesnitz, Jana Storch, Anja Vaasen, Achim Gathmann, *The Development of a GIS-based Public GMO Location Register Considering the Needs of the EU Member States*, 10Journal für Verbraucherschutz und Lebensmittelsicherheit4(2015).

附表索引

参考文献

（一）著作

1. 中文类

[1]农业部农业转基因生物安全管理办公室编：农业转基因生物安全管理法规汇编，中国农业出版社，2005年版。

[2]全国人大常委会法制工作委员会行政法室编：国外转基因知多少，2009年版。

[3]王明远：转基因生物安全法研究，北京大学出版社，2010年版。

[4]段武德主编：农业部转基因生物安全监督检测测试机构简介，中国农业出版社，2011年版。

[5]农业部农业转基因生物安全管理办公室编：百名专家谈转基因，中国农业出版社，2011年版。

[6]薛达元：转基因生物风险评估与安全标准，中国环境科学出版社，2014年版。

[7]马琳：转基因食品标识与信息的政策效应研究：基于中国消费者的实验经济学实证分析，中国社会科学出版社，2014年版。

[8]张忠民：转基因食品法律规制研究，中国政法大学出版社，2014年版。

[9]徐娇主编：《中华人民共和国食品安全法》（2015）解读，中国质检出版社、中国标准出版社，2015年版。

[10]农业部农业转基因生物安全管理办公室编:转基因食品安全面面观,中国农业出版社,2015 年版。

[11]环境保护部编著:中国转基因生物安全性研究与风险管理,中国环境科学出版社,2008 年版。

[12]陈亚芸:转基因食品的国际法律冲突及协调研究,法律出版社,2015 年版。

[13]吴景明主编:新《食品安全法》如何影响你我生活,人民出版社,2015 年版。

[14]农业部农业转基因生物安全管理办公室编:转基因生物安全与管理(英文版),2015 年版。

[15]农业部科技发展中心编:转基因农业生物安全标准 2015,中国农业出版社,2016 年版。

[16]章桂明等编著:转基因农产品检测与溯源,中国农业出版社,2016 年版。

2. 英文类

[1] Andrew Guzman & Joost Pauwelyyn, *International Trade Law*, New York: Aspen Publishers, 2009.

[2] R. E. Blackhouse, *Economists and the Economy: The Evolution of Economic Ideas*, second edition, New Brunswick, NJ: Transaction Publishers, 1994.

[3] Graham Chambers, *The BSE Crisis and the European Parliament*, in Christian Joerges and Ellen Vos, eds, EU Committees: Social Regulation. Law and Politics, Hart Publishing, 1999.

[4] Kym Anderson and Chantal Pohl Nielsen, GMOs, the SPS Agreement and the WTO, in The Economics of Quarantine and the SPS Agreement, edited by Kym Anderson, Cheryl McRae and David Wilson, University of Adelaide Press, 2001.

[5] Luc Bodiguel and Michael Cardwell, eds., *Modified Organisms: Comparative Approaches*, Oxford University Press, 2010.

[6] Marie Kreipe, *Genetically Modified Food: Trade Regulation in View of Environmental Policy Objectives*, Diplomica Verlag, 2010.

[7] Mark A. Pollack and Gregory C. Shaffer, *When Cooperation Fails: The International Law and Politics of Genetically Modified Food*, Oxford University Press, 2009.

[8] Genetically Modified and Non-Genetically Modified Food Supply Chains: Co-Existence and Traceability, Blackwell Publishing Ltd., 2012.

[9] Marchant & Gary E., *Thwarting Consumer Choice: The Case Against Mandatory Labeling for Genetically Modified Food*, American Enterprise Institute Press, 2010.

[10] Pollack & Mark A., *When Cooperation Fails: The International Law and Politics of Genetically Modified Foods*, Oxford Univ PR. 2009.

[11] Carter & Colin, *Genetically Modified Food and Global Warfare*, EMERALD GROUP PUB. 2011.

[12] Damien Plan & Guy Van den Eede, *The EU legislation on GMOs: an overview update December* 2011, European Commission. 2012.

[13] Luc Bodiguel & Michael Cardwell, *The regulation of genetically modified organisms [electronic resource]: comparative approaches*, Oxford University Press. 2010.

[14] Les Levidow & Susan Carr, *GM food on trial: testing European democracy*, Routledge. 2010.

[15] Pollack & Mark A., *When Cooperation Fails: The International Law and Politics of Genetically Modified Foods*, Oxford University Press. 2009.

[16] Lisa H. & Weasel, *Food fray: inside the controversy over genetically modified food*, Amacom-American Management Association. 2009.

[17] Amacom, Food Fray Inside The Controversy Over Genetically Modified Food, 2009.

[18] Marchant Gary E., Thwarting Consumer Choice: The Case Against Mandatory Labeling for Genetically Modified Foods, AEI Press, 2010.

[19] Kreipe Marie, *Genetically Modified Food: Trade Regulation in view of Environmental Policy Objectives*, Diplomica Verlag. 2010.

[20] Marchant & Gary E., *Thwarting Consumer Choice: The Case Against Mandatory Labeling for Genetically Modified Foods*, Rowman & Littlefield Publishers, Incorporated; NBN International. 2010.

[21] Baram & Michael, *Governing Risk in GM Agriculture*, Cambridge University Press. 2010.

[22] Economic Loss Caused by Genetically Modified Organisms—Liability and Redress for the Adventitious Presence of GMOs in Non-GM Crops, 2016.

[23] Karinne Ludlow, Stuart J. Smyth & José Falck-Zepeda Editors, *Socio-Economic Considerations in Biotechnology Regulation*, 2013.

[24] D Castle, *Labelling of Genetically Modified Foods*, 2011.

[25] Janice Albert, *New technologies and food labelling: the controversy over labelling of foods derived from genetically modified crops*[M]2015.

[26] Hammes & Walter P., *Detection Methods for Genetically Modified Microorganisms used in Food*[M] Fermentation Processes Wiley-VCH Verlag GmbH & Co. KGaA 2005.

[27] David Zilberman, *Regulating Agricultural Biotechnolo Gy: Economics And Policy*, 2006.

[28] Economic Loss Caused by Genetically Modified Organisms—Liability and Redress for the Adventitious Presence of GMOs in Non-GM Crops,

[29] D Castle. Labelling of Genetically Modified Foods, 2011.

[30] Janice Albert. New technologies and food labelling: the controversy over labelling of foods derived from genetically modified crops, 2010.

[31] Karinne Ludlow, Stuart J. Smyth, José Falck-Zepeda Editors. Socio-Economic Considerations in Biotechnology Regulation, 2013.

[32] Karinne Ludlow. Stuart J. Smyth. José Falck-Zepeda Editors. Socio-Economic Considerations in Biotechnology Regulation, 2013.

（二）期刊论文

1. 中文类

[1]陶立峰，转基因农产品贸易大战的法律思考——兼评《农业转基因生物安全管理条例》，世界贸易组织动态与研究，2002(11)，第29-33页。

[2]刘志陟、李慧，试论我国转基因生物安全性法律体系的完善，当代法学，2003(10)，第94-96页。

[3]朱雪忠、杨远斌，转基因植物的专利保护探讨，科技与法律，2005(04)，第34-38页。

[4]钱磊，转基因产品贸易中预防原则探析，上海政法学院学报，2005(04)，第112-115页。

[5]王迁，欧美转基因食品法律管制制度比较研究，河北法学，2005(10)，第114-121页。

[6]朱晓勤，转基因食品强制标识制度在世贸组织框架内的法律分析，国际贸易问题，2006(03)，第122-128页。

[7]李辉，WTO转基因农产品贸易争端与欧盟转基因产品管制立法评析，环球法律评论，2007(02)，第53-63页。

[8]江保国，WTO转基因农产品贸易争端第一案述评，法商研究，2007(05)，第148-156页。

[9]边永民，欧盟转基因生物安全法评析，河北法学，2007(05)，第157-163页。

[10]王明远，“转基因生物安全”法律概念辨析，法学杂志，2008(01)，第79-81页。

[11]宋锡祥，欧盟转基因食品立法规制及其对我国的借鉴意义，上海大学学报(社会科学版)，第2008(01)，第89-96页。

[12]付文佚，从欧盟转基因产品案看习惯国际法在WTO中的适用，科技与法律，2008(04)，第27-31页。

[13]付文佚，论WTO中的消费者知情权——以转基因食品标签为例，《WTO法与中国论坛》文集——中国法学会世界贸易组织法研究会年会论文集(七)，2008(11)，第324-337页。

[14]刘旭霞、耿宁,转基因动物产业化法律监管问题研究综述,安徽农业大学学报(社会科学版),2010(03),第84-88页。

[15]曹维,从 Monsanto v. Schemeiser 案分析转基因作物的知识产权保护,华东政法大学学报,2010(06)。

[16]孟雨,转基因食品国际贸易法律问题研究,前沿,2011(01),第110-112页。

[17]袁绍义,转基因生物越境转移事先知情同意制度解读——以《卡塔赫纳生物安全议定书》为视角,《法学杂志》,2011(11)。

[18]刘银良,转基因论争中的知识产权问题,法学,2012(03),第101-110页。

[19]高雪辉、陈劲松,中国转基因技术的保护与规制,学术交流,2012(03),第55-58页。

[20]郭高峰,WTO 框架下转基因食品标识的消费者知情权研究,暨南学报(哲学社会科学版),2013(04),第62-68页。

[21]乔雄兵、连俊雅,论转基因食品标识的国际法规制——以《卡塔赫纳生物安全议定书》为视角,河北法学,2014(01),第134-143页。

[22]赵鹏,政府对科技风险的预防职责及决策规范——以对农业转基因生物技术的规制为例,当代法学,2014(06),第22-31页。

[23]梁平、李广德,法教义学视角下的转基因争议与法律规制问题研究——以转基因法律规制体系的形式考察为核心,河北法学,2014(12),第96-103页。

[24]李响,中国转基因食品立法的困境与出路,华南师范大学学报(社会科学版),2015(01),第139-144页。

[25]南海燕,发达国家转基因产品安全法规对我国相关立法的启示,河南工业大学学报(社会科学版),2015(01),第24-28页。

[26]陈亚芸,欧盟转基因和非转基因作物共存的法律问题研究,德国研究,2015(01),第56-69页。

[27]刘婷,转基因食品标识冲突对原产地标记的影响,学术交流,2015(02),第81-88页。

[28]王扬、刘晓莉，我国转基因食品安全社会监管问题研究，河北法学，2015(02)，第42－48页。

[29]高桥滋、周蒨，日本转基因食品法制度的现状及课题，法学家，2015(02)，第134－139页。

[30]竺效，论转基因食品之信息敏感风险的强制标识法理基础，法学家，2015(02)，第120－127页。

[31]阙占文，自我复制技术与专利权用尽原则的适用——以转基因种子为中心，法学家，2015(02)，第127－134页。

[32]刘张彬、唐路阳，对转基因食品安全问题的若干刑法学思考，赤峰学院学报(汉文哲学社会科学版)，2015(03)，第68－70页。

[33]胡加祥，欧盟转基因食品管制机制的历史演进与现实分析——以美国为比较对象，比较法研究，2015(05)，第140－148页。

[34]阙占文，转基因作物基因污染受害者的请求权，法学研究，2015(06)，第65－79页。

[35]陈景辉，面对转基因问题的法律态度——法律人应当如何思考科学问题，法学，2015(09)，第118－128页。

[36]刘银良，美国转基因生物技术治理路径探析及其启示，法学，2015(09)，第139－149页。

[37]孙良国，法律家长主义视角下转基因技术之规制，法学，2015(09)，第129－138页。

[38]胡加祥，转基因食品安全性的法律思辨——“无罪推定”还是“有罪推定”，法学，2015(12)，第103－114页。

[39]胡加祥，转基因食品安全性的法律思辨与价值取向，中国农业大学学报(社会科学版)，2016(02)，第65－74页。

[40]张忠民，论转基因食品标识制度的法理基础及其完善，政治与法律，2016(05)，第118－131页。

[41]郭桂环，WTO体制下转基因食品强制标签的正当性分析，河北法学，2016(05)，第125－132页。

[42]周超，国际法框架下我国转基因食品标识制度的完善，求索，2016

(06),第53-57页。

[43]秦天宝,生物安全立法模式之实证考察:比较法的视角,吉林大学社会科学学报,2013(05),第116-125+176页。

[44]刘银良,美国生物技术的法律治理研究,中外法学,2016(02),第462-485。

[45]郝世坤、刘艳芳,河北省转基因食品标识法律制度研究,法制与经济,2015(Z1),第16-17页。

[46]马振超、张晓菲,中国社会公共安全面临的突出问题及态势分析——非传统安全视角,中国人民公安大学学报(社会科学版),2014(03),第113-119页。

[47]丁宇峰,转基因技术的保护与权利平衡:中国的立法与政策取向(英文),China Legal Science,2016(03),第46-72页。

[48]刘柳,转基因作物产业化的政府决策价值理念探析,四川行政学院学报,2016(06),第20-23页。

[49]孟令国,福还是祸:转基因食品风险认知的社会文化人类学分析,红河学院学报,2016(06),第92-96页。

[50]郭高峰,消费者权利视角下转基因食品标识研究,河南工业大学学报(社会科学版),2016(04),第29-35页。

[51]汪再祥,转基因食品强制标识之反思——一个言论自由的视角,法学评论,2016(06),第129-135页。

[52]金铭、李艳芳,风险预防原则在转基因食品安全领域的适用,学术交流,2016(10),第92-97页。

[53]李莎莎,转基因食品安全刑法规制论纲,河南社会科学,2016(10),第34-39页。

[54]孟德长,浅析转基因食品之安全性分析及其法律规制,法制与社会,2016(28),第272-273页。

[55]陈可,美国转基因食品标识制度研究及其对我国的借鉴,法制博览,2016(33),第21-23页。

[56]陈童、孟彦辰,比较法视野下我国转基因食品标识制度研究(上),中

国卫生法制,2017(01),第 7 - 10 页。

[57]孟彦辰、周超,我国转基因食品标识制度相关法律问题研究,医学与社会,2017(01),第 66 - 69 页。

[58]陈童、孟彦辰,比较法视野下我国转基因食品标识制度研究(下),中国卫生法制,2017(02),第 14 - 18 页。

[59]胡加祥,美国转基因食品标识制度的嬗变及对我国的启示,比较法研究,2017(5)。

[60]胡加祥,我国转基因生物、食品规制体系完善研究,贵州省党校学报,2018(01),第 100 - 108 页。

2. 英文类

[1]Douma, *Wybe Th. &Towards New EC Rules on the Release of Genetically Modified Organisms*,Review of European Community & International Environmental Law,1999.

[2]Steiner, Melanie P. Food Flight-the Changing Landscape of Genetically Modified Foods and the Law, Review of European Community & International Environmental Law,2000.

[3]Clare Kapp. Swiss launch law on gene tically modified food, The Lancet. Vol. 355. January 29, 2000.

[4]Hilary Newiss. The patenting of Genetically modified foods, Trends in Food Science & Technology,1998.

[5] Matthee, Mariëlle D. Greenpeace V. France, case 6/99 (Genetically modified maize case), Review of European Community & International Environmental Law,2000.

[6] Perdikis, Nicholas. Reforming the WTO to Defuse Potential Trade Conflicts in Genetically Modified Goods, World Economy,2001.

[7] Hervey, Tamara K. Regulation of Genetically Modified Products in a Multi-Level System of Governance: Science or Citizens?, Review of European Community & International Environmental Law,2001.

[8] Francescon, Silvia. The New Directive 2001/18/EC on the Deliberate

Release of Genetically Modified Organisms into the Environment: Changes and Perspectives, Review of European Community & International Environmental Law, 2001.

[9] Paul Brent. Regulation of genetically modified foods in Australia and New Zealand, Food Control,2003.

[10] Xavier Bosch. USA fights Europe's ban on genetically modified food, THE LANCET. Vol. 361. May 24, 2003.

[11] Grant E. Issac and William A. Kerr. GMO and Trade Rules Identifying important challenge for the WTO, Blackwell Publishing Ltd. ,2003.

[12] M. Miraglia. Detection and Traceability of Genetically Modified Organisms in the Food Production chain, Food and Chemical Toxicology,2004.

[13] Michael J. O'Fallon. To buy or not to buy: Impact of labeling on purchasing intentions of genetically modified foods, Hospitality Management, 2007.

[14] Petra Tenbult. Acceptance of genetically modified foods: The relation between technology and evaluation, Appetite,2008.

[15] Susana Borras. Legitimate governance of risk at the EU level? The case of genetically modified organisms, Technological Forecasting & Social Change, 2006.

[16] Celina Ramjoue. The Transatlantic Rift in Genetically Modified Food Policy, Journal of Agricultural and Environmental Ethics,2007.

[17] W. L. M. Tamis. Lack of transparency on environmental risks of genetically modified micro-organisms in industrial biotechnology, Journal of Cleaner Production,2009.

[18] Anne Ingeborg Myhr, A Precautionary Approach to Genetically Modified Organisms: Challenges and Implications for Policy and Science, Agric Environ Ethic,2010.

[19] E. Kwan Choi. International trade in genetically modified products, International Review of Economics and Finance,2010.

[20] Kristian Høyer Toft. GMOs and Global Justice：Applying Global Justice Theory to the Case of Genetically Modified Cropsand Food, Agric Environ Ethics, 2012.

[21] L. Coutellec · I. Doussan. Legal and Ethical Apprehensions Regarding Relational Object. The Case of Genetically Modified Fish, Agric Environ Ethics, 2012.

[22] Stephen Morse. Location, location, location：Presenting evidence for genetically modified crops, Applied Geography, 2012.

[23] K. Ismail. Problems on Commercialization of Genetically Modified Crops in Malaysia, Procedia-Social and Behavioral Sciences, 2012.

[24] Andrea Migone & Michael Howlett. From Paper Trails to DNA Barcodes (Enhancing Traceability in Forest and Fishery Certification), RESOURCES JOURNAL. Fall 2012 Vol. 52.

[25] Vesco Paskalev. Can Science Tame Politics The Collapse of the New GMO Regime in the EU. EJRR 2012(12).

[26] José Domingo Villarroel. A study of the relationship between the understanding of the basic genetic concepts and perspectives regarding genetically modified products and local production among undergraduate and High School students, Social and Behavioral Sciences, 2012.

[27] Zinatul A. Zainol · Rohaida Nordin · Frank I. Akpoviri. Mandatory Labelling of Genetically Modified (GM) Foods, Accepted：23. Int Environ Agreements, 2013(10).

[28] Rod A. Herman. Bringing policy relevance and scientific discipline to environmental risk assessment for genetically modified crops, Cell, 2013.

[29] Mariana SANDU. Traceability Requirements to Ensure People's Food Security, Public Security Studies, 2015, Vol. 4. April- June.

[30] Henry I. Miller & Drew L. Kershen. Concerns about Federal GMO Food Legislation, Regulation. 2015, Spring.

[31] Blanca Salas Ferer. The European Commission's GMO Opt out for

Member States A WTO Perspective, EJRR. 2016,1.

(三)判例

1. 世界贸易组织争端裁决

[1]Brazil-Coconut Appellate Body Report, *Brazil-Measures Affecting Desiccated Coconut*, WT/DS22/AB/R, adopted 20 March 1997.

[2] EC-Asbestos Appellate Body Report, *European Communities-Measures Affecting Asbestos and AsbestosContaining Products*, WT/DS135/AB/R, adopted 5 April 2001.

[3] EC-Asbestos Panel Report, *European Communities-Measures Affecting Asbestos and AsbestosContaining Products*, WT/DS135/R and Add. 1, adopted 5 April 2001, as modified by Appellate Body Report WT/DS135/AB/R.

[4] EC-Bananas Ⅲ Appellate Body Report, *European Communities-Regime for the Importation, Sale and Distribution of Bananas*, WT/DS27/AB/R, 09/09/1997.

[5]EC-Hormones Appellate Body Report, *EC Measures Concerning Meat and Meat Products (Hormones)*, WT/DS26/AB/R, WT/DS48/AB/R, adopted 13 February 1998.

[6] EC-Hormones (Canada) Panel Report, *EC Measures Concerning Meat and Meat Products (Hormones)*, Complaint by Canada, WT/DS48/R/CAN, adopted 13 February 1998, as modified by Appellate Body Report WT/DS26/AB/R, WT/DS48/AB/R.

[7] EC-Hormones (US) Panel Report, *EC Measures Concerning Meat and Meat Products (Hormones)*, Complaint by the United States, WT/DS26/R/USA, adopted 13 February 1998, as modified by Appellate Body Report WT/DS26/AB/R, WT/DS48/AB/R.

[8]EC-Seal Products Panel Reports, *European Communities-Measures Prohibiting the Importation and Marketing of Seal Products*, WT/DS400/R/WT/DS401/R/ and Add. 1, circulated to WTO Members 25 November 2013, as modified by Appellate Body Report WT/DS400/AB/R, WT/DS401/AB/R.

[9] EC-Seal Products Appellate Body Report, *European Communities-Measures Prohibiting the Importation and Marketing of Seal Products*, WT/DS400/AB/R/WT/DS401/AB/R, adopted 22 May 2014.

[10] EC-Biotech Products Panel Reports, *European Communities-Measures Affecting the Approval and Marketing of Biotech Products*, WT/DS291/R/WT/DS292/R/WT/DS293/R/Add. 1 to Add. 9 and Corr. 1, adopted 21 November 2006.

[11] Japan-Alcoholic Beverages Ⅱ Appellate Body Report, *Japan-Taxes on Alcoholic Beverages*, WT/DS8/AB/R, WT/DS10/AB/R, WT/DS11/AB/R, adopted 1 November 1996.

[12] Japan-Alcoholic Beverages Ⅱ [Article 21. 3 (c)] Award of the Arbitrator, *Japan-Taxes on Alcoholic Beverages-Arbitration under Article* 21. 3 (*c*) *of the DSU*, WT/DS8/15, WT/DS10/15, WT/DS11/13, 14 February 1997.

[13] Korea-Various Measures on Beef Appellate Body Report, *Korea-Measures Affecting Imports of Fresh*, *Chilled and Frozen Beef*, WT/DS161/AB/R, WT/DS169/AB/R, adopted 10 January 2001.

[14] Korea-Various Measures on Beef Panel Report, *Korea-Measures Affecting Imports of Fresh*, *Chilled and Frozen Beef*, WT/DS161/R, WT/DS169/R, adopted 10 January 2001, as modified by Appellate Body Report WT/DS161/AB/R, WT/DS169/AB/R.

[15] Korea-Alcoholic Beverages Appellate Body Report, *Korea-Taxes on Alcoholic Beverages*, WT/DS75/AB/R, WT/DS84/AB/R, adopted 17 February 1999.

[16] Korea-Government Procurement PanelReport, *Korea-Measures affecting Government Procurement*(1 May 2000, WT/DS163/R).

[17] Philippines-Distilled Spirits Panel Report, *Philippines-Taxes on Distilled Spirits*, WT/DS396/R WT/DS403/R, 15 August 2011.

[18] Thailand-Cigarettes Appellate Body Report, *Thailand-Customs and Fiscal*

Measures on Cigarettes from the Philippines, WT/DS371/AB/R,17/06/2011.

[19]US-1916 Act Appellate Body Report, *United States-Anti-Dumping Act of* 1916, WT/DS136/AB/R ; WT/DS162/AB/R, 28/08/2000.

[20] US-Clove Cigarettes Appellate Body Report, *United States-Measures Affecting the Production and Sale of Clove Cigarettes*, WT/DS406/AB/R, 04/04/2012.

[21] US-COOL Panel Report, *United States-Certain Country of Origin Labelling Requirements*, WT/DS384/R, Nov. 18, 2011.

[22] US-Poultry Panel Report, *United States-Certain Measures Affecting Imports of Poultry from China*, WT/DS392/R, 29/09/2010.

[23]US-Section 301 Trade Act Panel Report, *United States-Sections* 301310 *of the Trade Act of* 1974, WT/DS152/R, adopted 27 January 2000.

[24]US-Shrimp Appellate Body Report, *United States-Import Prohibition of Certain Shrimp and Shrimp Products*, WT/DS58/AB/R, adopted 6 November 1998.

[25] US-Shrimp Panel Report, *United States-Import Prohibition of Certain Shrimp and Shrimp Products*, WT/DS58/R and Corr. 1, adopted 6 November 1998, as modified by Appellate Body Report WT/DS58/AB/R.

[26]US-Shrimp (Article 21. 5 – Malaysia) Appellate Body Report, *United States-Import Prohibition of Certain Shrimp and Shrimp Products-Recourse to Article* 21. 5 *of the DSU by Malaysia*, WT/DS58/AB/RW, adopted 21 November 2001.

[27]US-Tobacco GATT Panel Report, *United States Measures Affecting the Importation, Internal Sale and Use of Tobacco*, DS44/R, adopted 4 October 1994, BISD 41S/131.

[28]US-Tuna (Mexico) GATT Panel Report, *United States-Restrictions on Imports of Tuna*, DS21/R, DS21/R, 3 September 1991, unadopted, BISD 39S/155.

[29] US- Tuna Ⅱ Panel Report, *United States-Measures Concerning the*

Importation, Marketing and Sale of Tuna and Tuna Products, WT/DS381/R, 15 September 2011.

[30] US-Tuna (EEC) GATT Panel Report, *United States-Restrictions on Imports of Tuna*, DS29/R, 16 June 1994, unadopted.

[31] US-Cotton Yarn Appellate Body Report, *United States — Transitional Safeguard Measure on Combed Cotton Yarn from Pakistan*, WT/DS192/AB/R.

[32] US-Section 337 Panel Report, *United States-Section* 337 *of the Tariff Act of* 1930, L/6439 - 36S/345, adopted on 7 November 1989.

2. 仲裁

[1] Zumba Fitness Llc. V. Kensuke Kishi Sun Up Corp(2008).

[2] Farhad Parsie V. Nozomi Mcgarvie, 2008 Wl 1824942 (2008).

[3] Australiaand New Zealand Banking Group Limited Ozawa.

[4] Maria. The National Arbitration Forum November 21, 2011.

[5] Foundation to Be Named Later Inc. V. Hiroshi Ishiura(2014).

[6] Noodle Time, Inc. V. Taro Yamada/Personal, 2014 Wl 934935 (2014).

[7] Minoru Ikeda/Bestcareonline Corporation. The National Arbitration Forum January 17, 2014.

[8] Universal Protein Supplements Corporation Dba Universal Nutrition V. Akihiro(2014).

[9] Noodle Time Inc. V. Takuomi Mochidaventure-Net Coltd(2015).

[10] Yale University V. Akihiro Noda, 2016 Wl 2865755 (2016).

[11] Chan Luu Llc. V. Hasoon Kimcolonysurf (2016).

[12] Inqpharm Europe Limited V Takesi Kondoutoshikatsu.

[13] Toni Buckley Aka Toni Dockter Aka T. B. Dockter. Masatoshi Yamamoto/Gran Net Co. ,Ltd. 2017. 3.

[14] Awazumasahiro Katayama(2017).

3. 外国判例

[1] GMO Niehaus & Co v. US, 139 Ct. Cl. 605 (1957).

[2]GMO. Niehaus & Co. v. U. S. , 179 Ct. Cl. 232 (1967).

[3]GMO Rice v. Hilton Hotel Corp. , Not Reported in F. Supp. (1987).

[4]Clark v. Widnall, 51 F. 3d 917 (1995).

[5] Lewis v. Burlington Northern R. Co. , Not Reported in F. Supp. (1995).

[6]Lowrie v. Secretary of Health & Human Services, Not Reported in Fed. Cl. (2005).

[7]Smith v. General Mills, Inc. , Not Reported in F. Supp. 2d (2006).

[8] GMO Emerging Country Debt Fund v. The Republic of Argentina, March 30, 2007.

[9]Aurelius Capital Partners, LP v. Republic of Argentina, Not Reported in F. Supp. 2d (2009).

[10]GMO Forestry Fund 3, L. P. v. Ellis, 337 Fed. Appx. 279 (2009).

[11]Schafer v. Bayer Cropscience LP, Not Reported in F. Supp. 2d (2009).

[12]Briseno v. Conagra Foods, Inc. , Slip Copy (2011).

[13] GMO TRUST, on behalf of GMO EMERGING COUNTRY DEBT FUND, Plaintiff, v. ICAP PLC, Intercapital Securities LLC, ICAP Securities Limited, Exotix Limited, and Exotix USA, Inc. , Defendants. Civil Action No. 12 – 10293-DPW. Oct. 18, 2012.

[14]American Rena International Corp v. Sis-Joyce International Co. Ltd. , Slip Copy (2012).

[15]American Rena International Corp v. Sis-Joyce International Co. Ltd. , Slip Copy (2012).

[16]Hinton v. Naked Juice Co. , Not Reported in F. Supp. 2d (2012).

[17]Krzykwa v. Campbell Soup Co. , 946 F. Supp. 2d 1370 (2013).

[18] In re Frito-Lay North America, Inc. All Natural Litigation, Not Reported in F. Supp. 2d (2013).

[19]Cox v. Gruma Corporation, Not Reported in F. Supp. 2d (2013).

[20]Aana v. Pioneer Hi-Bred Intern. , Inc. , 965 F. Supp. 2d 1157 (2013).

[21]Curry v. California Dept. of Corrections, Not Reported in F. Supp. 2d (2013).

[22]In re ConAgra Foods, Inc., Slip Copy (2014).

[23] Pratt v. Whole Foods Market California, Inc., Not Reported in F. Supp. 2d (2014).

[24] Garrison v. Whole Foods Market Group, Inc., Not Reported in F. Supp. 2d (2014).

[25] Gedalia v. Whole Foods Market Services, Inc., 53 F. Supp. 3d 943 (2014).

(四)行政决定与指南

[1]Gmo Core Trust, Secdig 87 – 198 – 06 (1987).

[2]Atlantic Richfield Co. West Elk Coal Co., Gfs(Min) 115(1989).

[3] Civil Injunctive Action Filed Against New Age Industries, Inc. October 25, 1989.

[4]GMO Investment Trust, Secdig 93 – 175 – 4 (1993).

[5]GMO Investment Trust; Notice of Application, Release No. 19693 (1993).

[6]Gmo Trust and Grantham, Mayo, Van Otterloo & Co. June 4, 1996.

[7]In the Matter of Gmo Trust And Grantham, Mayo, Van Otterloo & Co. Boston, Massachusetts, June 26, 1996.

[8] Processed Foods and Beverages: A Description of Tariff and Nontariff Barriers for Major Products and Their Impact on Trade. October 2001.

[9] The Year in Trade 2002 Operation of The Trade Agreements Program 54th Report. August 2003.

[10]Ex Parte Peter Shortridge, Kelly Shea Dougherty Heather Dickhudt and Kate Leavitt. Appeal No. 2004 – 0329. Application No. 09/251,953. Heard: May 6, 2004.

[11] The Tariff Classification of Gmo-Free Soya Lecithin, Product No. 6021, from Brazil, February 1, 2007.

[12]The tariff classification of NatureGuard™ Rosemary Extract B gmo free from Canada, May 21, 2007.

[13]The tariff classification of Omega 30 food grade fish oil (Non-GMO) (product number XOFG30TG-HFI-NG) from Peru. June 4, 2008.

[14]Ex Parte Max R. Motyka. Rick Harnish, Stephen D. Ashmead and H. Dewayne Ashmead. September 11, 2009.

[15]Product: 1) Non-GMO Low Fat Soy Grits, 2010 – 12 FDA Enf. Rep. 7 (2010) FDA Enforcement Report Recalls and Field Corrections-Class I.

[16] KCP&L Greater Missouri Operations Company, 132 FERC P 61162 (2010).

[17]GMO Trust, 2012 WL 1901985 (2012).

[18]Transource Missouri, LLC, 141 FERC P 61075 (2012).

[19] Mondelez International, Inc., 2013 WL 170405 (2013).

[20]Product Description:1 Add a Scoop by Smoothie Essentials, 2013 – 21. FDA Enforcement Report Class Ⅲ Food/Cosmetics Event.

[21]Product Description: 1 Solbar Q Soy Protein Isolates, 2013 – 29 FDA Enf. Rep. 79 (2013).

[22]Monsanto Company, 2014 WL 4731484 (2014).

[23]Starbucks Corporation, 2014 WL 5787609 (2014).

[24] Foundation To Be Named Later, Inc. Hiroshi Ishiura。The National Arbitration Forum. December 23, 2014.

[25]Product Description: 1 Byglands, 2015 – 11 FDA Enforcement Report Class I Food Event.

[26]Jackson National Life, 2015 WL 4146166 (2015).

[27] Disclosure Regarding Approval of Investment Advisory Contracts by Directors of Investment Companies [Release Nos. 33 – 8364; 34 – 49219; IC – 26350; File No. S7 – 08 – 04] April 26, 2004.

[28] Chan Luu, Llc. V. Hasoon Kim/Colonysurf, 2016 Wl 7210542 (2016).

（五）网络资料

[1]国际食品标准官网：食品进出口检验和认证系统法典委员会（CCFICS）：http://www. fao. org/fao-who-codexalimentarius/committees/committee-detail/zh/?committee = CCFICS。

[2]世界贸易组织官网：https://www. wto. org/。

[3]联合国《卡塔赫纳生物安全议定书》官网：http://www. un. org/chinese/documents/decl-con/docs/27 – 8a. htm。

[4]联合国环境规划署（UNEP）http://web. unep. org/。

[5]国际农业生物技术应用服务组织官网：http://www. isaaa. org/。

[6]国际农业研究磋商组织官网：https://www. cgiar. org/。

[7]国际植物保护公约组织官网：https://www. ippc. int/en/。

[8]国际植物研究中心：https://avrdc. org/。

[9]联合国粮农组织主页：http://www. fao. org/home/zh/。

[10]国际官定分析检测协会：AOAC International：http://www. aoac. org/iMIS15_Prod/AOAC。

[11]国际经济合作组织（OECD）：http://www. oecdchina. org/。

[12]孟山都公司官网：http://www. monsanto. com. cn/Pages/default. aspx。

[13]欧盟食品安全管理局官网：http://www. efsa. europa. eu/。

[14]欧盟转基因法律文献官网：https://eur-lex. europa. eu/legal-content/EN/TXT/?qid = 1488448740638&uri = CELEX:32003R1830。

[15]欧洲食品法官网：https://iegpolicy. agribusinessintelligence. informa. com/european-food-law。

[16]欧洲科学院咨询委员会官网：https://www. easac. eu/。

[17]荷兰瓦根宁根大学转基因研究中心：http://www. wur. ac. cn/。

[18]日本厚生劳动省官网：https://www. mhlw. go. jp/english/topics/foodsafety/dna/index. html。

[19]联邦法网站——美国转基因法律官网：https://www. federalregister. gov/documents/2016/08/24/2016 – 20227/statements-that-bioengineered-or-genetically-modified-gm-ingredients-or-animal-feed-were-not-used-in。

[20]美国食品药品管理局官网:https://www.fda.gov/。

[21]美国农业部官网:https://www.usda.gov/。

[22]美国国立生物技术信息中心:https://www.ncbi.nlm.nih.gov/guide/。

[23]美国国会官网:https://www.congress.gov/。

[24]美国国立卫生研究院:National Institutes of Health(NIH) http://oba.od.nih.gov。

[25]澳大利亚卫生部治疗产品管理局官网:http://www.tga.gov.au/。

[26]新西兰食品标准官网:http://www.foodstandards.gov.au/consumer/gmfood/Pages/default.aspx。

[27]澳大利亚转基因立法官网:https://www.legislation.gov.au/Series/F2015L00395。

[28]澳新基因技术管理办公室(OGTR):http://www.ogtr.gov.au/。

[29]中华人民共和国商务部世界贸易组织司(TBT 协定)官网:http://sms.mofcom.gov.cn/article/zt_jshfw/subjectee/201409/20140900724769.shtml。

[30]中华人民共和国商务部世界贸易组织司(SPS 协定)官网:http://sms.mofcom.gov.cn/article/zt_jshfw/subjectee/201409/20140900724790.shtml。

[31]中国国际贸易促进委员会驻加拿大代表处:http://www.ccpit.org/Contents/Channel_3963/2012/0131/546213/content_546213.htm。

[32]溯源链(中国)官网:https://tacchain.io/。

[33]中国食药监局官网:http://www.sda.gov.cn/。

[34]国家农业转基因生物安全评价与检定中心:http://jiuban.moa.gov.cn/zwllm/cwgk/xmgl/201404/t20140428_3886858.htm。

[35]中国农业部:http://jiuban.moa.gov.cn/。

[36]中国生物技术网:http://www.zgswjsw.com/。

[37]中国国家生物安全信息交换所:http://biosafety.gov.cn。

[38]中国食品科学技术学会:http://www.cifst.org.cn/。

[39]OECD Biotrack 中国官网:http://www.biotracks.cn/。

[40]国家植物基因研究中心(上海)官网:http://www.ncpgr-sh.cn/index.asp。

[41]国家林业局：http://www. forestry. gov. cn/。

[42]中国科学院植物研究所：http://www. ibcas. ac. cn/。

[43]中国农业科学院：http://www. caas. net. cn/。

[44]中国水稻研究所：http://www. chinariceinfo. com/。

[45]中国国家生物安全信息交换所：http://www. biosafety. gov. cn/。

[46]上海市食品安全网：http://www. spaq. sh. cn/trace_index. html。

[47]上海市食品安全追溯平台：http://foodtrace. safe517. com/traceWebPublic/。

[48]上海农业科学院：http://www. saas. sh. cn/。

[49]上海交通大学植物发育生物学研究室网：http://zhanglab. sjtu. edu. cn/Show. aspx?info_lb =424&info_id =1655&flag =424。